新・MINERVA社会福祉士養成テキストブック

13

岩崎晋也・白澤政和・和気純子 監修

貧困に対する支援

岩永理恵・後藤広史・山田壮志郎 編著

ミネルヴァ書房

はじめに

　本書は，2021年からの社会福祉士養成課程のカリキュラム科目「貧困に対する支援」に対応したテキストである。

　本科目は，「複合化・複雑化した福祉課題及び包括的な支援の理解」の科目群に位置する。他の科目が「高齢者福祉」「障害者福祉」のように，人称を表す言葉を冠した科目であるのに対して，本科目は貧困「者」ではなく「『貧困』に対する支援」となっている。この理由は，貧困がその状態にある人々の個人的な問題ではなく，社会構造上の問題であり，そのことを社会福祉を学ぶわれわれが理解することが必要だからである（編著者はそのように理解している）。したがって，その後に連なる「支援」も，ミクロなソーシャルワークに限定されない広範なものとして理解される必要がある。本科目を学ぶ皆さんには，まずはこの点を念頭に置いて学びを深めて欲しい。

　また，科目の名称に関連して今ひとつ強調しておくべきことは，貧困という言葉がそのまま使われたことの意味である。日本では，貧困という言葉を使うことを長らく避けてきた。それは社会が貧困への対応を等閑視してきた証左でもある。貧困という現象を，貧困という言葉で真正面からとらえる機運が高まってきたことは，貧困の正しい認識や社会的な対応を促すという意味で，その意義は大きい。

　だが，現時点において，それらが適切に議論・実践されているかといえば，少々心もとない。近年，貧困は「高齢者の貧困」「子どもの貧困」のように対象カテゴリー別で議論される傾向にある。こうした議論の仕方は「共感度の差異に基づく支援対象の序列化」（自分の共感できる範囲の貧困（者）は支援に値し，そうでなければ支援に値しないという序列化）を生む危険性がある。貧困は貧困としてまずはとらえる必要があり，その支援は，共感ではなく「人権」「権利」「尊厳」に基づくものでなければならない。この点も，社会福祉を学ぶわれわれが深く認識しておく必要があろう。

　本書がこうした認識を促す一助となることを願っている。

2021年6月

編著者

目　次

はじめに

■序　章■　貧困問題とソーシャルワーカー

貧困問題に取り組むソーシャルワーカーへ… 2　貧困問題を認識すること… 2　貧困問題を同定することと，誰かを貧困者であると同定することは別… 4　貧困問題から目をそらさない… 5

■第1章■　貧困とは何か

❶ 貧困の概念　8

容認できない貧困… 8　貧困概念の構成… 10　資源の欠乏… 11　社会関係の側面… 12　社会福祉の実践との関連… 14

❷ 貧困の測定　15

貧困調査… 15　貧困基準の設定… 15　日本と諸外国における貧困基準… 17　相対的貧困からみる日本の現状… 17　貧困率の国際比較… 19

■第2章■　貧困状態にある人を取り巻く社会環境と生活実態

❶ 貧困状態にある人を取り巻く社会環境　26

日本における貧困の広がり… 26　被保護実人員及び自殺者数… 26　雇用の流動化と非正規雇用の拡大… 27　雇用形態による所得格差… 28　雇用の不安定性… 30　格差の拡大… 32　ジニ係数… 33

❷ 貧困状態にある人の生活実態　35

社会的孤立… 35　住まいの貧困… 36　教育・健康への影響… 37　社会関係資本… 38　貧困の社会関係的側面… 38

■第3章■　福祉国家と貧困対策・公的扶助

❶ 福祉国家と公的扶助の位置　42

福祉国家とその意味… 42　社会保険と一般サービス… 43　公的扶助はなぜ必要か… 45　公的扶助が必要になる理由… 45　予防と救済の相互補完によって達成されるナショナル・ミニマム… 46　公的扶助という方法… 47　利用資格の考え方… 48　資格審査・資産調査の弊害… 49　公的扶助と福祉サービスの位置… 50

❷ 公的扶助の誕生　52

貧困問題の発生と救貧法… 52　資本主義の進展と救貧法の変容… 53　科学的貧困調査による貧困の「発見」… 54　ブースのロンドン調査… 54　ラウントリーのヨーク調査… 55　戦間期における

失業問題からベヴァリッジ報告へ… 56　タウンゼントによる貧困の「再発見」… 57　イギリスにおける現在の公的扶助制度… 58

③ 日本の公的扶助の歴史　59

恤救規則の時代… 59　救護法成立の経過… 60　救護法の内容… 61　救護法の施行とその意義… 61　旧生活保護法制定に至る経過… 62　旧生活保護法の内容と運用… 63　現行生活保護法… 64　最近の動向… 65

④ 諸外国の公的扶助（社会扶助）①韓国　67

韓国における福祉制度の成立と展開… 67　韓国における救貧制度の発展… 69　基礎年金制度の導入… 69　国民基礎生活保障制度の「単給化」… 70　「脆弱階層」支援… 72

⑤ 諸外国の公的扶助（社会扶助）②ドイツ　74

ドイツにおける福祉制度の成立と展開… 74　ドイツにおける公的扶助の位置と範囲… 75　ドイツにおける現行の公的扶助制度… 76　ドイツにおける公的扶助制度の動向… 77

⑥ 諸外国の公的扶助（社会扶助）③アメリカ　80

アメリカにおける福祉制度の成立と展開，公的扶助の位置と範囲… 80　アメリカにおける公的扶助の現行制度と動向… 81

■ **第4章** ■ **生活保護制度**

① 生活保護制度の原理と原則　90

〔1〕生活保護制度の基本原理… 90

国家責任による最低生活保障の原理… 90　無差別平等の原理… 90　健康で文化的な最低生活保障の原理… 91　補足性の原理… 91

〔2〕生活保護制度実施の原則… 92

申請保護の原則… 92　基準および程度の原則… 92　必要即応の原則… 93　世帯単位の原則… 93

② 保護の動向　94

被保護人員及び被保護世帯の動向… 94　被保護世帯の特徴… 95　世帯類型別にみた被保護世帯の特徴… 96　労働力類型別にみた被保護世帯の特徴… 97　保護の開始理由… 99　保護の廃止理由… 99　保護の受給期間… 101　扶助別被保護人員… 101　扶助別保護費… 103　医療扶助の特徴… 104　被保護層の動向と生活保護行政の課題… 105

③ 保護の種類・範囲・方法と基準　106

〔1〕保護の種類・範囲・方法… 106

生活扶助… 106　教育扶助… 106　住宅扶助… 107　医療扶助… 107　介護扶助… 107　出産扶助… 108　生業扶助… 108　葬祭扶助… 108

2 生活保護基準… 109

　生活保護基準の考え方・算定方法の変遷… 109　生活扶助基準… 114　教育扶助基準… 115　住宅扶助基準… 116　医療扶助基準… 116　介護扶助基準… 116　出産扶助基準… 116　生業扶助基準… 116　葬祭扶助基準… 116　保護の要否判定と程度の決定… 116

4 福祉事務所の機能，生活保護の費用・財政　119

　福祉事務所とは… 119　福祉事務所設立の経緯… 119　福祉事務所の機能強化… 120　福祉改革と福祉事務所… 121　福祉事務所の設置と機能… 122　福祉事務所の組織と職員… 123　福祉事務所の役割と課題… 124　生活保護の費用・財政… 125

5 保護の申請・決定・支援の流れ　129

　住民の生活問題解決として生活保護制度を活用する… 129　相談・受付と申請… 129　報告・調査及び検診… 132　支給決定及び実施… 133　届出の義務と実施機関による職権保護… 134　指導・指示等… 134　生活保護受給世帯への自立支援事業の展開… 135

6 被保護者の権利および義務，不服の申立，行政訴訟　138

　被保護者の権利… 138　被保護者の義務… 139　不正受給… 141　審査請求と訴訟… 142　生活保護審査請求の特徴と課題… 144　生活保護争訟の歴史… 145

7 保護施設　148

　居宅保護と施設保護… 148　保護施設の種類… 148　保護施設の設置主体と管理・規制… 148　保護施設の義務・保護施設の長… 149　保護施設の動向… 150　様々な居宅生活への移行支援事業… 151　保護施設の実態（施設・利用者状況）… 151

■第5章■　多様化する貧困・生活困窮者支援制度

1 生活困窮者自立支援法制定の背景と理念　158

　第二のセーフティネットとしての生活困窮者自立支援法… 158　生活困窮者自立支援法の目的と生活困窮者の定義… 158　実施される事業の概要… 158　生活困窮者自立支援法で行われる事業の具体的な内容… 159　予算と各事業の国庫負担割合… 160　自立相談支援事業の組織と業務内容… 160　各事業の実施状況… 161

2 子どもの貧困対策の推進に関する法律　164

　子どもの貧困問題と子どもの貧困対策の推進に関する法律… 164　子どもの貧困対策の推進に関する法律の概要… 165　子供の貧困対策大綱… 166　子どもの貧困対策の課題… 167

3 さまざまな貧困・生活困窮者に対する支援制度　169

　生活福祉資金貸付制度… 169　児童扶養手当… 170　特別児童扶養手当… 171　求職者支援制度… 171　無料低額診療制度… 172　公営住宅法… 172　無料低額宿泊所… 172　ホームレス対策… 173

■第6章■　貧困・生活困窮者に対する支援の実際

1 支援の主体とそれぞれの役割　180

貧困概念の広がりと支援主体… 180　貧困・生活困窮者に対する支援主体… 180　貧困・生活困窮者支援の責任主体と実施主体… 182　生活保護制度の業務，運営主体… 183　生活困窮者自立支援制度の業務，運営主体… 184　その他の貧困に対する支援における関係機関（社会福祉協議会）… 185　その他の貧困に対する支援における関係機関（民間支援団体）… 186　貧困・生活困窮者支援における公私の役割とは… 186

2 さまざまな支援のありよう①——生活保護を利用する母子世帯への支援　188

事例の概要… 188　ソーシャルワーカーによる支援内容… 189　確認問題… 191

3 さまざまな支援のありよう②——ひきこもり状態にある人々への支援　192

事例の概要… 192　ソーシャルワーカーによる支援内容… 192　確認問題… 195

4 さまざまな支援のありよう③——ホームレス状態にある人々への地域支援　196

事例の概要… 196　ソーシャルワーカーによる支援内容… 196　確認問題… 199

5 さまざまな支援のありよう④——8050問題に対する支援　200

事例の概要… 200　支援開始時点におけるしさん親子の状況… 201　ソーシャルワーカーによる支援内容… 202　確認問題… 204

6 さまざまな支援のありよう⑤——触法・司法福祉　205

事例の概要… 205　ソーシャルワーカーによる支援内容… 206　確認問題… 209

■終　章■　これからの貧困・生活困窮者問題とソーシャルワーカー

本書で学んだこと… 212　生活保護に対する社会の眼差し… 212　生活保護制度の課題… 213　ソーシャルワーカーの役割… 215

さくいん… 216

■序　章■
貧困問題とソーシャルワーカー

❑ 貧困問題に取り組むソーシャルワーカーへ

　本書を含む18巻からなるシリーズは，社会福祉士養成課程で用いるテキストとして企画されている。本書は，養成課程のカリキュラムを網羅した上で，貧困問題の解決に取り組むソーシャルワーカーが，その問題を本質から理解し，法制度を駆使して支援活動に従事するツールになることを目指して編まれている。

　貧困は，日常的な意味としては，「貧しくて生活に困っていること」（デジタル大辞泉）で，困窮，窮乏，貧乏，貧窮，などと言いかえ可能な言葉として使われる。これらの言葉から想起されるイメージは，当然ながら，決して明るいものではない。できれば，貧困，貧乏などと口にすることすら避けたいような印象を持つ人もいるのではないだろうか。まして，身近な誰かを名指して「Aさんは貧困だ」などということは，避けるべきだと考えるであろう。

　この素朴な日常感覚は，ソーシャルワーカーとして，貧困問題を考え，解決していく上で，うっかり忘れてよいことではない。貧困にまつわるマイナスイメージゆえに，貧困問題は見ようと意識しなければ見えない類いの問題となり，できれば見ないようにしてしまうものかもしれない。さらにいえば，貧困問題を同定することと，誰かを貧困者であると同定し区別することは，別の話であり，後者は支援活動に際し必ずしも必要ではない。

　その理由は，以下で説明する。ただ，これらのことを念頭において，本書を，貧困問題を本質から理解し，法制度を駆使して支援活動に従事する支援者になるためのツールとして欲しい，というのが筆者の希望である。

❑ 貧困問題を認識すること

　貧困は，見ようと意識しなければ見えない類いの問題であって，できれば見ないようにしてしまう，とはどういうことか。それは，たとえば，次の事例から理解することができる。

　　森山晃一さん（仮名10代後半）は幼少時に父親を亡くし，母親と兄弟三人の母子家庭で育った。母親は精神疾患のため就労が難しく，生活保護を受給して暮らしていた。不登校の兄弟や高校を中退した兄，数回にわたる転校と，子どもたちをめぐる養育環境は決してよいとはいえない状態だった。晃一さんも児童養護施設で数年間生活した経験があるという。

　　晃一さんは中学校卒業後，高校進学せず，飲食店や服飾関係の仕事など，いくつかアルバイトをしたが，どれも一週間から数か

月と長続きしなかった。そんな折に，晃一さんと同居家族の関係
が悪化し，母親と兄弟は家を出ていき，一人残されることになっ
た。近隣の親戚のところへ助けを求め，同居させてもらうことに
なったが，親戚の男性は日雇い労働者で晃一さんの生活の面倒を
十分にみてあげられるほどの余裕はないという。暮らしぶりを尋
ねると，「寝泊まりはでき，銭湯代と携帯代をもらえたが，食費も
就職活動するためのお金もなかった。時々，インスタント食品を
もらって食べた」とのことだった。

　親が生活保護を受給していたこともあって，晃一さんは市役所
を訪ね，福祉の相談をしたが，面談の中で働く意欲が低いとみな
され，すぐに行政による支援にはつながらなかった。
（中略）中卒後いくつかのアルバイトを転々としていたこともあり，
また病気などで仕事ができないわけではないので「就労可能」と
の判断で，行政では支援が難しい，とのことであった。

　とはいえ，未成年であり，食事も十分ではない状態であること
を見かねた行政職員が，社会貢献事業にと相談を持ちかけたこと
がきっかけとなった。

　そして，晃一さんは，生活保護ではなく，社会福祉法人が行う社会
貢献事業につながる。この社会貢献事業は，大阪府の社会福祉法人が
主体となって，総合生活相談を行い，資金を出し合ってつくった基金
から，緊急性が高いと判断した場合は経済的援助（概ね10万円を限度）
を行うことを特徴としている。晃一さんは，同事業により，家庭訪
問・相談による生活サポートと，食材支援や就職活動を行う経費など
の経済的援助を受け，就労し収入を得て暮らすようになった。

　大阪府社会福祉協議会は，晃一さんの事例について「中卒後にすぐ
働くことを余儀なくされた若者が，相談にのってくれる相談機関にも
一切つながらず，孤立し，親戚の家で食べる物にも事欠く困窮状態に
陥っているという『若者の貧困』を垣間見ることができる」とまとめ[3]
た。社会貢献事業に携わるコミュニティソーシャルワーカーは，晃一
さんの生育環境に貧困を見出し，支援につながる直前の「食費も就職
活動するためのお金もない」を困窮状態と認め，支援した。これは，
ひとまずは，社会貢献事業における素晴らしい実践と評価できる。

　一方で，生活保護制度につながらなかったことはどう考えればよい
のだろうか。生活保護制度の詳細は，以下の各章で説明されるため，
ここでは一つの事例として，親戚による支援の可能性があり，就労可
能と判断されたため，「すぐに生活保護での対応とはいかない」と[4]な
った，という事実に着目して論を進める。市役所は，晃一さんの状況

は生活保護制度が対応すべき状況でない，と判断した。ただし，晃一さんに接した行政職員は，「未成年であり，食事も十分ではない状態であることを見かね(5)」て，社会貢献事業につないだ。行政職員“個人”としては，見逃せない貧困状態を認めたが，制度を運用する立場では，救済すべき状況にはないとした。この事実がもつ意味は重大である。すなわち，同じ状況に接しても，立場により，貧困が見えない，見えなかったことになることがある。

❏ 貧困問題を同定することと，誰かを貧困者であると同定することは別

　さらに，別の事例から，貧困問題を同定することと，誰かを貧困者であると同定し区別することは，別の話，について説明を加えよう。以下は，貧困問題に取り組むNPO法人として有名な〈もやい〉の生活相談「当事者スタッフ」の文章からの引用である。「当事者」とは，〈もやい〉に相談にやってくる人のことであり，「当事者スタッフ」とは，その後相談に関わるようになった人の意味である(6)。「生活相談の『当事者』スタッフとして」というタイトルで，碓氷氏は，次のように記している。

　　僕自身は〈もやい〉に相談に来たわけではないのですが，それでもはたして「どっち」なんだろう？　と思うことがあります。本来の自己規定は，「ボランテイアの支援者」であり「当事者」ではないはずなのですが，一方で必ずしもそう言い切れないところがある。
　　僕は学生時代を新聞奨学生として過ごしました。そこで学んだもっとも大きいことは，ある程度経済的な余裕を持っていないと，自身の人生の選択肢が極端に狭まってしまうということでした。学業と仕事に追われ，サークル活動はおろかゼミの交流会にも顔を出せず，授業が終わったらすぐに帰って夕刊配達と集金にいそしむ。「就活」どころかエントリーシートの書き方やインターンシップの存在すら知らず，学生生活を終えてしまいました。
　　(中略)都落ちして派遣になった当時の僕の境遇について僕自身はただの「貧乏」なんだろうなと，漫然と思っていました。実家にいて食えないわけではない。派遣社員とはいえある程度の給料ももらっている。
　　(中略)それなりの規模の企業に新卒として入り込むということができなかっただけなんだ，というのが僕の認識で，路上生活者や生活困窮者を生み出してしまう構造は，僕にとってまだまだ遠い

ものでした。

　そしてある決意をもって，この〈もやい〉という場所でボランティアをしてみようということになるのですが，その後の二年間は，たとえば住み込みの元新聞販売員が相談に来ると，僕のありえたかもしれないもうひとつの未来だと思ったりして，とにかく「当事者」たちと僕自身の問題はとても近いものであるなということを思い知ったものでした。僕たちはそれぞれの自分自身の問題に「当事者」としてかかわっています。[7]

　碇氷氏は，「〈もやい〉に相談に来たわけではない」ので，先の定義に照らせば，「当事者スタッフ」ではない。しかし，「「当事者」たちと僕自身の問題はとても近いものである」として，「僕たちはそれぞれの自分自身の問題に「当事者」としてかかわっています」という。新聞奨学生として過ごした自分のあり得た未来として，元新聞販売員の相談を聞く。なぜこのように考えるようになったか，碇氷氏の文章から推察するに，〈もやい〉で活動する過程で「路上生活者や生活困窮者を生み出してしまう構造」を理解し，派遣社員の時に漠然と「貧乏」と認識していたことを，その「構造」が生み出すものとして解釈するようになったからではないかと考える。

　以上の碇氷氏の文章から学ぶべきことは少なくとも2つある。貧困問題の理解には，時々の経済・政治状況はもちろん，それらを支える構造に由来していることへの理解が欠かせないという点（本書第1章，第2章参照）である。この視点をもつことで，貧困がよりよく見えるようになり，見逃さなくなる。さらには，貧困問題は，相談にくる「彼ら」だけの問題ではなく，相談を受ける側も「当事者」として関与する問題だと理解できる点である。当たり前だが，貧困状態とは，ある人のある時点における一時的状態であって，その人の人格や個性の一部ではない。

❏ 貧困問題から目をそらさない

　生活保護制度は，貧困問題への対策として重要であり，本書でもかなりの分量を割いて説明し，さまざまな箇所で言及される。しかし，すでに触れたように，この制度は“完璧”ではない。

　その本質的な問題は，篭山に依拠していえば，生活保護法第1条で「国が生活に困窮するすべての国民に対し」と規定しているが，これが，①国民の中から生活困窮者を取り出して限定し，その人びとに最低限度の生活を保障しようとしたのか，②すべての国民を無差別に，なにかの事情で生活に困窮したときにその最低限度の生活を保障するのか，

が不明確な点にある⁽⁸⁾。

　先に述べたことに照らせば，篭山も同じ立場であって，②を取るべきである。しかし，現実には，①②のどちらの解釈を取っているかが不明確であり，制度の運用過程をみても，両者が混在し，わかりにくくなっている。

　その具体的内容は次章以降に譲るが，今日的なトピックに重ねていえば，①②２通りの解釈があることで生活保護制度を含むさまざまな社会福祉・社会保障に「制度の谷間」が生じている，ともいえよう。「制度の谷間」とは，本章で取り上げた晃一さんのように，制度はあるのに支援につながらず「谷間」に入り込んでしまう状態を意味している。

　現在，支援策は無数にあって，ソーシャルワーカーがそれらの制度を熟知することは不可欠である。その上で，ソーシャルワーカーには，「谷間」を見出す視点を養い，「谷間」を解消する働きが望まれる。そのためにも，貧困問題から目をそらさないソーシャルワーカーを志して欲しい。

❍注

(1)　『デジタル大辞泉』小学館（https://japanknowledge-com.ezproxy.jwu.ac.jp/lib/display/?lid=2001015825800）.
(2)　大阪府社会福祉協議会（2013）『社会福祉法人だからできた誰も制度の谷間に落とさない福祉――経済的援助と総合生活相談で行う社会貢献事業』ミネルヴァ書房，17-18，20.
(3)　同前書，21.
(4)　同前書，21.
(5)　同前書，20.
(6)　自立生活サポートセンター・もやい（2012）『貧困待ったなし！――とっちらかりの10年間』岩波書店，60.
(7)　同前書，119-120.
(8)　篭山京（1978）『公的扶助論』光生館.

■第1章■
貧困とは何か

① 貧困の概念

——貧困を，広い社会にとって小さな意味しかない，残余的なカテゴリーに押し込んではならない　　　　　　　　　ルース・リスター[1]

——私には肉親というものを考えることは出来ない。なぜにこうなってしまったのかを一言的に表現すると，すべて，すべて，すべて，すべては，貧困生活からだと断定できる。貧困から無知が誕まれる。そして人間関係というものも破壊される　　　　　永山則夫[2]

——要するに，生命維持に必要がないものを持っていたら，「貧困じゃない」ってたたかれると思う　　　　　　　　　ユウタ[3]

☐ 容認できない貧困

国語辞典をひらくと，「貧困」という言葉には二通りの意味が記されている。ひとつは，収入や財産が少なく生活が苦しいことであり，もうひとつは何かが欠けて不足していること，十分ではないことである。いずれの意味で使用する際にも，欠如している状態を問題視するニュアンスが含まれる。

他方，類語やその使われ方にも注目すると，「清貧」のように財物に事欠くことを肯定的にとらえる言葉もある。また，「金持ちよりも貧乏人の方が気楽で幸せ」「貧しくとも楽しめればそれでよい」等という楽観的な見方が示されることもある。さらに，生活苦としての意味で用いても，人類史上いつの時代でも発生しており，手に負えない，仕方のない現象としてとらえられ，その撲滅は断念するほかないという諦念を含意することもあるだろう。

このように，貧困の意味やその使用法には相当な幅があり，どれも一般的な言葉の意味や使い方として誤っているわけではない。

しかし，社会福祉の文脈では，これらの意味や使用法すべてをそのまま受け取るわけにはいかない。なぜなら，人々の尊厳や幸福，自由，**生存権**，**社会正義**等を価値基盤とする社会福祉にとって，貧困はそれらの価値基盤を破壊する問題としてとらえられるためである。したがって，社会福祉における貧困は，政策や援助を通して解決されるべき生活苦を指す。

また，社会福祉が特定の時代や社会における政治経済体制との関係で特徴づけられるように，貧困の実態や因果も，当該社会の政治や経

➡生存権
一定程度以上の水準にある生活が保障される権利。自由権や政治的権利の実質的な保障につながる社会権のひとつ。日本では憲法第25条の規定がよく知られている。

➡社会正義
ひとりひとりの生命や生，権利義務が同等に扱われる公正な社会を追及する理念・規範。その対象は広く，経済的領域（分配や再分配）だけでなく，文化的領域（承認）での在り方も問われる。ロールズの正義論等がよく知られている。

済，地域や家族の変容等との関係から特徴づけられ，社会的な産物とみなすことができる。生活苦としての貧困は，個人の尊厳や自由を脅かす問題であるのと同時に，民主主義や生存権の実現を掲げる社会の問題でもある。

このように，人々の尊厳や幸福，自由，生存権，社会正義等を価値基盤とする社会福祉にとって，かかる貧困を容認することはできない。その貧困は，解決しなければならない問題であって，肯定的・楽観的にとらえられるものではない。貧困であっても楽しめる等と公然と表明することはない。撲滅が困難であっても仕方がないと諦めることもない。

こうした貧困概念の特質は，（経済的な）不平等の概念との比較を通して強調される。「貧困・不平等」と併記されることもあるが，貧困と不平等は同じではない。所得や資産の不平等は富の分布を示すものである。資本主義社会において，人々が所有する富の量に差が生じる（結果の）不平等はある程度は容認されている。もちろん，不平等であっても，貧富が二極化する著しい不平等や機会の不平等，貧困の広がりを助長する不平等は問題視される。つまり，不平等は撲滅されるべきという道徳的意味合いを必ず帯びているわけではない。これに対して，貧困はそれ自体が容認できない状態とみなされる。何かの条件があれば容認されるものでもない。

また，容認できない貧困を放置する社会もまた容認されない，すべきではない，と理解される。このため，人々の支持・支援を受けて成立する政府は，その責務をもって貧困の撲滅に向けた取り組みを行うことが期待・要請される。また，福祉国家再編期においては，政府セクターだけでなく，非営利セクターや営利セクター，地域住民等のインフォーマル・セクターにも貧困の撲滅に協力することが期待・奨励される。

しかし，その取り組み方は定まっていない。解決にむけた方法は，社会が解決するべき貧困の範囲や特質，貧困の原因と結果に対する評価，利用できる社会資源の多寡，社会構成員の意識や支持のあり様等によって左右される。実際，貧困に関連する取り組みには，現金や現物，各種社会サービス（就労支援等）に関わる給付だけでなく，最低賃金や働き方に関わる労働条件等の規制も含まれる。ある時代ある社会では強制的・懲罰的な介入によって「解決」を企図することもある。このように，貧困は社会的に容認できないものであることが了解されても，その解決の方策は様々であり，そこに明確な合意があるわけではない。このため，当該社会が解決すべき貧困とは何かが問われるこ

➡️ 民主主義
国家を統治する権限が，特定の身分ではなく構成員ひとりひとりに帰属し，行使されることを原理とする社会・政治体制のこと。

➡️ 非営利セクター・営利セクター・インフォーマルセクター
1990年代以降に提起された福祉多元主義等の見解によって，社会（福祉）サービスの供給主体は，政府セクターだけでなく，民間企業を指す営利（民営）セクターや家族，地域住民・コミュニティを指すインフォーマルセクター，非営利であり政府組織でもない組織を指す非営利セクターそれぞれの役割が重視されるようになった。

とになり，その解決策の在り方を含め，政治的・社会的な争点となる。

☐ 貧困概念の構成

　貧困概念，つまり貧困の学術的な意味は，生活に必要な財物を欠くことであり，その欠乏が心身の荒廃状態を引き起こすことも含めて理解されてきた。

　このように理解された貧困の解決は，**福祉国家体制**における社会保障の主眼であった。しかし，それが充分に改善されずに福祉国家の再編が余儀なくされるなかで，貧困の意味が改めて検討されている[5]。

　たとえば，イギリスの社会政策学者であるスピッカー（Spicker, P.）は，貧困に本質はなく多くの意味を持つものとし，その意味の「群れ」を描いている。その群れは「物質的必要」（特殊な必要，剥奪パターン，低い生活水準），「経済的境遇」（資源の欠如，経済的格差，経済的階級），「社会関係」（社会階級，依存，社会的排除，権原の欠如）があり，それらに共通する「容認できない辛苦」を挙げている。

　また，リスター（Lister, R.）は，スピッカーの見解を参考にしつつ，貧困概念の枠組みを「車輪」に喩える。その車輪の中心部は「容認できない困窮」ないし物質的な必要（ニード）を位置づけている。また，その外輪部は貧困の非物質的側面，つまり「関係的・象徴的な側面」であり，「容認できない困窮」状態にある人々によって経験される「意見表明の欠如」「軽蔑，侮辱，尊厳と自尊心の侵害」「恥とスティグマ」「権限の欠如」「権利の否認と市民権の限定」を挙げている。そして，この物質的側面と関係的・象徴的側面は分断できるものではなく，「相互依存」（interdependence）している関係にあるとみなす。

　これらは貧困の意味に関する様々な見解を包括できる枠組みを示し，その意味の特質をとらえようとするものである。いずれも，資源の欠乏（生活必需品の欠乏）とその欠乏に関連する社会状況・社会関係との絡み合いから貧困の意味をとらえようとしている。

　また，調査データが示す貧困の「実態」や法規が規定する貧困の範囲は，貧困の意味の一部を構成することはあっても，その全てではない。貧困状態にある人々の経験や声を反映させていくことで，学者や専門家，政府関係者等，貧困状態にない人々が定めた意味を問い直すことができる。

▶ 福祉国家体制
社会権を積極的に保障する国家のしくみを指す。国家の権力・権限をもとに，最低限の生活保障や社会的事故・リスクの予防，生活の質の維持に向けて種々の給付や規制にかかる政策を講じる。

□ 資源の欠乏

① 「絶対的」と「相対的」

　容認できない財物の欠乏に関わるもっとも素朴なイメージは，本節冒頭で引用したユウタの発言にみられるように「生命維持に必要がないものを持って」いない状態である。これは，生存に関わる身体的な基本的必要（ニード）を満たすための資源に欠く状態とも言い換えることができる。どの時代，どの社会でも共通する貧困として観念され，「絶対的」な貧困と呼ばれることもある。[(6)]

　この象徴的な経験は，心身の健康を損なう程の栄養失調や飢餓，餓死である。栄養失調や飢えは，生命維持に要する食物を摂取して栄養が体内に吸収・消化されれば防ぐことができるだろう。しかし，そのような食物の摂取は人間としての生の営みの一部に過ぎない。たとえ必要な栄養の摂取に焦点化しても，それに必要な食物を調達するための貨幣が必要である。自給自足であったとしても土地や道具，それらを使いこなす知識や体力が必要となる。その前提として健康・安全を脅かすことのない衣類と住居も欠かせない。

　このように，生存に必要な栄養の摂取に限ったとしても，それを社会生活の自立的な営みにおいて達成しようとすれば，食物の調達に関わる社会背景を無視できない。貧困は単に生死の境界を意味するのではなく，社会生活を営む人間の生の在り方に深くかかわる。そのような社会背景や生活の営みは居住する国や地域，時代によって異なる。

　この観点からすれば，栄養の摂取に基づく考えも，どの時代どの社会にも共通するという意味で「絶対的」とはいえず，その必要の内実も充足方法も時代や社会によって異なり得るという意味では「相対的」である。

　イギリス貧困研究の第一人者として知られるラウントリー（Rowntree, B. S.）は，肉体的な健康（能率）を維持できない状態を貧困とみなし，「絶対的」な貧困の考え方を示したと評されることが多い。しかし，ラウントリーにしても，栄養の摂取に狭く限定していたわけではなく，当時のイギリス社会における市場や生活様式を考慮しており，その限りでは貧困を相対的に理解していた。

　他方で，その「相対的」な見方を発展させたのがイギリスの社会学者タウンゼント（Townsend, P. B.）である。タウンゼントは，剝奪を「個人・家族・集団が所属する地域コミュニティや社会，国家ごとにおける相対的な不利」であるとし，当該社会の慣習や文化的な食事，生活様式，社会的な活動への参加できないことを含めた。その相対的剝奪は必要が充足されていないときに生じるとし，基本的必要が充足

できない資源の欠乏によって相対的剥奪が生じる状態を貧困とみなした。このように，貧困の物質的な意味は個々人のなかで完結されるのではなく，その社会生活との関係で意味づけられている。

② 必要充足と資源

飢餓ほど明瞭ではないが，「お金を持っていない」こともしばしば貧困とみなされる。なぜなら，私たちが生きる社会では，基本的な必要を満たす衣食住等を得るために，「お金」すなわち貨幣を要するためである。この貨幣は労働や政府の給付を通して獲得される。このため，賃金や所得が（年金や公的扶助の現金給付を含む）貧困現象を観察可能にするための指標として用いられ，著しい低賃金や低所得が「貧困」と観念されることになる。もちろん，必要を満たすための生活資源の多くを商品として市場で購入する社会であれば，基本的必要を満たせない程の低賃金や低所得は貧困を捉える際に無視できない。また，貨幣経済社会における十分な貨幣（賃金・所得）の保有は，単なる購買力だけでなく，選択できる自由などの実現にもつながる。

他方，生活に必要な資源には，フローの貨幣（所得）だけでなく，貨幣のストックや種々の財（資産）が含まれる。この資産は，災害や事故，病気等による予測しがたいリスクへの応答や，季節的な文化的催しや儀式，高等教育や移住等，まとまった費用を要する機会への参加を容易にする。逆を言えば，十分な資産を欠く場合には，それらのリスクへの応答や社会参加がより難しくなる[7]。

しかし，所得であれ資産であれ，経済的資源を持っていれば，自動的に必要が充足されるわけではない。たとえば，所得を充分に持っていても必要充足に要する商品が市場で流通していなければ入手できない。また，そのような商品や他の資源を持っていたとしても，個人的な理由や環境的な理由で適切に使用できなければ必要は充足されない。

厚生経済学者のセン（Sen, A. K.）は，このような見方をより洗練させ，ケイパビリティ（capability,「潜在能力」とも訳される）という概念で説明する[8]。ケイパビリティとは，「できること，何かであることができること」であり，その人の選択の幅をさす。それは単なる個人の能力ではなく，人と資源のあり様の関係に注目している。このケイパビリティの見方は，必要充足に要する資源が欠乏することの意味をより深く理解するための手助けとなる。

☐ 社会関係の側面

本節冒頭に引用した永山は，貧苦を経験した当事者として，その「貧困」を「無知」や「人間関係」「家族関係」と関係づけている。こ

れらは貧困概念における社会関係の側面を指す。

　この側面を強調する契機のひとつに，社会的排除（social exclusion）への注目がある。社会的排除の概念も貧困と同じく一様ではないものの，貧困のように財物の欠如それ自体に焦点を置くのではなく，当該社会における主流の制度や機会に参加できない状態やその過程を重視する特徴がある。この概念によって，社会福祉サービスを含む社会制度を利用できない状況や，たとえ利用できたとしても低質なサービスの利用に限られる状況がはらむ問題をとらえることができる。また，排除する主体（人や機関等）と排除される主体の相互作用やその長期的な経験にも光が当てられる。

　社会的排除は，シティズンシップ（市民権）の制約や剥奪としても定義される。シティズンシップは当該社会の主流となる構成員に与えられている権利や義務からなる地位を指す。その剥奪や制限とは，例えば主流となる構成員を「国民」や「住民」とする社会において，当該国の国籍がある「国民」や住民登録のある「住民」に保障されるサービスと同等のものを「国民」ではない人々（移民等）や住民登録がない人々（ホームレス状態にある人々等）が形式的あるいは実質的に利用できない状況やそのような状況に至る過程を指す。

　また，人間が生来享受すべき人権やその基盤となる人間の尊厳との関係からみると，貧困は人権や人間の尊厳を否定するものとみなされる。富を保有していないことが失敗・落伍の証とみなされ劣った存在として扱われる経験は人の尊厳を損なっていく。

　「生命維持に必要がないものを持っていたら，『貧困じゃない』ってたたかれる」（前述：ユウタ）ことは，容認できない貧困の中身が一方的に決めつけられ，そのうえ，資源をただ「持って」いることで判断され非難を受ける恐れを端的に示している。これは，貧困に対する偏った，一面的な理解から，資源の欠乏の度合いやその経験の困難さが考慮されることなく評価される恐れもある。また，このような一方的な評価は，貧困を経験する人の行動（振る舞い）をもとに行われることがある。生活資源の欠乏を「生き抜く」ための所作は，「お金のある」人々のそれとは異なることもある。しかし，そのような「見える」部分のみをもって，貧困を経験する人が独自の「文化」をもった逸脱者として➡ラベリングされ，疎外されるきらいのあることが指摘される。

　それとは対照的に，貧困が救済の対象とみなされるなかで，当該社会の政治や経済，家族関係の「犠牲者」としてあわれみの対象とみなされることがある。しかし，このような見方で援助の対象になったとしても，貧困を経験している当人の人格や主体性が軽視され，「貧困

➡ラベリング

何らかの出来事や特性をもって，ある人や集団を一方的に分類・評価を行うこと。しばしば否定的な価値づけが伴う。社会学のラベリング理論がよく知られる。

ではない者」が抱く「貧困者」「困窮者」のイメージが押し付けられる
のであれば，それは上記の一方的な評価と変わらない。そこに，同等
の市民・人間として互いに敬意・尊敬し合う関係性はない。(10)

　社会関係の側面は，これら以外にも「**ウェルビーイング**」➡「生活の
質」「社会の質」「民主主義」「力・権力（パワー）」等の制約や剥奪か
ら意味づけられる。貧困は，単に「栄養失調」や「お金がない」問題
として矮小化されるべきではなく，社会全体を支える理念や思想に関
わる広い意味をもつものである。

☐ 社会福祉の実践との関連

　「ソーシャルワーカーの倫理綱領」（日本ソーシャルワーカー連盟）や
「ソーシャルワークのグローバル定義」（国際ソーシャルワーカー連盟）
では「貧困」について言及されているものの，その頻度は限られてい
る。しかし，これまでみてきた貧困の概念（意味）を踏まえれば，ソー
シャルワークが依拠する原理原則や責務，知識等と幅広く関係して
いることがわかる。

　また，日本の文脈でいえば，貧困は，生活保護や生活困窮者自立支
援，ホームレス自立支援のように貧困に関わることを明示した事業だ
けでなく，児童福祉や障害福祉，高齢者福祉，地域福祉等の幅広い分
野に潜在する。各分野における貧困は，たとえば「子どもの貧困」や
「ひとり親家庭の貧困」「高齢者の貧困」のようなカテゴリーが形成さ
れることで特定の「かたち」のある貧困として認知される。

　他方で，このような「かたち」にならない貧困もある。(11) たとえば，
ゼロ歳で虐待死した子どもとその親，生活保護を利用する者の境遇，
「お金がないこと」の困苦を子どもに経験させまいと複数の仕事をか
け持つことで子どもに「寄り添う」余裕がなくなるひとり親の家庭等
は，必要を満たす財物は「持って」おり，したがって貧困とは関係し
ないと観念されるかもしれない。しかし，物質的な欠乏を回避する私
的努力の代償として社会関係が損なわれることや，貧困であることを
利用要件とする制度からの（による）排除の経験，死亡することで把
握すらできなくなった足跡等は，明確な「かたち」にならないが，貧
困が発生する社会的過程や連続性から切り離すことはできない。貧困
の概念（意味）を幅広く理解することで，こうした明確な「かたち」
にならない貧困の問題も射程に捉え，社会福祉の実践として取り組む
ことが期待される。

② 貧困の測定

☐ 貧困調査

　貧困は，複合的な問題であることから，単一の指標のみから測定することは困難である。一方で，ある社会において公的な救済が必要となっている個人・世帯がどれくらいいるのか，あるいは，よりシンプルに，貧困である個人・世帯がどれくらいいるのか，どのような特徴があるのか調査し把握することは，貧困問題を議論する際の最初の一歩となる。

　貧困調査の端緒となるのは，チャールズ・ブース（Booth, C.）が19世紀のロンドンにおいて実施したものである。また，19世紀のヨークにおいてラウントリー（Rowntree, B. S.）が実施した社会調査も，初期の貧困研究として代表的なものである。これらの調査については，本書第3章第2節を参照してほしい。

☐ 貧困基準の設定

　ラウントリーは，第1次貧困と第2次貧困（本書55頁）を貧困基準として貧困を調査したが，貧困を定量的に把握するうえで，最も重要となるのは貧困基準の設定である。貧困基準は，ある個人・世帯が貧困状況にあるかどうかを区分するための基準であり，その基準未満にいる個人・世帯を貧困であるとみなす。

　貧困基準には大きく分けて，絶対的貧困基準と相対的貧困基準（以下，絶対的基準と相対的基準）の2つがある。絶対的基準は，人間が生存するための生理的な最低限，もしくは健康を保ち通常の活動を行える程度の栄養が摂取できることと定義され，具体的には最低限の生活をするのに必要な消費項目を積み上げる方法などを用いて基準額を決定する。

　相対的基準は，個人は他者の生活水準と比較して相対的に評価しているとの考え方に立ち，所得分布や消費分布の中央値または平均値の一定割合を貧困基準とし，社会のなかで相対的に所得や消費が低い個人・世帯を測る。

　絶対的基準と相対的基準のどちらがより優れた基準であるか，明確に示すことは難しい。絶対的基準は，そもそも何を最低限必要な消費項目とするか，またそれを誰が選定するのかによって変わるため，決

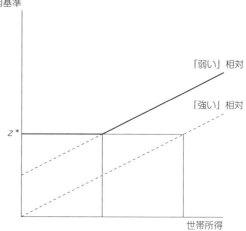

図1-1 世帯所得・消費と相対的貧困基準の関係

貧困基準

「弱い」相対

「強い」相対

z^*

世帯所得

出所：Ravallion, Martin（2016）*The Economics of Poverty: History, Measurement and Policy*, Oxford University Press をもとに，筆者翻訳・加筆。

定的な基準の設定は困難である。また，同じ社会でも経済成長などによって食生活が変化すれば基準額が上昇すること，同じ経済状況の国でも食生活・生活様式の多様さが反映されて基準額が異なってくるなど，「絶対的」な基準においても「相対的」な要素が含まれていると指摘される[14]。

　一方で，相対的基準については，貧困基準を平均値等の一定割合として設定する論拠が乏しいこと，貧困層の実質所得が高まっても相対的貧困指標が上昇する場合があること，逆に貧困層における生活の絶対水準が低くなったにもかかわらず，相対的貧困率が低下する場合があることなどが批判される。特に，図1-1で示すように，理論的には，平均所得がゼロとなれば基準もゼロとなることから，貧困の把握に限界がある。そこでラヴァリオン（Ravallion, M.）らは，世帯所得等に完全に比例して算出する「強い」相対基準ではなく，世帯所得がある一定水準になるまでは絶対的基準を用い（図1-1中のz^*），その後は世帯所得に比例する「弱い」相対的基準を提唱している[15]。

　これまでの議論から見てわかることは，唯一絶対に正しく普遍的な貧困基準はないことである。貧困を把握する上で必要となる貧困基準は，一意には定まらない一方，どこかに設定しなければ貧困を測定することができない，という矛盾を抱える。また当然ながら，貧困基準が異なれば把握される貧困，つまり貧困率にも影響を与える。そのため，ある社会においてどのような状況を貧困と考えるのか，その状況を把握するのに最も適切と思われる基準をその時々に選んでいくこととなる。

❑ 日本と諸外国における貧困基準

　実際，諸外国や国際機関が用いている貧困基準は，それぞれ異なっている。先進国が中心となって加盟している OECD では，各国における**等価可処分所得の中央値**➡の50％，EU では60％を相対的貧困基準と設定し，加盟国の貧困率を収集・公表している。一方で，発展途上国も加盟している**世界銀行**➡では，各国共通した 1 日当たり1.9ドルという絶対的貧困基準を設定し，世界における極貧困層の推移を調査している。

　各国においても政府が貧困基準を設定している場合がある。アメリカでは，栄養摂取をベースに1960年代に設定されたオーシャンスキー貧困線が，物価水準を調整しながら現代においても用いられている。デンマークでは，中位所得の60％未満である状態が 3 年以上続き，かつ一定以下の資産しか保有していない場合を貧困としており，所得と資産を組み合わせて貧困基準を設定している。

　日本は，貧困率の測定のみを目的とした貧困基準を定めていないが，生活保護において，どの程度が最低限度の生活であるか，言い換えれば，どのような水準を困窮（貧困）とみなし救済するのか，について定めている。具体的には，生活保護の最低生活費が基準となる。この最低生活費のうち，生活扶助は日常の生活を保障する核であり，その算定方法については，生活保護法が制定されて以降80年近くにわたって，常に議論され見直しがされてきた[16]。

　現在用いられている算定方法は，水準均衡方式（本書第 4 章第 3 節参照）であり，一般低所得世帯の消費水準をもとに「相対的」に定められている。生活扶助の基準は， 5 年に一度，厚生労働省の審議会において検証がされているが，2017年の報告書においては「一般低所得世帯との均衡のみで生活保護基準の水準をとらえていると，比較する消費水準が低下すると絶対的な水準を割ってしまう懸念があることからも，これ以上下回ってはならないという水準の設定について考える必要がある」と指摘されている。つまり，生活保護の最低生活費の在り方についても，相対的に基準を設定することへの懸念が示され，**図1-1**での z^* 線のような，絶対的水準からの検証が必要となっている。

❑ 相対的貧困からみる日本の現状

　このように，これまで，貧困基準の設定方法について説明をしてきたが，では実際に貧困率を測定すると日本はどのような状況にあるのだろうか。既述のとおり，日本では貧困率を測定することを目的とした貧困基準は設定されていないが，OECD が定める相対的貧困基準

➡ **等価可処分所得の中央値**

「世帯規模の経済性」を調整する等価尺度で世帯の可処分所得を除したものが等価可処分所得であり，等価可処分所得を小さい値から順に並べ替え，真ん中に位置する値が中央値である。

➡ **世界銀行**

貧困削減と持続的成長の実現に向けて，途上国政府に対し融資，技術協力，政策助言を提供する国際開発金融機関。

表1-1　相対的貧困率と貧困基準の推移（1985〜2018年）

年	1985	1988	1991	1994	1997	2000	2003	2006	2009	2012	2015	2018
相対的貧困率（％）	12.0	13.2	13.5	13.8	14.6	15.3	14.9	15.7	16.0	16.1	15.7	15.4
等可処分所得の中央値（a）（万円）	216	227	270	289	297	274	260	254	250	244	244	253
貧困線(a/2)(万円)	108	114	135	144	149	137	130	127	125	122	122	127

注1：1994（平成6）年の数値は，兵庫県を除いたものである。
注2：2015（平成27）年の数値は，熊本県を除いたものである。
注3：貧困率は，OECDの作成基準に基づいて算出している。
注4：等価可処分所得金額不詳の世帯員は除く。
出所：厚生労働省（2020）「2019年 国民生活基礎調査の概況」より抜粋.

図1-2　年齢階級別相対的貧困率の推移

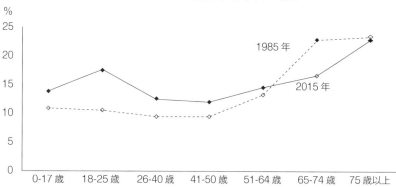

出所：OECD Income Distribution Database（2020年8月3日ダウンロード）より筆者作成.

（＝等価可処分所得の中央値の50％）を用いた貧困率は公表されており，それに沿って解説したい。

　表1-1は，1985年から2018年の相対的貧困率と貧困基準（線）の推移を示している。ここで貧困率は，以下の式のとおり算出される。

$$貧困率（％）＝\frac{貧困基準未満の所得である個人（世帯数）}{総人口（世帯数）}×100$$

　1985年からの貧困線の推移をみると，1985年には108万円であり，1997年の149万円まで上昇したが，それ以降は下がり続け2018年に若干回復している。つづいて貧困率の推移をみると，1985年に12.0％であり，2012年まで一貫して上昇を続けていたが，2015年から低下し2018年時点で15.4％である。着目すべきは，1997年から2012年にかけて貧困線は低下していたにもかかわらず，貧困率は上昇していた点である。これは，平均的な世帯所得の低下以上に貧困世帯が増えていたことを意味し，日本が全体的に低所得化していったことを示している。

　それでは，日本の貧困にはどのような特徴があるのだろうか。貧困率を年齢，性別，世帯類型，地域などの属性別にみると，どのグループに貧困が集中しているか，貧困リスクが高いのかがわかる。図1-

2 は，年齢別の相対的貧困率の推移を示している。まず1985年と2015年を比べると，子ども（0〜17歳）と現役（18〜64歳）の貧困率は上昇していた一方で，高齢者（65歳以上）の貧困率は低下していることがわかる。特に子どもの貧困率は 3 ％ポイント，若年（18〜25歳）は 7 ％ポイントと相対的に大きく悪化した一方で，前期高齢者（65〜74歳）は 6 ％ポイント低下し相対的に改善している。

しかしながら，相対的貧困率が最も高いグループは，1985年から一貫して後期高齢者（75歳以上）であり，相対的貧困率も23％とこの30年間でほとんど変化していないことがわかる。また，前期高齢者の貧困率も低下したものの，貧困率が高いグループであることに変わりはなく，子どもの貧困率よりも高くなっている。

以上のことから，年齢別に相対的貧困率をみると，日本においては高齢者の貧困リスクが高いといえるが，これは先進国に共通している問題なのだろうか。

🔲 貧困率の国際比較

図 1 - 3 は，OECD 加盟国の相対的貧困率の推移を示している。日本は，2010年代半ばの時点で34か国中 8 番目と OECD 加盟国の中でも相対的貧困率の高い国であることがわかる。最も低い国は，アイスランド，デンマーク，フィンランドなどであり，日本より相対的貧困率は10％ポイントほど低くなっている。

図 1 - 4 は，全人口と高齢者の相対的貧困率の散布図である。高齢者貧困率が全人口貧困率よりも低ければ，その国において高齢者は相対的に貧困に陥りにくいグループであることを意味し，散布図の中の右下に示される。逆に，高齢者貧困率のほうが全人口貧困率よりも高ければ，図中の左上に示される。

2000年代半ばにおいて，33か国中21か国は高齢者貧困率の方が全人口貧困率よりも高く，先進国において高齢者の貧困リスクが高い国が多かったことがわかる。ところが，2010年代半ばになると，高齢者貧困率の方が高い国は34か国中13か国であり，高齢者貧困率が低い国のほうが多くなった。このように，先進国において貧困問題は高齢者から子ども・若年へと変化し，特に2008年の金融危機によってこの傾向が加速化したのに対し，日本においては高齢者貧困率が高いままとなっている。

先進国において高齢者の貧困率が低下してきたとはいえ，各国に共通する課題もある。それは高齢者の男女間格差の問題である。**図 1 - 5** は，高齢男女の相対的貧困率の散布図であり，男女どちらのほうが

図1-3　相対的貧困率の国際比較

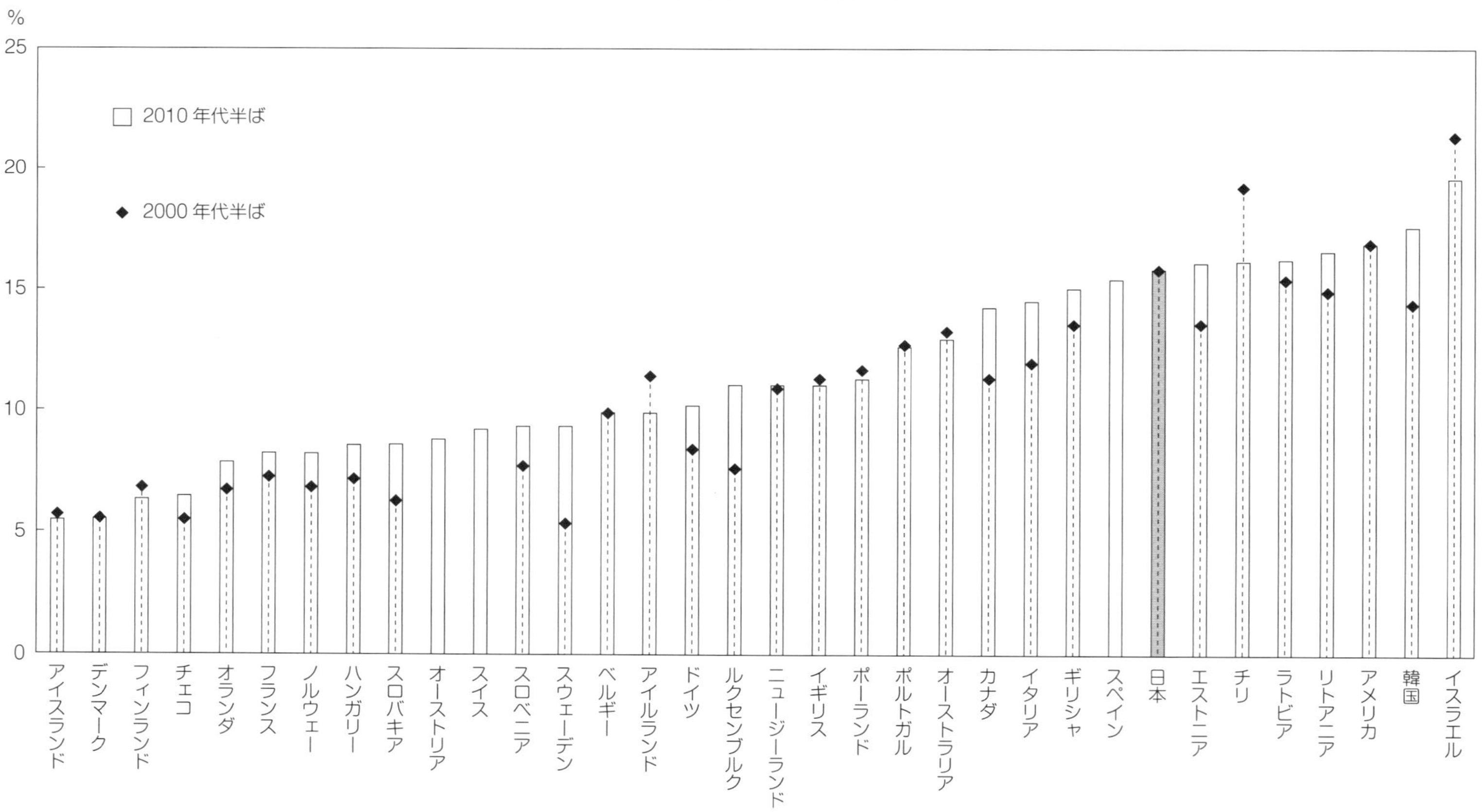

注1：2000年代半ばのデータは、ニュージーランドは2003年、オーストラリア・イタリア・ノルウェー・スウェーデンは2004年、ハンガリー・イスラエルは2005年、それ以外の国は2006年を示す。2010年代半ばのデータは、オーストラリアとニュージーランドは2014年、それ以外は2015年を示す。

注2：2000年代半ばと2010年代半ばでは所得の定義が異なっていることに留意が必要である。

注3：メキシコとトルコは、2010年代半ばの所得の定義がOECD基準と異なるため掲載していない。

出所：図1-2と同じ。

図 1 - 4 高齢者貧困率の国際比較

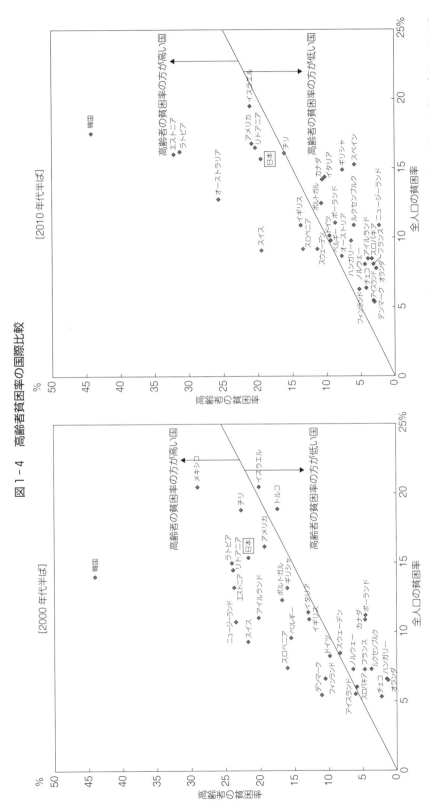

注1：2000年代半ばのデータは、ドイツ・イタリア・メキシコ・ニュージーランドは2008年、フランス・ハンガリー・イスラエル・スウェーデン・スイス・トルコ・アメリカは2009年、それ以外の国は2006年を示す。2010年代半ばのデータは、オーストラリアとニュージーランドは2014年、それ以外は2015年を示す。

注2：メキシコとトルコは、2010年代半ばの所得の定義がOECD基準と異なるため掲載していない。

出所：図1-2と同じ。

図1-5　男女別高齢者貧困率の国際比較

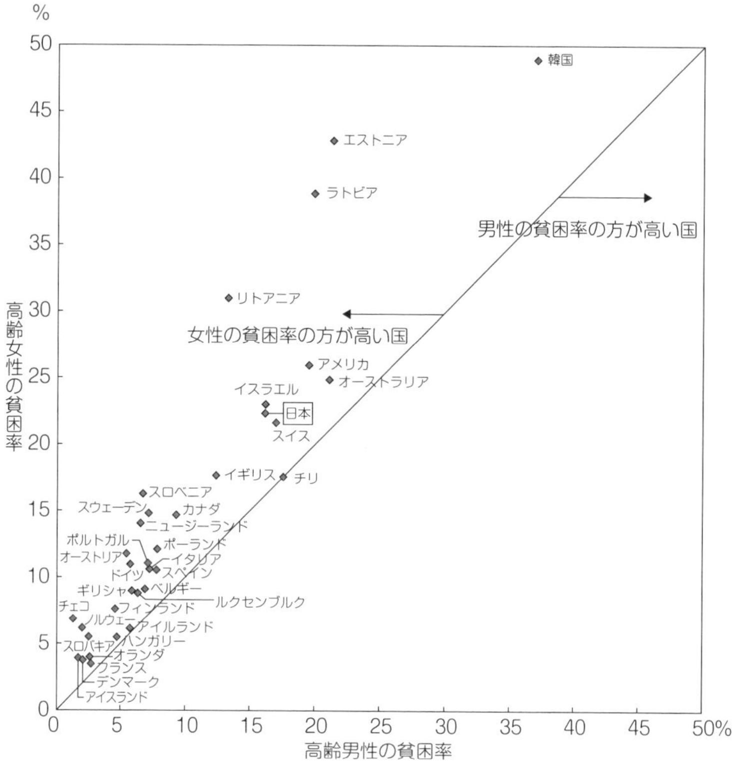

出所：OECD（2019）*Pensions at a Glance 2019: OECD and G20 Indicators*, OECD Publishing より筆者作成.

貧困に陥りやすいか示している。女性より男性の貧困率が高い場合，散布図の右下に示され，女性のほうが高い場合は左上に示される。一見して明らかなように，OECD全加盟国において，高齢男性よりも高齢女性の貧困率が高くなっている。

この背景には，現在の高齢者が働き始めた1960年代は，第一子出産年齢が若く，平均子供数が多かったため，女性は子育てによるキャリア中断が長かったこと，男女の賃金ギャップが現在よりも大きかったこと等により，年金保険料の拠出額・期間が男性より少なく，年金給付額も少なくなっていると考えられる。[18]

日本においても，女性が非正規労働者である割合が高く，また厚生年金保険に適用されている期間も短いことから，男性よりも年金給付額が小さい。今後，年金給付水準が相対的に低くなると見込まれている。そのため日本の高齢者の貧困率は，さらに高まると予想される。

◯注 ─────────

⑴　リスター，R./松本伊智朗監訳（2011）『貧困とはなにか──概念・言説・ポリティクス』明石書店，63.

⑵　永山則夫（1990）『無知の涙　増補新版』河出書房新社，410.

⑶　原田朱美（2017）「『理想の貧困』に苦しむ…リアル当事者　スマホもライブもダメなの？」（https://withnews.jp/article/f0171101005qq000000000000000W03j10101qq000016173A）（2020.7.14）.

⑷　貧困と不平等の違いについては，Alcock, P.（2006）*Understanding Poverty. Third edition.* Palgrave Macmillan.Alcock（第1部）の見解を主に参照した。

⑸　貧困の概念（意味）については，スピッカー，P/圷洋一監訳（2008）『貧困の概念──理解と応答のために』生活書院の第1章や，リスター，R./松本伊智朗監訳（2011）『貧困とはなにか：概念・言説・ポリティクス』明石書店，序章の見解を主に参照した。

⑹　「絶対的」貧困と「相対的」貧困，それらに関わる学者の議論については，スピッカー，P/圷洋一監訳（2008）『貧困の概念──理解と応答のために』生活書院）の第2章や，リスター，R./松本伊智朗監訳（2011）『貧困とはなにか──概念・言説・ポリティクス』明石書店の第1章を主に参照した。

⑺　この観点から「資産の貧困（asset poverty）」に注目した議論がある（Sherraden, M.（1991）*Assets and the Poor: A New American Welfare Policy.* Sharpe, M. E. Inc.Sherraden）。

⑻　貧困に関わるセンの議論については，リスター，R./松本伊智朗監訳（2011）『貧困とはなにか──概念・言説・ポリティクス』明石書店，の第1章に詳しい。

⑼　社会的排除については，岩田正美（2008）『社会的排除──参加の欠如・不確かな帰属』有斐閣：リスター，R./松本伊智朗監訳（2011）『貧困とはなにか──概念・言説・ポリティクス』明石書店，の第4章を主に参照した。

⑽　貧困に関わる言説や主体性については，リスター，R./松本伊智朗監訳（2011）『貧困とはなにか──概念・言説・ポリティクス』明石書店，の第5章・第6章を主に参照した。

⑾　貧困の「かたち」については，岩田正美（2017）『貧困の戦後史──貧困の「かたち」はどう変わったか』筑摩書房，の議論を主に参照した。

⑿　Ravallion, M.（2012）"Poverty Lines across the World," Jefferson, P.（ed.）*The Oxford Handbook of the Economics of Poverty*, Oxford University Press.

⒀　⑿と同じ.

⒁　⑿と同じ.

⒂　Ravallion, M. and Chen, S.（2011）"Weakly Relative Poverty," *The Review of Economics and Statistics*, 93（4）, 1251-1261.
　　Ravallion, M.（2012）"Poverty Lines across the World," Jefferson, P.（ed.）*The Oxford Handbook of the Economics of Poverty*, Oxford University Press.
　　Ravallion, M.（2016）*The Economics of Poverty: History, Measurement and Policy*, Oxford University Press.

⒃　算定方法の変遷については，本書の第4章第3節を参照。

⒄　OECD（2015）*In It Together: Why Less Inequality Benefits All*, OECD Publishing.

⒅　OECD（2009）*Pensions at a Glance 2009: Retirement-Income Systems in OECD Countries*, OECD Publishing.

■第2章■
貧困状態にある人を取り巻く
社会環境と生活実態

1 貧困状態にある人を取り巻く社会環境

☐ 日本における貧困の広がり

　前章では，貧困とは何か，また，貧困をどのように測定するかについて理論的に学んだ。本章では，わが国における貧困の実態を概観してみよう。

　貧困の広がりを示す指標には様々なものがあるが，最もスタンダードなものが**相対的貧困率**だろう。日本の相対的貧困率は1980年代までは12〜13％台だったが，1997年に14.6％に上昇し，2000年以降は概ね15〜16％台で推移している（**表1-1**，18頁参照）。また，貧困線の推移をみると，1997年の149万円をピークに2000年代以降は低下し，2018年には127万円にまで減少している（**表1-1**）。**貧困線**は，等価可処分所得の中央値の半分の額であり，貧困線の低下は，日本の全世帯の中央に位置する世帯の所得が低下していることを意味する。このように，1990年代の後半以降，日本の貧困ラインは低下し，かつ，その低い貧困ラインの下にいる人々の割合が増えていることが分かる。

☐ 被保護実人員及び自殺者数

　相対的貧困率以外にも，貧困の広がりを示す指標はいくつか考えられる。たとえば，生活保護を受給している人の数を示す**被保護実人員**もその一つである。生活保護を受給している人は，最低生活費を下回る収入しか得ておらず，貧困状態にあるといえよう。くわしくは本書第4章第2節でみるが，被保護実人員は，高度経済成長期からバブル経済期にかけて，増減を繰り返しながらも全体的には減少傾向を続け，1995年には約88万人にまで減少した。しかし，1996年からは増加に転じ，2011年には，敗戦直後の水準を上回る約206万人にまで増加した。[1]

　また，自殺者数も，深刻な形での貧困の広がりを表す指標の一つである。**図2-1**は，自殺者数の年次推移をみたものである。自殺の多くは多様で複合的な原因や背景を有しているが，経済・生活問題は主要な原因の一つであるといわれる。2019年の自殺者のうち，原因や動機が特定されている自殺者の22.8％が「経済・生活問題」を原因・動機としている。[2]

　図2-1にみるように，自殺者数は1998年に激増し，2011年までの14年間連続して3万人を超過した。ピーク時の2003年には3万4427人

➡相対的貧困率
等価可処分所得の中央値の半分の額を貧困線といい，貧困線未満の所得しか得られていない人の割合を相対的貧困率という。第1章参照。

➡貧困線
貧困を定義する際に用いられる基準額であり，貧困線を下回る所得水準の場合に貧困と定義される。国民生活基礎調査では，等価可処分所得の中央値の半分，すなわち世帯員数を調整した可処分所得額が低い世帯から高い世帯まで順に並べた時に真ん中になる世帯の所得額の半分の額を貧困線としている。

➡被保護実人員
各月中に1回でも生活保護を受けた人員の数。

図 2 - 1 自殺者数の年次推移

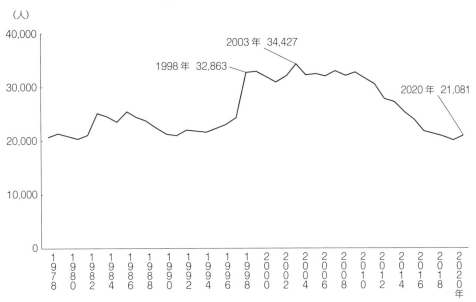

出所：厚生労働省自殺対策推進室・警察庁生活安全局安全企画課（2020）「令和 2 年中における自殺の状況」.

に上った。なお，2003年の自殺者で遺書があった者のうち，35.2％は「経済・生活問題」を原因・動機としていた（警察庁生活安全局地域課「平成16年中における自殺の概要資料」）。

　このように，1990年代後半になって，日本の貧困は急速に拡大した。次に，この時期における貧困拡大の社会経済的背景についてみていく。

☐ 雇用の流動化と非正規雇用の拡大

　1990年代に入ると，バブル経済の崩壊，東西冷戦構造の終焉によるグローバル経済の拡大などを背景に，日本の企業は国際競争力を高めることが求められるようになる。こうした環境変化の下での企業経営のあり方について，日本経営者団体連盟（日経連）は，1995年にレポート「新時代の『日本的経営』」を発表した。同レポートでは，今後の雇用システムの方向として，労働者を次の 3 つのグループに分類していくことが提起された。

　①　長期蓄積能力活用型グループ

　従来の長期継続雇用という考え方に立って，企業としても働いてほしい，従業員としても働きたいというグループで，管理職・総合職・技術部門の基幹職を対象として，期間の定めのない雇用契約を結ぶものである。

② 高度専門能力活用型グループ

企業の抱える課題解決に，専門的熟練・能力をもって応える，必ずしも長期雇用を前提としないグループで，企画，営業，研究開発等の専門部門を対象に，年俸制や業績給などによる有期雇用契約を結ぶものである。

③ 雇用柔軟型グループ

一般職，技能部門，販売部門などで定型的業務から専門的業務までを遂行するグループで，時間給制や職務給などによる有期雇用契約を結ぶものである。

3つのグループのうち，無期雇用契約を結ぶことが想定されているのは長期蓄積能力活用型グループのみである。すなわち，日経連レポートは，管理職や総合職などの基幹職に従事する者を除き，有期雇用の非正規労働者を拡げていく方向性を示すものだった。

財界の提起を受け，政府も，柔軟な雇用形態を可能にするため，雇用規制を緩和していった。**労働者派遣法**➡改正は，その象徴といえよう。自己が雇用関係を有する労働者を他者の指揮命令による労働に従事させる労働者派遣は，例外的な労働形態であるため，1985年の労働者派遣法制定当初，派遣対象業務がソフトウェア開発，秘書，通訳など専門的な13業務に限定されていた。

しかし，1996年の法改正で，派遣対象業務が26業務まで拡大され，さらに，1999年の法改正では，派遣することを認める業務を列挙するポジティブリスト方式から，派遣することを禁じる業務を列挙するネガティブリスト方式に変更された。これにより，港湾，建設，医療など，認められていない一部の業務以外は，自由に労働者を派遣することができるようになった。

このような，労働者派遣法の改正に象徴される雇用規制の緩和により，1990年代後半以降，派遣労働者を含む非正規雇用が広がっていくことになる。**図2-2**は，1990年以降の非正規雇用者数の年次推移を示したものである。非正規雇用者の数は1990年時点では男性236万人，女性644万人の計880万人だったが，1990年代後半から増加し，2018年には男性669万人，女性1,451万人の計2,120万人と，2.4倍に増加している。役員を除く雇用者に占める非正規雇用者の割合も，1990年代前半までは20％程度だったが，1990年代後半から増加し始め，2000年代に入ると30％を超え，現在では4割近くに上っている。

☐ 雇用形態による所得格差

表2-1は，厚生労働省の賃金構造基本統計調査をもとに，2019年

➡労働者派遣法
制定当初の正式名称は「労働者派遣事業の適正な運営の確保及び派遣労働者の就業条件の整備等に関する法律」。2012年以降の正式名称は「労働者派遣事業の適正な運営の確保及び派遣労働者の保護等に関する法律」。労働者派遣事業の適正な運営の確保に関する措置を講ずるとともに，派遣労働者の保護等を図り，もつて派遣労働者の雇用の安定その他福祉の増進に資することを目的としている。

図2-2　非正規雇用者数の年次推移

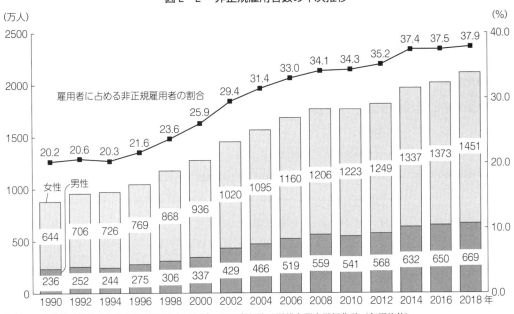

資料：2001年までは労働力調査特別調査（2月分）。2002年以降は労働力調査詳細集計（年平均値）。

注：非正規雇用の割合は役員を除く雇用者に占める割合（男女計）。2011年は，東日本大震災の影響により，補完的に推計した値。

出所：独立行政法人労働政策研究・研修機構ホームページ「統計情報」（https://www.jil.go.jp/kokunai/statistics/index.html）より筆者作成.

表2-1　年齢階級別正規雇用と非正規雇用の賃金格差

年齢階級	正社員・正職員				正社員・正職員以外				所定内時給の格差
	所定内実労働時間数（時間）	所定内給与額（千円）	所定内時給【A】（円）	年間賞与その他特別給与額（千円）	所定内実労働時間数（時間）	所定内給与額（千円）	所定内時給【B】（円）	年間賞与その他特別給与額（千円）	【B／A】
全年齢	166	324.2	1953	1029.8	161	214.8	1334	206.6	0.68
～19歳	166	180.2	1086	140.3	159	174.1	1095	16.9	1.01
20～24	166	215.5	1298	414.9	162	183.4	1132	71.2	0.87
25～29	165	249.6	1513	730.6	162	202.4	1249	106.8	0.83
30～34	165	282.8	1714	880.8	161	207.2	1287	111.8	0.75
35～39	165	316.3	1917	1032.1	160	214.3	1339	145.1	0.70
40～44	166	343.5	2069	1138.8	160	211.9	1324	150.7	0.64
45～49	166	365.6	2202	1267.1	161	212.8	1322	143.3	0.60
50～54	166	392.2	2363	1381.2	161	209.7	1302	152.3	0.55
55～59	165	397.0	2406	1375.6	161	212.2	1318	169.2	0.55
60～64	166	328.0	1976	822.2	161	241.3	1499	482.2	0.76
65～69	167	295.9	1772	490.4	161	216.8	1347	229.8	0.76
70～	168	283.1	1685	384.1	161	208.9	1298	149.1	0.77

注：全産業，男女計の数値。所定内時給とは，所定内給与額を所定内実労働時間数で除したもの。

出所：厚生労働省（2020）「令和2年賃金構造基本統計調査」より筆者作成.

**➡正規雇用と非正
規雇用**

一般的にはフルタイム
で期間の定めのない雇
用形態のことを正規雇
用，そうではない雇用
形態のことを非正規雇
用と呼ぶが明確な定義
があるわけではない。
総務省「労働力調査」
では，パート，アルバ
イト，派遣社員，契約
社員，嘱託，その他の
雇用形態を「非正規の
職員・従業員」として
いる。

➡所定内給与額

きまって支給する現金
給与額のうち，超過労
働給与額（時間外勤務
手当，深夜勤務手当
等）を差し引いた額を
いい，基本給，職務手
当などが含まれる。

**➡所定内実労働時
間数**

総実労働時間数から超
過実労働時間数を差し
引いた時間数をいう。

➡派遣切り

派遣労働者を使用する
企業が業績の悪化等に
より派遣元との派遣契
約を解除すること。派
遣労働者が派遣会社を
解雇されることを指す
場合もある。2008年の
世界的不況（いわゆる
リーマン・ショック）
の際に社会問題化した。

における**正規雇用（者）**と**非正規雇用（者）**の賃金格差を年齢階級別に示したものである。全年齢の数値をみると，**所定内給与額**を**所定内実労働時間数**で除した所定内時給額は，正社員・正職員の場合は1,953円であるのに対して，正社員・正職員以外の場合は1,334円となっている。その格差は0.68であり，つまり，非正規雇用者の1時間当たりの給与額が，正規雇用者の7割程度にとどまっていることを示している。

この格差は，年齢階層が高くなるにつれて広がる傾向にあり，50歳代の格差は0.55と，およそ半分程度になっている。正規雇用者と異なり，非正規雇用者の場合は，年齢が上がっても所定内給与額があまり上昇していないことが影響している。

また，決まって支払われる給与以外でも，年間賞与（ボーナス）のような，特別給与額にも格差がある。正規雇用者の特別給与額は年額平均約103万円であるのに対して，非正規雇用者の場合は約21万円と，2割程度にとどまっている。このように，非正規雇用者は正規雇用者に比べて，基本的な給与が低く，年齢が高くなっても昇給が少なく，ボーナス等の手当も低い状況にあることがわかる。

☐ 雇用の不安定性

また，非正規雇用者は，給与の面だけでなく，雇用の安定性の面でも不利な状況に置かれている。たとえば，2008年のいわゆるリーマン・ショックに端を発する世界的経済不況時の「**派遣切り**」が象徴するように，企業の業績が悪化した際に真っ先に解雇されるのは非正規労働者である。

なお，2020年に生じた新型コロナウイルスの感染拡大も，労働環境に大きな影響を及ぼした。政府は2020年4月に初めての緊急事態宣言を行ったが，人々の移動が自粛されたことで観光業は大きな打撃を受け，飲食業でも営業の自粛が要請された。コロナ禍の影響を受けやすい産業を中心に，仕事を失う人，仕事を休まざるを得ない人が増えたが，非正規雇用者はその対象になりやすい。

総務省「労働力調査」によると，正規雇用者の休業者数は，2020年1月が82万人，2月が86万人，3月が89万人だったのが，緊急事態宣言が出された4月には193万人と，3か月で2.4倍に増えた。これに対して，非正規雇用者の休業者は，1月が67万人，2月が70万人，3月が118万人，4月が300万人と，4.5倍に増加した。

このように，非正規雇用者は正規雇用者に比べて，賃金も低くなりやすく，また雇用も不安定な傾向にある。そのため，非正規雇用者の

表2-2　希望する働き方と就業形態

(%)

	男性				女性			
	現在の就業形態を続けたい	他の就業形態に変わりたい	希望する就業形態		現在の就業形態を続けたい	他の就業形態に変わりたい	希望する就業形態	
			正社員	正社員以外			正社員	正社員以外
正社員	98.3	1.0	—	100.0	97.2	2.6	—	100.0
正社員以外の労働者	59.8	39.7	92.9	7.1	68.7	30.6	89.5	10.5
（年齢階級別）								
15〜19歳	41.8	58.2	100.0	0.0	38.3	61.7	100.0	0.0
20〜24歳	22.4	77.6	99.6	0.4	43.0	56.4	97.3	2.7
25〜29歳	22.5	77.5	99.1	0.9	58.8	40.5	93.2	6.8
30〜34歳	20.4	79.3	99.3	0.7	61.0	39.0	90.3	9.7
35〜39歳	42.1	57.9	98.4	1.6	57.9	40.5	83.1	16.9
40〜44歳	59.2	39.4	97.3	2.7	65.3	34.1	90.1	9.9
45〜49歳	58.0	42.0	94.8	5.2	64.9	34.8	92.3	7.7
50〜54歳	58.6	41.2	94.7	5.3	77.9	21.7	87.8	12.2
55〜59歳	65.1	34.8	87.7	12.3	83.6	15.0	84.8	15.2
60〜64歳	85.1	14.0	65.6	34.4	93.3	5.4	55.7	44.3
65歳以上	89.4	9.7	43.7	56.3	94.4	4.9	53.9	46.1

注：年齢階級別は正社員以外の労働者の数値。希望する就業形態は「他の就業形態に変わりたい」人を分母とした比率。
出所：厚生労働省（2014）「平成26年就業形態の多様化に関する総合実態調査」より筆者作成.

表2-3　非正規社員が正社員になりたい理由

(%)

	全体	（就業形態別）						
		出向社員	契約社員	嘱託社員	パートタイム労働者	臨時労働者	派遣労働者	その他
より多くの収入を得たいから	78.1	46.8	68.5	72.1	86.6	61.5	69.5	77.7
正社員の方が雇用が安定しているから	76.9	54.2	82.4	68.2	74.1	78.0	84.4	79.0
キャリアを高めたいから	14.9	30.0	18.6	12.7	9.9	32.0	17.9	17.7
より経験を深め，視野を広げたいから	24.4	32.6	27.1	10.0	24.4	19.3	24.4	24.0
自分の意欲と能力を十分に活かしたいから	22.1	32.1	16.9	37.9	20.7	22.5	23.8	25.1
専門的な資格・技能を活かしたいから	14.8	12.4	17.3	21.7	16.2	7.5	12.8	11.1
家庭の事情の制約がなくなるから	13.4	0.6	5.1	7.0	22.1	8.9	6.8	6.4
その他	4.4	11.4	3.8	2.3	3.1	24.9	5.5	3.6
不明	0.5	1.3	0.6	0.6	0.1	—	0.9	1.2

注：複数回答3つまで選択。
出所：表2-2と同じ.

中には，正規雇用として働くことを希望している人も少なくない。**表2-2**によると，「現在の就業形態を続けたい」と考えている人の割合は，正社員の場合は男性で98.3％，女性で97.2％に上るのに対して，正社員以外の場合は男性で59.8％，女性で68.7％にとどまる。特に，20代から30代前半の男性の場合は，正社員以外の労働者で現在の就業形態を続けたいと考えている人は2割程度であり，かつ，他の就業形態に変わりたいと考えている人の99％が正社員として働くことを希望している。その理由については，**表2-3**によると，「より多くの収入を得たいから」「正社員の方が雇用が安定しているから」と考える人が多い。特に，契約社員や派遣労働者として働いている人は雇用の安

表2-4　当初所得の十分位階級別所得構成比

(%)

	所得十分位階級									
	Ⅰ	Ⅱ	Ⅲ	Ⅳ	Ⅴ	Ⅵ	Ⅶ	Ⅷ	Ⅸ	Ⅹ
1962年	1.7	3.6	4.9	6.1	7.4	8.7	10.3	12.3	15.5	29.5
1967年	1.7	3.8	5.2	6.3	7.6	8.9	10.4	12.3	15.6	28.2
1972年	2.1	4.0	5.4	6.6	7.8	9.1	10.5	12.3	15.6	27.0
1975年	1.5	3.4	5.0	6.4	7.9	9.3	10.8	12.8	15.9	27.0
1978年	1.8	3.8	5.3	6.5	7.7	8.9	10.4	12.3	15.2	28.0
1981年	1.6	4.0	5.5	6.8	8.0	9.2	10.7	12.6	15.5	26.1
1984年	0.5	2.9	4.8	6.5	7.9	9.4	11.0	12.8	15.8	28.4
1987年	0.2	2.5	4.7	6.4	7.9	9.4	11.1	13.3	16.4	27.9
1990年	0.0	1.8	4.2	6.1	7.7	9.3	11.1	13.4	16.7	29.7
1993年	0.0	1.7	4.0	5.9	7.6	9.4	11.2	13.6	17.1	29.5
1996年	0.0	1.4	3.9	5.9	7.7	9.5	11.4	13.7	17.2	29.3
1999年	0.0	0.8	3.1	5.4	7.5	9.3	11.3	13.9	17.5	31.3
2002年	0.0	0.3	2.3	4.7	7.0	9.1	11.6	14.5	18.7	31.7
2005年	0.0	0.0	1.4	3.7	6.3	9.0	12.0	15.8	20.1	31.7
2008年	0.0	0.0	1.5	3.6	6.2	9.0	11.8	15.0	19.6	33.3
2011年	0.0	0.0	1.2	3.2	5.5	8.2	11.3	15.3	20.3	35.0
2014年	0.0	0.0	0.6	2.7	5.2	8.0	11.5	15.6	20.5	35.9
2017年	0.0	0.0	1.0	3.0	5.5	8.2	11.5	15.2	20.2	35.4

出所：厚生労働省「所得再分配調査」各年版より筆者作成.

定性を，パートタイム労働者として働いている人はより多くの収入を求めていることがわかる。

☐ 格差の拡大

　以上のように，1990年代後半以降の雇用規制の緩和により，賃金が低く，雇用が不安定な非正規雇用者が，若い世代を中心に増加した。一方で，2000年代になると，IT関連企業経営者などの豪奢な生活にも社会的関心が集まり，富裕層と貧困層の格差が広がっていることが注目された。2006年には，「格差社会」がユーキャン新語・流行語大賞にランクインしている。

　表2-4は，当初所得の十分位階級別に所得の構成比をみたものである。当初所得とは，雇用所得や事業所得など人々が得た所得の総額で，税や社会保険料を支払う前の額を指す。また，所得十分位階級とは，世帯又は世帯員を所得の低い方から高い方に並べて10等分したものであり，最も所得の低い10％のグループを第Ⅰ・10分位，最も所得の高い10％のグループを第Ⅹ・10分位という。表2-4は，各所得階級に属する人々の所得が全体の所得に占める割合を示しており，例えば，2017年には，第Ⅹ・10分位，すなわち上位所得者10％が所得全体の35.4％を得ていることになる。

　これによると，1970年代頃までは，第Ⅰから第Ⅲ・10分位までの下

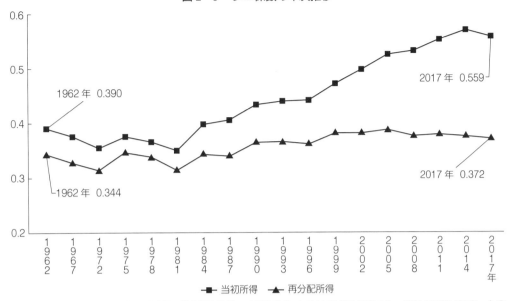

図2-3　ジニ係数の年次推移

注：当初所得は私的給付を含んだ所得。社会保障給付には現物給付（1999年以前は医療のみ，2002年以降は医療，介護，保育）を含む。
出所：厚生労働省「所得再分配調査」各年版より筆者作成.

位30％が，所得全体の10％程度を得ており，第Ⅷから第Ⅹ・10分位までの上位30％が所得全体の55％程度を得ていた。しかし，1980年代頃からは低所得層が得る所得の割合が低下し，今日では下位30％の人々が得ている所得は全体の１％に過ぎず，上位30％の人々が全体の７割の所得を得ている。

☐ ジニ係数

　さて，所得の不平等度を示す指標としてよく用いられるのが**ジニ係数**➡である。**図2-3**は，厚生労働省の集計によるジニ係数の年次推移を示したものである。1970年代までは，当初所得のジニ係数は0.4を下回っていたが，1980年代頃から上昇し始め，2005年には0.5を超え，今日では0.55程度の水準に達している。

　このように，高度経済成長期の頃と比べると，日本の所得不平等度は高まっているといえるが，このような所得格差を縮小するための役割を果たしているのが社会保障制度である。**図2-3**には，再分配所得のジニ係数の推移も示されている。再分配所得とは，当初所得から税と社会保険料を控除し，社会保障給付を加えたものを指す。すなわち，当初所得から徴収した税金や社会保険料を財源として社会保障給付を行うことで，当初所得で生じる格差を縮小した後の所得を意味している。**図2-3**にみるように，再分配所得のジニ係数は2017年で

➡**ジニ係数**
当該社会の不平等度を表す指標であり，完全不均等の場合は1，完全均等の場合は0を示す。係数が大きいほど，その社会が不平等であることを示している。

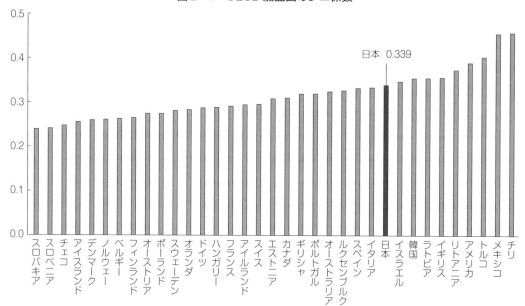

図2-4　OECD加盟国のジニ係数

日本　0.339

（横軸、左から）スロバキア　スロベニア　チェコ　アイスランド　デンマーク　ノルウェー　ベルギー　フィンランド　オーストリア　ポーランド　スウェーデン　オランダ　ドイツ　ハンガリー　フランス　アイルランド　スイス　エストニア　カナダ　ギリシャ　ポルトガル　オーストラリア　ルクセンブルク　スペイン　イタリア　日本　イスラエル　韓国　ラトビア　イギリス　リトアニア　アメリカ　トルコ　メキシコ　チリ

注：OECDの集計によるため，図2-3の数値とは必ずしも一致していない。アイスランド・スイス・日本・トルコは2015年，スロバキア・デンマーク・オランダ・メキシコは2016年，オーストラリア・イスラエルは2018年，その他の国は2017年のデータを用いている。

出所：OECD (2020), Income inequality (indicator). doi: 10.1787/459aa7f1-en (Accessed on 18 July 2020).

0.372と，所得再分配を通じて不平等度が改善していることがわかる。このように，格差縮小のためには，社会保障制度の役割が大きいといえよう。

　しかしながら，日本の所得の平等度は国際的には決して高いとはいえない。OECD（経済協力開発機構）による各国のジニ係数の集計結果を示した**図2-4**によると，OECD加盟国の中で，日本は所得不平等度の高いグループに属していることが分かる。

　以上のように，1990年代以降の日本では，雇用規制の緩和により非正規雇用が増加し，所得の不平等度が増して格差が拡大した。貧困問題の背景には，こうした社会経済状況の変化がある。では，格差の拡大や貧困の増加は，人々の生活にどのような影響をもたらすのだろうか。次節ではその点について述べる。

貧困状態にある人の生活実態

　第 1 章でみたように，貧困は経済的な側面からだけでなく，社会関係の側面からもとらえる必要がある。社会とのつながりを断たれたことが貧困をもたらす原因になり，また，貧困を経験することで社会とのつながりが断たれやすくなる場合もある。

☐ 社会的孤立

　近年，誰にも看取られず死亡し，亡くなった後に発見される**孤立死・孤独死**が増加している。死後発見まで 4 日以上を要する高齢者が全国で約15,000人，死後 2 日までを含めると年間約27,000人に上るとする推計もある。内閣府が2014年に全国の65歳以上の一人暮らし高齢者を対象に行った調査によると，孤独死を身近に感じている高齢者の割合は44.5％に上った。

　社会的孤立の極限的な結末ともいえる孤立死・孤独死には様々な要因があると考えられるが，人口動態の面からみると，単身世帯が増加していることがある。全世帯に占める単身世帯の割合は，1980年には19.8％だったのが，2015年には34.5％にまで増加し，2040年には39.3％になると予測されている。**単身世帯**が増加している要因の一つに未婚率の上昇があるが，非正規雇用者が増加し，格差や貧困が拡大することは，若年層の結婚にも影響を及ぼす。**図 2−5** は，厚生労働省が，2012年時点で20〜29歳だった全国の男女を対象に，その生活実態の経年変化を毎年把握している調査の結果をもとに，第 1 回調査時（2012年）に独身だった人のうち，第 7 回調査時（2018年）までに結婚した人の割合を就業形態別に示したものである。これによると，正社員として働いている人の場合，男性の30.8％，女性の44.6％が第 7 回調査時までに結婚しているが，非正規雇用で働いている人や仕事をしていない人の場合，結婚している割合が低い。特に男性では，アルバイト・パートで9.4％，派遣労働者で15.4％，契約社員・嘱託職員で16.2％，仕事なしで7.8％と，1 〜 2 割にとどまっている。前述の通り，非正規雇用者は，賃金水準が低く，雇用が不安定な傾向にあるため，結婚を躊躇していると推測される。

　このように，貧困や格差の拡大は，若い世代の**未婚率**の上昇と単身世帯の増加をもたらし，社会的孤立のリスクを高めることとなる。

➡ 孤立死・孤独死

親族や近隣との接触が希薄な客観的状態を孤立，人付き合いの欠如がもたらす主観的感情を孤独と呼ぶ。孤立死は死後一定期間を経過して発見されることを指すことが多く，孤独死も孤立死と混同して用いられることも多い。

➡ 単身世帯

世帯人員が 1 人の世帯。

➡ 未婚率

人口に占める結婚したことのない人の割合。当然のことながら，年齢によって大きく異なるため年代別に集計することが一般的である。

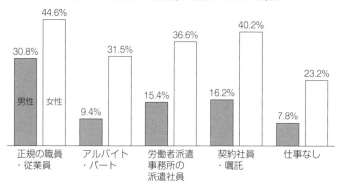

図2−5　過去6年以内に結婚した人の割合

注：第1回調査時（2012年）に独身だった回答者のうち，第7回調査時（2018年）までに結婚した人の割合。就業形態は結婚前の状況。
出所：厚生労働省「第7回21世紀成年者縦断調査」より筆者作成.

表2−5　年間世帯収入階級別住宅の状況

	1世帯当たり 居住室数 （単位：室）	1世帯当たり 居住室の畳数 （単位：畳）	最低居住面積水準 未満世帯の割合 （単位：％）
全体	4.4	32.8	6.6
100万円未満	3.5	23.8	9.0
100〜200万円未満	4.0	27.4	9.4
200〜300万円未満	4.3	30.3	7.2
300〜400万円未満	4.3	31.5	7.3
400〜500万円未満	4.4	33.1	6.9
500〜700万円未満	4.7	36.3	4.8
700〜1000万円未満	5.0	39.7	3.3
1000〜1500万円未満	5.2	43.5	2.1
1500〜2000万円未満	5.6	48.2	1.2
2000万円以上	6.0	55.5	1.0

出所：総務省統計局「平成30年住宅・土地統計調査」第44-1表及び第81表より筆者作成.

➡公営住宅

公営住宅法では，地方公共団体が建設，買取り又は借上げを行い，低額所得者に賃貸し，又は転貸するための住宅及びその附帯施設で，同法の規定による国の補助に係るものと定義されている。

➡最低居住面積水準

住生活基本計画（2016年3月閣議決定）では，世帯人員に応じて，健康で文化的な住生活を営む基礎として必要不可欠な住宅の面積に関する水準を最低居住面積水準として定めている。単身世帯では25㎡（ただし，29歳以下の場合，18㎡），2人以上の世帯では10㎡×世帯人員＋10㎡（ただし，10歳未満の世帯人員については減算し，世帯人員が4人を超える場合は5％を控除する）とされている。

☐ 住まいの貧困

　また，貧困は，住まいのあり方にも影響を与える。住居は，人間生活の基盤であり，人々の生活は住居を拠点として営まれる。しかし，高度経済成長期以降，日本の**公営住宅**➡は縮小傾向にあり，持ち家にせよ賃貸住宅にせよ，住宅は民間市場を通じて獲得されることが多いため，貧困や格差によって住まいの質が左右されやすい。

　表2−5は，収入階級別に住宅の状況を示したものである。1世帯当たりの居住室数や居住室の畳数は，収入の低い世帯ほど小さく，部屋数が少なく狭小な住居に住んでいることがわかる。また，**最低居住面積水準**➡に満たない居住面積の住宅に住んでいる世帯の割合も，収入階級が低くなるにつれて多い傾向にある。

　ホームレス状態➡にある人々の存在も，住まいの貧困の極限的な表れである。ホームレスの多くは失業を契機に住居を失っており，日本で

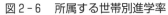

図2-6　所属する世帯別進学率

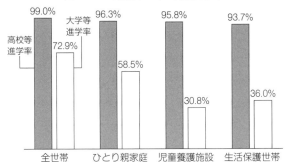

注：専修学校等への進学も含む。
出所：内閣府「平成30年度子供の貧困の状況と子供の貧困対策の
　　　実施状況」.

貧困が拡大した1990年代後半以降にその数は増加している。ホームレスが住居を確保する場合，生活保護制度を利用することが多いが，住宅価格が高騰する大都市部では生活保護の**住宅扶助基準額**▶内で入居できる賃貸住宅が限られている。多くの犠牲者を出した「**静養ホームたまゆら事件**▶」（火災事故）は，生活困窮者の住宅確保の困難さを示した事例であるともいえる。

□　教育・健康への影響

　貧困や格差は，人びとの教育水準や健康状態にも影響を及ぼす。教育の面についてみると，所得の低い家庭に育った子どもは，学習塾など追加的な教育機会にアクセスすることが難しく，その結果，高校や大学への進学の機会が制約されやすい。

　図2-6は，所属する世帯別に子どもの高校や大学への進学率についてみたものである。全世帯の高校等進学率が99.0％であるのに対して，ひとり親家庭は96.3％，**児童養護施設**▶は95.8％，生活保護世帯は93.7％と低くなっている。また，大学等進学率については，全世帯が72.9％であるのに対して，ひとり親家庭は58.5％，児童養護施設は30.8％，生活保護世帯は36.0％にとどまっている。貧困や生活困難を抱える子どもほど高校や大学への進学率が低い傾向が見て取れるが，学歴が低いまま社会に出ると，賃金水準の低い職業に就くことが少なくない。このように，貧困家庭に育った子どもが，十分な教育を受けられないことによって，大人になってからも貧困状態に陥ることは，「貧困の世代的連鎖」と呼ばれ，子どもの貧困をめぐる重要な課題の一つになっている（第5章第2節参照）。

　また，貧困・格差が人々の健康に与える影響も指摘されている。社会経済状態の低い人ほど，肥満や喫煙など健康にとって好ましくない

▶ **ホームレス状態**

ホームレスの自立の支援等に関する特別措置法は，公園や路上で野宿生活を送る人を「ホームレス」と定義しているが，本来ホームレスとは住居を失った状態を指す語であり，人を指す語ではない。また，欧米では施設入所者や友人・知人宅で生活する人もホームレス状態に含めており，日本の定義は狭いといわれている。

▶ **住宅扶助基準額**

住宅扶助が支給される基準となる金額で，被保護世帯が入居する賃貸住宅の家賃上限額。地方自治体ごとに設定されている。

▶ **静養ホームたまゆら事件**

2009年3月，群馬県渋川市の高齢者施設「静養ホームたまゆら」で火災事故が発生し，10人が死亡した。入居者の多くは，低家賃住宅が不足する東京都内の福祉事務所が所管する生活保護受給者だった。

▶ **児童養護施設**

保護者のない児童，虐待されている児童その他環境上養護を要する児童を入所させて，これを養護し，あわせて退所した者に対する相談その他の自立のための援助を行うことを目的とする施設（児童福祉法第41条）。

ライフスタイルを送っているといわれ，また，衛生状態の良くない住環境や労働環境で過ごす可能性も高い。さらに，医療保険の一部自己負担は，低所得層の受診抑制をもたらす。これまでの調査研究でも，抑うつ群の割合について，最低所得層と最高所得層の間に男性で6.9倍，女性で4.1倍の格差があること，要介護高齢者の割合にも5倍の格差があることなどが明らかにされている。[6]

◻ 社会関係資本

　社会関係資本（ソーシャル・キャピタル）とは，人々の間の協調的な行動を促す「信頼」「互酬性の規範」「ネットワーク（絆）」を指す。[7]集団を構成する人々が，他者のことを信頼し，「困った時はお互い様」という価値観をもち，人と人とが結びついていることによって，集団としての協調性が促される。社会関係資本は，しがらみとなって機能するなど負の側面もあるが，経済活動を活性化させたり，地域社会を安定させたりするなどの効果をもつ。

　しかし，貧困や格差が拡大することは，社会関係資本の毀損につながる。経済的不平等は，富裕層と貧困層の社会的距離を増大させて，両者の協調的行動を困難にさせる。また，格差が拡大することによって，特に貧困層は将来に対する期待を失い，そのことが，社会関係資本の要素である一般的な信頼感を損なわせる。さらに，もともと社会関係資本は富裕層ほど豊富に有しており，貧困層は十分に有していない。社会関係資本が不平等に偏在する社会の中で，貧困層の社会関係資本の質はますます悪化し，不平等をさらに拡大させる悪循環に陥ることも考えられる。

　これまでの研究の中では，所得階層の高い人ほど，近所付き合いが厚く，ボランティア・NPO・市民活動への参加率も高く，一般的な信頼感も高いことが明らかにされており，社会関係資本という観点からも，貧困・格差の拡大は負の影響を及ぼすといえよう。

◻ 貧困の社会関係的側面

　以上，本節では，貧困や格差の拡大が，社会や人々にどのような影響を及ぼすのかについて，住まい，教育，健康などの側面から述べてきた。ただし，貧困は，物質的な側面からだけでなく，社会関係の側面からもみなければならない。イギリスの貧困研究者リスター（Lister, R.）は，「貧困は，不利で不安定な経済状態としてだけでなく，屈辱的で人々を蝕むような社会関係としても理解されなければならない」と述べた。[8]

　貧困を経験することは，社会から軽視されたり，屈辱を受けたり，尊厳を傷つけられたりするなど非物質的側面にも影響を及ぼす。リスターは，「こうした非物質的側面は，貧困状態にある人々と広い社会の毎日の相互作用から生まれてくるのであり，また政治家や当局者，さらにはメディアのような影響力のある機関が，そうした人々のことをどのように語り，どのように扱うかというところから生まれてくるのである」という。

　貧困状態にある人々への社会からのまなざしをめぐっては，古くからスティグマの文脈で議論されてきた。スティグマとは，社会的失格者の"烙印"を意味する概念で，身体上・外見上の特徴をはじめ，何らかの否定的なイメージを喚起する属性をもつことにより付与される[9]。とりわけ貧困状態にある人，生活保護など公的扶助を受給する人にはスティグマが付与されやすく，生活に困窮する人が生活保護を利用することを躊躇する原因になっているともいわれる。

　このように，物質的な欠乏だけでなく，社会との関係性の面でも，貧困は人々に負の影響を与える。こうした貧困問題を解決するために用意されている代表的な制度が公的扶助である。社会は，歴史的にどのような貧困対策を講じてきたのか，また，生活保護など日本の公的扶助制度はどのように貧困を解決しようとしているのか，そして，ソーシャルワーカーは貧困状態にある人々をどのように支えているのか，次章以降で学んでみよう。

○注

(1)　厚生労働省（2020）「被保護者調査」.
(2)　厚生労働省自殺対策推進室・警察庁生活安全局安全企画課（2021）「令和2年中における自殺の状況」.
(3)　ニッセイ基礎研究所（2011）『セルフ・ネグレクトと孤立死に関する実態把握と地域支援のあり方に関する調査研究報告書（平成22年度老人保健健康増進等事業）』.
(4)　内閣府（2015）「一人暮らし高齢者に関する意識調査結果」.
(5)　国立社会保障・人口問題研究所（2017）「日本の将来推計人口（平成29年推計）」(http://www.ipss.go.jp/pp-zenkoku/j/zenkoku2017/pp_zenkoku2017.asp).
(6)　近藤克則（2009）『健康格差社会——何が心と健康を蝕むのか』医学書院.
(7)　社会関係資本については，稲葉陽二（2011）『ソーシャル・キャピタル入門』中公新書，を参照.
(8)　リスター，R./松本伊智朗監訳（2011）『貧困とはなにか——概念・言説・ポリティクス』明石書店，21.
(9)　日本社会福祉学会事典編集委員会編（2014）『社会福祉学事典』丸善出版，240.

❍参考文献 ─────

藤森克彦（2010）『単身急増社会の衝撃』日本経済新聞出版社.

稲葉剛（2009）『ハウジングプア──「住まいの貧困」と向き合う』山吹書店.

稲葉陽二（2011）『ソーシャル・キャピタル入門』中公新書.

近藤克則（2009）『健康格差社会──何が心と健康を蝕むのか』医学書院.

リスター，R.／松本伊智朗監訳（2011）『貧困とはなにか──概念・言説・ポリティクス』明石書店.

斉藤雅茂（2018）『高齢者の社会的孤立と地域福祉──計量的アプローチによる測定・評価・予防策』明石書店.

第 3 章

福祉国家と貧困対策・公的扶助

① 福祉国家と公的扶助の位置

☐ 福祉国家とその意味

前章で述べたような貧困問題に対して、社会は公私のさまざまな対策を講じてきた。その対応の仕方にはいくつかの方法がある。次節以下でその歴史を辿るが、今この解決の手法を大まかに区別すると、①最低生活を賄うための現物やサービス支給、②現金給付、③現金貸付がある。また①については、ア）施設収容によってなされる場合と、イ）居宅での支給がある。さらに支給する範囲を見てみると、a）貧困者に限定する場合と、b）限定しない場合がある。貧困問題に対する対策が、貧困者に限定しないで行われるのは、すでに貧困になっている人々を「救済」するだけではなく、貧困にならないように「予防」する、という考えに基づいている。**図3-1**は、これらの手法と支給範囲をまとめたものである。

貧困への対応というと、狭く貧困世帯への現金給付による救済に限定しがちだが、一般の人々が貧困に陥ることを予防することも、貧困への対応である。また、逆に極貧の人々だけを施設に収容してしまって、自由な社会活動や権利を制限することと引き替えに救済が与えられる、というような対応も過去には存在してきた。

このように、貧困の解決策は多様な手法をもつが、20世紀に先進諸国で発達した福祉国家は、予防にもとづく現金給付あるいは一般サービスに重点を置き、しかも、それらを利用する人々の「権利」として国家が保障することによって、貧困をコントロールしようとした。福祉国家という意味は、福祉の対象が全市民に開かれており、すでに貧困にある人々の救済だけでなく、一般の人々がそれ以下の生活に陥らないように予防するための諸政策について、国家が強い関与を行うということにある。第二次大戦中に福祉国家の青写真を描いたベヴァリッジ（Beveridge, W.）を委員長とする王立委員会報告書（1942年）は、このような国家の関与は「誰に対してもタダで、何の苦労もなく、何かを与えよう」とか「個人の責任からのがれさせよう」というものではなく、まして経済発展に反するものでもない。むしろ生計維持のための国民最低限（**ナショナル・ミニマム**）を確立して貧困を解決することが、各人にその最低限以上の何かを得るよう、より高い新たなニーズへむかっての努力を奨励することになり、これが経済発展の基礎と

➡ナショナル・ミニマム

国家が国民の最低限度の生活を保障すること。もともとはイギリスのウェッブ夫妻が『産業民主制論』（1897）で提唱した、多元的な最低限保障を指す。すなわち「最低賃金」、「労働時間の上限」、「衛生・安全基準」、「義務教育」の最低限である。あらゆる産業が、これらのミニマムを守ることによって、低賃金で競争に打ち勝とうとするような寄生的産業が排除され、自国の「国民効率」が高まり、国民の福祉と国際分業が推進されていくと考えた。

図 3 - 1　貧困問題への対応の仕方

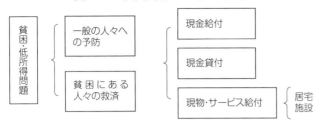

なる，としている。よく，サーカスのセーフティネットに喩えられるが，そのネットがあるために大胆な演技もできるというわけだ。つまり，福祉国家は「反資本主義」ではなく，その富の再分配によって，国民最低限を確立し，それがさらなる繁栄を生み出すと，展望したものといえる。さらにセーフティネットは，「『良き生』を追求する人間を積極的に支援するスプリングボード[(1)]」だという積極的位置づけもある。

　もちろん，その後の福祉国家の発展は，単に貧困の解決だけではなく，一般の人々の福祉の拡大や平等の達成など，より幅広い目標を取り込んでいった。だが，忘れてはならないのは，福祉国家のコアは貧困の「予防」であり，そのために貧困のリスク（危険）を共同管理するしくみを，国家がその大きな役割として引き受けていったことである。

　福祉国家のこのような発展は，1970年代半ば以降かげりを見せ，福祉国家の危機と呼ばれる局面を迎えた。特に，財政問題の悪化から福祉国家の行政機構の不効率性などが批判され，80年代以降は福祉を労働自立に転換させる。いわゆる**ワークフェア**➡の方向が模索されていく。また，**福祉多元主義**➡といわれる多様な供給主体の強調がなされるようになった。だが，同じ時期に（日本では90年代半ばから）**ワーキングプア**➡などの新たな貧困問題が注目されるようになった。福祉への国家責任の後退によって，新たな貧困の解決の糸口が見つかりにくくなっている。近年，再び国家の役割が見直されつつあるのは，このような事情がある。

☐ 社会保険と一般サービス

　さて，このように福祉国家の評価は変遷しているが，その貧困対策の中心が社会の構成員全体を対象とした「予防」にあることに変わりはない。また，この「予防」の具体的な方法としては，第一に社会保険による所得保障やサービス保障があり，第二にそれ以外の，教育などの一般的な社会サービスがある。

➡**ワークフェア**

1980年代を通して拡大した若者の貧困や社会的排除に対して，1990年代頃から，福祉給付を就労と結びつけることが各国で様々に模索された。welfare は workfare と言い換えられ，福祉給付のゴールに就労がおかれるようになった。就労訓練を通じて社会的排除された人々の社会的包摂を図ろうとする政策理念と言われることもある。その方法は国によっても異なるが，日本では「自立支援」を強調することによって，労働市場への復帰がゴールに置かれた。

➡**福祉多元主義**

福祉国家の福祉サービスの担い手として，国家や公共団体だけでなく，非営利団体，営利団体，インフォーマル部門（地域や家族）を強調する考え方。日本では介護保険サービスが典型的。

➡**ワーキングプア**

働く貧困者という意味。つまり貧困が失業や労働市場からの引退によって生じるのではなく，就業していてもなお十分な収入を得られないこと。1980年代以降（日本では1990年代半ば以降），先進諸国でも格差や貧困の拡大が指摘されてきたが，それらの貧困は，非正規労働や低賃金労働などと関わって生じており，働いてもなお貧しい，という状況が拡大している。

社会保険は，民間の保険と同じように，ある事故が生ずる危険を共有している人々が集団を形成し，事故が起きる前に保険料を出し合って基金をプールしておき，その集団の誰かに事故が起こった時に，基金から彼らに給付金などを支払うしくみである。事故というのは，交通事故のようなものではなく，保険事故のことである。たとえば高齢になって雇用から引退するとか，失業してしまう，病気や障害の発生，死亡，介護など，多くの人々の生活に共通して見られるような出来事で，放置しておくと貧困の原因になるようなものを，社会保険では事故としてとらえている。こうした保険のしくみは，個々人の持っているリスクを集団的にプールすることによって，リスクが集団の中に分散される効果を生み出し，また事故が発生した人に，そうでなかった人々から金額の移転がなされることになる。リスクの分散＝所得の移転という機能を持つ。

　このような保険のしくみは，かなり前の時代からあり，民間の災害保険や労働者の相互扶助組合などの存在があった。だが，これらの民間の保険や共済活動があっても，その貧困のリスク軽減は限定されていたので，社会保険というしくみが国家の関与の下に登場することになる。つまり，社会保険とは，いくつかの共通の事故を労働者や国民の共同リスクとして取り上げ，それによる貧困の発生をできるだけ「予防」するという社会的しくみにほかならない。民間の保険と違うのは，事業主が保険料を負担するだけでなく，国がこの制度への加入を一定範囲の人々に強制することであり，またその半面で国がこの制度の維持や運営に責任を持つことである。

　わが国では，傷病，障害，介護，高齢，死亡（遺族），失業，労働災害などがこの保険事故とされ，それに対応するさまざまな社会保険制度が存在している。特に医療と年金については，国民のすべてが強制的に加入させられる，国民皆保険・皆年金体制が作られてきている。

　先に述べたベヴァリッジは，貧困はこの社会保険を中心にして克服できると考えた。だが同時に彼は，社会保険の前提条件として，完全雇用政策や児童手当などの一般施策が必要であり，また医療保険は国営サービスとして設定されるべきだと述べている。福祉国家研究者として名高いエスピン＝アンデルセン（Esping-Andersen, G.）は，さらに国家が一般サービスを充実させることの意義を説いている。彼は，ベヴァリッジの時代と異なって，現代の人々が抱えている新しいリスクの解決は，一般的な社会サービスの拡大を求めているという[2]。その新しいリスクとは，結婚の不安定と子どもの貧困の可能性，および新しい経済体制に見合っていない低い技能を指す。そこで彼は，共働きを

可能にするような保育サービスや介護サービス，労働市場での競争に有利な教育技能の開発などを拡大することを強調している。これらは保険ではなく，国家の税によるサービスとしてなされることが多いが，その結果，安定した結婚生活や出生率の上昇，高い技能の労働者を社会は得ることができるので，結局は社会の見返りが大きい。

☐ 公的扶助はなぜ必要か

　それでは，貧困は，社会保険や一般サービスの拡大によって「予防」しきれるだろうか？　ベヴァリッジは，社会保険の意義を大きく取り上げた一人であるが，彼はその前提としての雇用政策や児童手当などと共に，社会保険の補完物として二つの給付が必要なことについて言及している。すなわち，一つは「特殊なケースに対する国民扶助」，もう一つは社会保険の基本給付への追加としての任意保険である。前者の「特殊なケースに対する国民扶助」とは，本章のテーマである公的扶助のことであり，日本では生活保護制度がこれにあたる。なお，近年のヨーロッパでは公的扶助より社会扶助という用語が一般に使われている。公的扶助は，社会保険とは異なって，貧困である現状に対して税金から給付するものである。

　では，なぜ「特殊なケース」に対して，社会保険とは異なる公的扶助のしくみが必要なのだろうか？　しばしば，生活保護などが必要になるのは，社会保険や一般サービスが不十分だからだ，と主張する人々も存在している。もしそうだとすると，公的扶助制度は，「予防」の不十分さの証しでしかないことになろう。だが，公的扶助のしくみは，その細かな手法の差異はあるにしても，どのような福祉国家にも存在している。いいかえれば「予防」だけで貧困に対処できている国はどこにもない。その理由としてはいくつかのことが考えられる。

☐ 公的扶助が必要になる理由

　第一に，「予防」は，予防できるような特定の出来事にしか対処できない。社会保険は，先にも述べたように，多くの人々の共通の貧困リスクとして特定できるような出来事に限定されるし，一般サービスもまた，一般的なものの範囲を超えることは困難である。しかし，貧困は必ずしもそうした共通のリスクからだけ生じるわけではない。貧困はもっと多様な理由で生じるし，またしばしばその要因は複合的である。実際，貧困調査をすると，失業や倒産などと同時に，借金問題，離別などの家族関係の変動が絡むことが少なくない。借金の保証人になったことから，連帯債務を抱え込んでしまうこともある。疾病や障

害問題が関連していることも多い。

　第二に,「予防」はあくまで共通リスクへの基本的なレベルの保障なので,貧困リスクが大きいときには,予防ができないことも生じる。たとえば雇用保険の失業給付は,一定期間の失業にしか対応できないので,失業が長引いてしまうと,給付は打ち切られてしまう。年金給付も,日本の基礎年金のように,満額水準が最低生活水準を意味しないだけでなく,保険料支払い期間の長さによってその水準が減額されていくので,年金によって貧困から逃れられるとも言えない。

　第三に,社会の構成員の中には保険料を払えなかったり,給付の条件が満たせない人々も存在している。その場合は社会保険の「予防」の対象にはならない。社会保険制度は,一定期間の保険料の支払いをその支給の条件としており,たとえば,不況による内定取り消しだとか,雇用されたとたんに企業が破綻してしまったような場合は,そもそも保険にカバーされていないので,その予防の対象とはならない。また,近年問題になっている国民健康保険制度や国民年金制度の「空洞化」のように,未払い者が増えていくと,保険による予防効果は薄まってしまう。国民健康保険制度では,滞納のために保険証をもてず,医療にアクセスできない問題が生じてもいる。この無保険状態への対応として子どもには短期保険証を交付する改正法が成立した。この場合,子どもの医療費は結果として保険という手法ではなく実質的には公的扶助的な手法で確保されることにならざるを得ない。

　さらに,一般サービスの場合は,住民票などで,当該地域の構成員であることを確認することが条件となる場合も少なくないので,職を転々としているうちに住民票の異動を忘れてしまったり,外国から移住してきた人々などは,それらのサービスの恩恵にあずかれないこともある。

　第四に,医療や介護保険,また福祉サービス利用にあたっては,自己負担を求められるのが普通である。サービス利用を高めようとすると,費用負担は大きくなっていく。このため実際は医療や介護サービス利用を手控える傾向も指摘されている。サービスの利用が手控えられると,病気が長引いたり介護負担が増すことによって,かえって貧困リスクを高める結果になる可能性もある。

❏ 予防と救済の相互補完によって達成されるナショナル・ミニマム

　このように,さまざまな側面から貧困を「予防」する制度は重要なものだが,これですべての問題が解決するだけではない。そうした手法には今述べてきたようないくつかの限界が基本的に存在している。

表 3-1　保険と扶助

	機能	対応リスク	条　件
社会保険	予防	共通リスク	保険料の拠出歴
公的扶助	救済	多様なリスク	貧困テスト（資産調査）

　また貧困が貧困を生む，といわれるように，貧困はその原因・結果の連鎖構造を持っている。保険料を十分支払えないような低所得の家庭に生まれた子どもは，高等教育まで進むことが困難になり，それが原因となって，子どもも良い条件の職を得られない，というような連鎖構造の中では，「予防」は「予防」として機能しにくい。こうしたことは，日本の社会保険や一般サービスの制度の不十分さから説明されることもあるが，それだけではなく，社会保険や一般サービスには，もともと限界があると考えた方がよい。

　公的扶助は，こうした社会保険や一般サービスの持つ限界をあらかじめ想定して，これを補完するために存在している。言い換えると，貧困が貧困にならないうちに「予防」する制度と，それが完全ではないことを前提に，すでに貧困になってしまった人々にできるだけ早く対応する制度，この二つが相互に補完しあってはじめて，貧困問題への対応が可能になるのである。先に述べた国民最低限＝ナショナル・ミニマムとはこの二つの相互補完がなければ存在し得ない。つまり，セーフティネットは，社会保険，一般サービスの「予防」と，公的扶助による「救済」が，二重に張られてはじめて機能するということができる。

▢ 公的扶助という方法

　それでは，公的扶助の特徴はなんだろうか？　その特徴は，これまで述べてきた，社会保険の「予防」機能との対比で考えると，把握しやすい。表 3-1のように，社会保険は「予防」のために，まだ生じていない共通リスクを前提に制度が設計され，その財源は基本的に保険料拠出による保険基金の形成にある。したがってなんらかのサービスや給付を受けるには，定められた保険料拠出が条件となる。他方で，公的扶助は，多様なリスクによって貧困に陥った個人や家族への事後対応を担うわけだが，その財源は税金となり，「貧困である」ことを証明するための調査が不可欠となる。この「貧困テスト」は「**資産調査**」（ミーンズテスト）といわれる，所得や資産の調査である。

　ただし，このような社会保険と公的扶助の対比は，歴史的事実をたどると，このような区別がなされるということに過ぎない。また社会

➡資産調査

資産（ミーンズ）とは，所得だけでなく生活に動員されるすべての資産（土地家屋，貯金，耐久財など）を意味し，公的扶助の受給に先だって，貧困証明のために行う調査を資産調査（ミーンズテスト）という。資力調査とも呼ばれる。資産の範囲を日常生活に使われる生活用品のどこまで含めるかは議論がある。

保険や一般サービスは「普遍的」で公的扶助は「選別的」という区別もよくなされる。公的扶助には資産調査による「選別」があるからである。だが，原理的には両者共に，市民が支払う税や保険料をプールした共同財源から，必要な時に必要な人へ給付する，社会連帯の原理に基づいているのだからあまり単純に峻別しない方が良いという意見もある。[3] 実際，社会保険にも多くの税金が投入されており，その中に選別的な低所得対策が存在している。また年金受給者が同時に公的扶助利用者であることも少なくない。

とはいえ，公的扶助においては，誰が貧困者かを判断するための基準＝扶助基準や，資格条件を定めることが重要な要素となる。扶助基準が代表的な貧困基準となっている国もあれば，また一般的な貧困測定基準とは別に公的扶助基準を定めている国もある。日本は前者である。この基準の決め方やその変遷については，本書の第1章，第3章，第4章を参照していただきたい。

利用資格の考え方

利用資格については，二つの考え方がある。一つは貧困であること以外の条件をつけない方法，もう一つは働いている人などを除外するやり方，あるいは働けるが失業している人と，そうではない人を区別して制度を設計する方法である。前者は一般扶助，後者は制限扶助と呼ばれる。世界を見渡すと，働いている人は除外する，制限扶助の方式が一般的である。あるいは，近年では，失業者などへの扶助と働けない人の扶助を区別し，前者については就労支援とセットにする方法＝ワークフェアを導入した国も多い。

日本の生活保護法は一般扶助のやりかたをとっている。働いている人を除外するのは，一方では働いていれば最低生活を維持できないはずはない（最低賃金制度などによってそれを実現する）という考えがあり，他方では働ける人にまで救済を広げると，**労働インセンティブ**（働く意欲）がなくなってしまうという危惧があるからである。

日本の生活保護が一般扶助をとったのは，最低賃金制度がなかった時代に作られたこともあり，また戦後復興の手前で雇用市場が小さかったからであると考えられる。もっとも日本の制度にも「能力の活用」という要件があり，ここから実質的に働ける人は除外されやすい。

さらに，欠格条項といわれるような道徳規準を資格に含めることもある。これは，たとえば暴力団など素行不良者や犯罪歴のある人は資格がないとするなど，道徳的な判断を利用資格として使うという考え方である。日本では法律では欠格条項は撤廃されているが，近年では

➡労働インセンティブ
働く意志や，これを引き出す誘因のこと。公的扶助などの制度が整いすぎると，働く意欲が低くなるという通説がある。

表3-2　公的扶助の利用資格の考え方

	労働能力者の制限，ないしは区別	欠格条項の有無	国籍など構成員の資格
一般扶助	制限なし	なし，またはあり	なし，またはあり
制限扶助(1)	制限あり	なし，またはあり	なし，またはあり
制限扶助(2)	別制度へ区別	なし，またはあり	なし，またはあり

暴力団員への保護については慎重な取り扱いが見られる。

　このほか，利用資格を，当該国の国籍保持者に限定するか，あるいは一定の居住者は資格があるとするか，ということも考慮される。日本の生活保護法は国籍の範囲に利用資格を制限している。定住外国人は準用という扱いである。国によっては，難民には別の制度を適用するところもある。

　以上の利用資格をまとめると**表3-2**のようになる。

　資格審査・資産調査の弊害

　ところで，これまで述べてきた扶助基準や資格の設定，資産調査（ミーンズテスト）は，貧困対応のためには不可欠であるとはいえ，それらを厳しく設定・運用すると，二つの弊害が起こる。第一は，社会保険や一般サービスへの補完的役割が薄れてしまうということである。厳しい選別が行われると，社会保険や一般サービスの不十分さを補完するために公的扶助がすぐ動員されていくということが妨げられてしまう。たとえば，失業が長期化して雇用保険は打ち切りになってしまっても，生活保護の審査が厳しく，すぐには利用できないと，保険と扶助の谷間に落ちてしまう人々が増えていくことになる。

　第二に，厳しい調査は利用者に貧困者というレッテルを貼ることになり，また扶養関係や貯蓄などまで詳細に調べられるということが，**スティグマ**（恥辱の烙印）につながる，という側面が避けられない。このため，貧困であるのに，公的扶助を利用しないことが生じる。公的扶助制度の資格のある貧困者のうち，実際の利用者の比率を，**捕捉率**と呼ぶ。スティグマが高まると，この捕捉率が低まるので，貧困対策としての効果は薄れてしまう。

　貧困の「予防」が強調されて，救済型の貧困対策が批判されやすいのは，公的扶助がスティグマを伴いやすいからである。だが，こうしたスティグマを減らす方向で改良している国もある。スティグマを減らす一つの方法は，資産調査（ミーンズテスト）を簡易にしていく方法で，たとえば，すべての資産を洗いざらい調査するのではなく，所得調査程度にすると，スティグマ感は軽減されていく。また別のやり方

スティグマ（恥辱の烙印）

ギリシャ語で奴隷や犯罪者の身体に刻印された焼き印などを示す言葉。これが転じて，ある人々が刻印するマイナス・イメージのこと。これによって不名誉や屈辱が引き起こされる。

捕捉率

生活保護のような公的生活救済制度がどの程度の効果を上げているかを見るために使われる指標の一つ。保護基準未満の低所得者（または世帯）全体の数を分母とし，実際に保護を利用している人々または世帯の数を分子とした比率で現す。2010年の厚生労働省ナショナルミニマム委員会に保護課から提出された「生活保護基準未満の低所得世帯数の推計について」はその一例である。この推計で，国民生活基礎調査データを使ったものでは15.3%，全国消費実態調査データでは23.8%という比率となっている。

図3-2　公的扶助と福祉サービス

| 公的扶助制度 |
| 経済給付 |
| 福祉サービス |

公的扶助制度　経済給付

福祉サービス

としては，最低生活費のすべてを，一つの扶助制度で援助するのではなくて，たとえば日常生活費への援助をおこなう基本的な扶助の他，住宅手当などの低所得への制度を複数作って，さまざまな利用ができるようにすることである。このようなやり方をすると，社会保険や一般サービスとの補完関係も緊密になる。日本以外の先進国では，複数の公的扶助制度，特に住宅手当制度や失業扶助制度，あるいは年金生活者用の扶助をもつことが多い。

公的扶助と福祉サービスの位置

　以上のように，公的扶助は社会保険や一般サービスの貧困予防機能を補完して，それらがカバーできない貧困にたいして所得保障を行う制度である。だが，公的扶助はしばしば所得以外の福祉サービスを不可避とすることが少なくない。この福祉サービスと公的扶助との関係には，主に二つの異なった方法がある。第一は公的扶助の中に福祉サービスを取り込んでしまう方法，第二に公的扶助は経済給付に特化して，福祉サービスは一般の福祉サービスとして位置づけ，その上で両者を組み合わせて援助する，という方法である（図3-2）。

　どちらのやり方も一長一短がある。公的扶助の中に福祉サービスを取り込む方式は，古くからの貧困救済の手法でもあり，経済的給付との結びつきが緊密で，公的扶助利用者に必要なサービスが届きやすい半面，次の二つの問題を含む。一つは，福祉サービスが経済的給付の不十分さを隠すために導入されることが少なくない。十分な所得保障の代わりに，就労援助や家計指導などのサービスが持ち出されることがある。もう一つは，この福祉サービスは貧困者限定なので，その利用にはスティグマがつきやすい。

　他方で，経済給付と福祉サービスが別々になると，今述べた二つの問題はクリアされるが，今度はこの両者の連携がうまくいくかどうか，という問題が生じる。福祉サービスを貧困者限定にしないと，そのサービスへのスティグマは減少するが，その制度の設計やサービスの担い手の意識の中から，貧困の存在が希薄になってしまいがちになる。たとえば，保育所は「普通の子どもたち」やその親へのサービスを一

般的に供給するだけでなく，貧困な家族への十分な理解に基づくサービスが必要である。社会福祉のサービスは，一般市民へのサービスになっていけばいくほど，貧困問題がわすれられていきやすい。

　日本の生活保護制度の場合は，この二つの型が混在しているが，経済給付と結びついたサービスの場合は，それが所得保障を弱めていないか，また経済給付と切り離されている場合は，一般サービスの中で貧困者への十分な理解ができているかどうか，常にチェックしていくことが必要になっていく。

② 公的扶助の誕生

☐ 貧困問題の発生と救貧法

今日のわたしたちが「貧困」とよぶ問題は，資本主義社会の成立とともに登場してきたものである。中世封建社会の解体とともに，勃興しつつあった資本主義的市場経済のなかでまともな仕事を見つけることができず，困窮した人々が引き起こす様々な社会問題（路上での物乞いや犯罪など）が深刻化してきたことが，今日的な意味での貧困問題の原型である。

16世紀のイギリスで世界初の「救貧法」がつくられたのは，世界で最初に資本主義的市場経済が確立されたからである。イギリスの救貧法は今日における公的扶助の起源になったが，その最大の目的は，都市の治安や社会秩序を安定化させるために貧困者を取り締まることにあった。

1601年（エリザベスⅠ世の治世）に制定された「エリザベス救貧法」は，それまで段階的に導入されてきた救貧制度の内容を集大成し，体系化したものである。エリザベス救貧法に基づく貧困者救済の概要としては，①教区という行政単位を救貧の基本単位として地主や中産階級以上の人びとから救貧税を徴収したこと，②貧困者を「働ける貧困者」と「働けない貧困者」に分類し，「働ける貧困者」には一定の生産手段を提供して強制的に労働させたこと，③「働けない貧困者」には施設に収容して最低限度の生活の糧を与えるかたちで救済を行ったこと，等があげられる。

1722年に救貧費の抑制を目的とした「ワークハウス・テスト法」が成立してからは，救済を受ける者はすべて救貧院（ワークハウス）に収容すること（院内救済）が強制された。救貧院のなかでは「働ける貧困者」に強制労働が課され，その収益を救貧院の運営に充てることで，救貧税の節約につながることが期待された。また「働けない貧困者」には，「混合収容」（孤児，障害者，病人，高齢者等を同じ空間に収容して処遇）によって最低限の生存を保障しようとしたが，その生活環境はあまりにも劣悪だったため，救貧院は「恐怖の家」と呼ばれることもあったという。

❑ 資本主義の進展と救貧法の変容

　資本主義社会の発展とともに，救貧法の性格や内容は変化した。1782年には，産業革命の進展によって生み出された大量の貧困者を救貧院に収容しきれなくなったこと，あわせて救貧院の悲惨な実情に対する人道主義的な批判が高まったこと等の社会的背景から，労働能力をもつ貧困者を強制的に収容することなく，失業や低賃金のために窮乏する労働者に仕事の紹介や賃金補助を行うこと（＝院外救済）を認めた「ギルバート法」が成立した。さらに1795年には，救貧法に「スピーナムランド制度」とよばれるしくみが導入された。これは，パンの価格と家族の人数に基づく「最低生活費の基準」を設定し，賃金がその基準を下回る労働者にその基準に達するまでの差額を手当として公費（救貧税）から補助するしくみである。18世紀末に実施されたこれらの改革は，救貧法の「人道主義化」とよばれた。

　しかし，スピーナムランド制度に基づく救済は救貧費用の膨張をもたらし，しかも雇い主のなかにはスピーナムランド制度による賃金補助があることを見越して労働者に支払う賃金を低い水準に抑える者がいたため，救貧費用はさらに増大した。このため，救貧税の大幅な上昇をもたらし，富裕層を中心にスピーナムランド制度に基づく救貧法を廃止すべきという考え方が強い影響力をもつようになった。経済学者**マルサス**（Malthus,T. R.）➡の「人口論」は，救貧税の負担増に対する不満からスピーナムランド制度に基づく救貧法の廃止を求める富裕層の声を理論的に正当化した。こうした世論に押されるかたちでスピーナムランド制度に基づく救貧法は廃止され，新しい考え方に基づく救貧法が1834年に成立した。

　1834年に成立した「新救貧法」（または「改正救貧法」とよばれる）の特徴として，①従来のように教区単位ではなく，全国一律の基準で救貧を行うシステムを確立したこと，②厳格な資力調査（ミーンズテスト）を課し，救済の対象を「働けない貧困者」に限定したこと，③救貧院（ワークハウス）以外での救済（＝院外救済）を（再び）禁止したこと，④「働かずに救済に依存する者」の発生を防ぐ観点から，救貧法による救済内容は最下層にある自立した労働者の生活水準を下回る水準に設定しなければならないという「劣等処遇の原則」を設けたこと，等があげられる。

　新救貧法は，貧困の発生要因を努力不足や怠惰といった個人的な欠陥に求め，「勤勉さ」や「節制」といった基本的なモラルを欠いた人々が貧困に陥るという考え方に基づいていた。このような考え方は「個人主義的貧困観」とよばれる。「個人主義的貧困観」は，貧困は失業や

➡**マルサス**
(Malthus, T. R.)

マルサスは著書「人口論」のなかで，人間の生存に必要な食糧は生産できる量に限りがあるため，人間社会が養うことのできる人口の規模は相対的に限られているにもかかわらず，救貧法は怠惰な貧困層にただで食糧を与えることによって過剰な人口をさらに増大させ，イギリス社会全体に深刻な損害を与えていると指摘した。

低賃金といった社会的な要因から生じるという考え方を否定することから，貧困の発生そのものを事前に予防するという発想とは結びつくことがなかった。このような意味で，「個人主義的貧困観」に基づく新救貧法には貧困対策として根本的な限界があった。

☐ 科学的貧困調査による貧困の「発見」

18世紀の後半から長期間にわたって継続した「**産業革命**□」以降，工業製品の大量生産を行う「工場制機械工業」がイギリスの中心産業となった。各地の工場で大規模な設備投資とともに大量の労働力が投入されたことにより，賃金労働者として生計を維持する人々の急速な増大をもたらしたが，その過程で貧富の差が拡大し，一部の資本家に富の集中が生じる一方で貧困の大衆化が進んだ。当時の労働環境や待遇は全般として劣悪であり，人口の多数を占める労働者階級の生活は常に苦しかった。

そして，19世紀に入ってから繰り返し発生するようになった経済恐慌は大量の失業者を生み出し，貧困から派生する社会問題（スラムの拡大，治安悪化等）はますます深刻化した。不況時における失業や低賃金問題に対する政府の対応策をめぐって階級間の対立が激化し，大規模なストライキや暴動が繰り返し発生するようになっていった。

こうした社会的背景のもとで，当時の多くの人々の貧困理解のあり方を大きく変える決定的なきっかけになったできごととなったのが，ブース（Booth, C.）によるロンドン調査とラウントリー（Rowntree, B. S.）によるヨーク調査である。

☐ ブースのロンドン調査

ブースが行ったロンドン調査は，世界で最初に実施された「科学的貧困調査」として知られる。汽船会社の社長でもあったブースは，巨額の費用を投じ，1880年代の後半から東ロンドン地区に暮らす労働者階級の生活実態を大規模かつ詳細に調査した。その分析過程において，東ロンドン地区に暮らす労働者を，所得水準および職業上の地位の違いと生活様式の特徴を関連づけて8種類の階層（下から順に階層A～H）に分類した。そしてこの階層区分のうち，階層Dと階層Eのあいだに生活実態が大きく異なる分岐点を見出し，そこに「貧困線」を設定した。その結果，最も生活水準が低い階層AからDまでの4つの階層が貧困層に位置づけられ，その規模は東ロンドン地区に暮らす人々全体の30.7％に達すると結論づけた。

さらにブースは，貧困が生じる原因の分析を行った結果，怠惰や浪

➡ 産業革命
生産技術の革新によって生じる社会構造の変革を意味する。一般的には，イギリスにおいて18世紀の半ばから19世紀にかけて生じた，工場制機械工業の拡大にともなう産業構造の大規模な変革プロセスを指すことが多い。

費といった個人的な要因よりも，低賃金や不安定就労，生活環境の劣
悪さといった社会的な要因が大きく作用していることを明らかにした。
このような結論は，個人主義的貧困観が想定してきた貧困のイメージ
とはまったく異なる視点を提供するものであった。

☐ ラウントリーのヨーク調査

　ラウントリーもブースと同様に，大規模かつ詳細な科学的貧困調査
を行った先駆者として知られている。ブースのロンドン調査に触発さ
れたラウントリーは，私財を投じて故郷ヨーク市での全数調査を実施
し，貧困者の実態把握を試みた。ラウントリーはヨーク市での貧困調
査を 3 回実施（1899年，1936年，1950年）しているが，1899年に実施さ
れ，1901年に出版された第 1 次貧困調査が最も有名である。

　ラウントリーがヨーク調査で用いた貧困基準の設定方法は「マーケ
ット・バスケット方式」とよばれる。これは，労働者が最低限度の生
活を維持するために欠かせない生活必需品のひとつひとつを，市場
（マーケット）で買い物かご（バスケット）に入れるようにリストアッ
プし，その合計金額を「最低生活費」＝貧困基準として設定するとい
う方法を採用したことに由来する。

　第 1 次ヨーク調査においてラウントリーは，最低生活費を下回り，
貧困状態に陥っている人々を「第 1 次貧困」と「第 2 次貧困」の二つ
のグループに分類した。第 1 次貧困は，「総収入が単なる肉体的能率
を維持するための必要最小限に満たない」状態と定義されている。第
2 次貧困は，総収入の「一部が他の支出に振り向けられない限り，単
なる肉体的能率を維持することが可能」であるが，必要外の支出が発
生していることにより，実際には最低生活費を下回る水準で暮らして
いる人々を意味している。全数調査の結果，当時のヨーク市における
総人口のうち，第 1 次貧困の状態にある人々は9.7％，第 2 次貧困の
状態にある人々が17.9％を占めていた。両者を合計すると27.6％とな
り，ヨーク市においてもロンドンと同じ規模の貧困者が存在すること
が明らかになった。

　ブースとラウントリーの貧困調査は，世界で最も繁栄していた当時
のイギリスにおいて，貧困が一部の怠惰な人々の問題ではなく，社会
全体に蔓延している大衆的で深刻な問題になっているという客観的な
事実を多くの人々に示すこととなった。また，個人主義的貧困観に基
づく事後的で低水準な貧困救済策としての「救貧法」の限界を明らか
にし，より広範な貧困対策の必要性を多くの人々に理解させるきっか
けをもたらした。このような意味で，ブースとラウントリーが実施し

た貧困調査の成果は,「貧困の発見」ともよばれている。

　社会問題としての貧困が発見されたことにより,貧困は一部の人々だけが経験する例外的なできごととしてではなく,誰もが陥る可能性のあるリスクとして認識されるようになっていった。そして,国民に広く最低限度の生活（ナショナル・ミニマム）を保障し,貧困を予防するための施策を導入することは,全体的な生産性を高めて社会統合を強めるという考え方が大きな説得力をもつようになった。

　こうした状況のなかで,当時の自由党政権によって学校給食法（1906年）,老齢年金法（1908年）,職業紹介法（1909年）といった様々な社会改良施策が導入される。そして1911年には国民保険法の制定によって健康保険制度と失業保険制度が導入され,貧困の予防を図る社会保険制度がドイツに続いてイギリスでも導入された。「貧困の発見」を受けて制定されたこれらの社会改良立法は,リベラル・リフォームとよばれる。

❏ 戦間期における失業問題からベヴァリッジ報告へ

　第一次世界大戦（1914〜1918年）の終結から第二次世界大戦（1939〜1945年）が勃発するまでの「戦間期」と呼ばれた期間は,深刻な不況と大量失業が発生した時代として知られる。とくに1929年にウォール街の株価暴落をきっかけに発生した「世界恐慌」は世界経済に深刻なダメージを与え,各国で大量の貧困者を生み出すことになった。

　しかし,イギリスで20世紀初頭に導入されたばかりの失業保険制度は対象者が限定的で給付内容も貧弱であったため,貧困の予防効果は不十分なものにとどまっていた。実際に,失業保険は戦間期に発生した大量の失業者の困窮を食い止めることができなかったため,働く場所を失った労働能力のある貧困者の処遇をめぐる問題が発生した。この問題を新救貧法の枠組みで解決することは不可能であったことから,1929年の「地方自治法」によって従来の救貧行政は大幅に変更され,失業中の貧困者への院外救済が認められることとなった。これ以降,救貧法による救済は公的扶助（Public Assistance）とよばれるようになった。さらに1934年には**無拠出制**の「失業扶助」が創設され,失業中の（労働能力のある）貧困者に資力調査に基づいて最低限の所得保障を行うしくみが導入された。

　1939年に第二次世界大戦が勃発してから1945年に終戦を迎えるまでのあいだに,各国は甚大な損害を被った。その一方で,「総力戦」となった第二次世界大戦の「戦時中」は,多くの国民が兵士や軍需産業の労働者として徴用されたこともあり,資本主義社会が解決できなかっ

➡ 無拠出制
無拠出制とは,保険料の拠出を前提としない給付の方法を採用した制度のことであり,財源を公費（税）によって賄うしくみを意味している。

た「失業」問題が解消された例外的な時期でもあった。イギリスでは，総力戦によって最大限まで高められた経済効率を維持しながら戦後の復興を進める方策について検討する作業が，すでに戦時中において進められていた。

その戦後社会の"復興プラン"に関するひとつの成果として1942年に提出された報告書が，有名な「ベヴァリッジ報告」である。ベヴァリッジ報告は，戦後社会の再建を阻む5大巨悪「窮乏，傷病，不潔，無知，怠惰」のうち窮乏（＝貧困）を克服し，国民に最低限度の生活（ナショナル・ミニマム）を保障することを目的に実施される国家的制度を社会保障とよんだ。そして事前の拠出に基づいて所得保障を行う社会保険を社会保障の中心的な制度として位置づけ，資力調査に基づいて最低限度の生活保障を行う「国民扶助」がそれを補完するという社会保障の制度体系を構想した。

第二次世界大戦の終結後，ベヴァリッジ報告で構想された社会保障計画は随時実行に移され，1946年に「国民保険法」，1948年には「国民扶助法」が成立した。これによって，救貧法に基づく貧困者の救済体制は完全に廃止されることとなった。

□　タウンゼントによる貧困の「再発見」

第二次世界大戦後に生じた高度経済成長は，前例のない「豊かな社会」を実現させた。雇用の安定と社会保障の拡充は多くの人々の生活水準を劇的に引き上げ，ラウントリーが定義した「肉体的能率を維持できない」水準の貧困に苦しむ人々を大幅に減少させることに成功した。しかし，社会全体の生活水準が著しく向上した先進国のなかでは，肉体的生存のレベルで貧困を定義するラウントリー的な貧困観の限界を指摘し，1960年代から70年代にかけて，貧困をとらえる新たな視点を提示したのが社会学者**タウンゼント**（Townsend, P. B.）である。

タウンゼントは，エーベルスミス（Abel-Smith, B.）との共著『貧困者と極貧者』（1965）のなかで，家計調査のデータを再分析することによって，福祉国家となったイギリスでも貧困は決して消滅しておらず，救貧法から受け継いだ根強いスティグマによって国民扶助が十分に機能していないことを明らかにした。この成果は，いわゆる「貧困の再発見」の出発点となり，国民扶助制度から「補足給付制度」への大規模な制度改革が行われるきっかけになったともいわれている。これ以降，イギリスではスティグマをともないがちな「扶助」という言葉が制度の名称として使われることはなくなった。

その後タウンゼントは研究をさらに発展させ，貧困の意味や内容は

➡ タウンゼント（Townsend, P. B.）

タウンゼントは，主著『英国における貧困』のなかで，1960から70年代当時のイギリス社会における一般的な生活様式を前提に12種類の指標──例えば「冷蔵庫がない」「誕生日にパーティを開けない」「親族や友人と関わる機会がない」といった項目が含まれている──を作成し，それが達成できていない状況を剥奪と定義した。そして，剥奪の程度と所得の関係を調べた結果，所得が一定水準を下回ると剥奪の度合いが急激に上昇するポイントを発見し，そこに貧困の基準を設定した。この貧困基準をもとに人々の生活実態を精査した結果，福祉国家になったはずのイギリスにおいても貧困は依然として相当な規模で存在しており，深刻な社会問題であり続けていると結論づけた。

それぞれの社会における一般的な生活様式との比較によって相対的に決定されるという考え方を提示した。そして，所属している「社会のなかで当然とみなされる生活様式や慣習，社会活動への参加を可能にするだけの資源を欠いた状態」を貧困と定義したうえで，普通の人々の生活様式と著しく異なる生活を「強いられている」ことを強調するために，「剥奪」(deprivation) という表現を用いた。このため，タウンゼントが提唱した新たな貧困の定義は，「相対的剥奪としての貧困」とよばれる。タウンゼントは，当時の固定化していた貧困観のあり方に異議を唱え，一般的な生活水準との比較という観点から貧困問題に関する新たな視点を提示した。「貧困の再発見」に関するタウンゼントの一連の業績は，多くの国で貧困をめぐる議論を再び活性化させるきっかけとなった。

□ イギリスにおける現在の公的扶助制度

　1988年に補足給付制度は「所得補助」制度へと変更され，長くイギリスの中心的な公的扶助制度として機能してきたが，今日ではその役目を終えようとしている。所得補助は，元々は貧困者全般を対象とする制度であったが，1995年に成立した「求職者手当法」により，長期失業者を含めた就労可能な生活困窮者は「所得調査制求職者給付」の対象となって所得補助の対象から外れた。さらに2003年に導入された「年金クレジット」が困窮する高齢者の最後のセーフティネットとして公的扶助の機能を担うようになるとともに，所得補助の対象から除外された。その後も若年者の長期失業問題や子どもの貧困問題に対応するために「児童税額控除」や「就労税額控除」といった給付付き税額控除のしくみが導入されるようになり，所得補助の守備範囲はさらに狭められることとなった。

　しかし，低所得者を対象とした無拠出制の所得保障制度の種類が増えたことで制度が複雑化し，申請手続きの煩雑化や支給ミスの頻発といった事態への批判が高まったことから，低所得者・求職者を対象として税財源によって給付を行う6つの制度（所得補助，所得調査制求職者給付，所得調査制雇用・支援給付，住宅給付，児童税額控除，就労税額控除）を「普遍的給付制度（Universal Credit）」へ統合して簡素化する大規模な制度改革が進められている。普遍的給付制度への移行は2013年から段階的に進められており，2023年までに旧来の制度が完全に廃止され，移行が終了する見込みとなっている。

③ 日本の公的扶助の歴史

　わが国では，第二次世界大戦後から「公的扶助」という語が定着した。公的扶助は，民主主義政府が生活困窮者に対する援助の責任を担うことを意味する語として用いられた[4]。一方，公的扶助制度とは「共同体が特定の生活状態にある構成員を困窮者と認定し，当該共同体の共通資源を一方的に給付する制度[5]」であるともいわれる。本節ではこの解釈に基づき少し広く公的扶助をとらえ，わが国の救貧制度の淵源である恤救規則から公的扶助の歴史を述べる。

□ 恤救規則の時代

　明治維新の後，新政府が成立したが，救貧体制は府県と藩の二つの法域に分かれていた。藩については従来の方法が踏襲され，府県についても救助の方法は旧幕府の方法が引き継がれていた。これを一本化する中央集権的救貧体制は，廃藩置県後の1874（明治 7 ）年12月 8 日，太政官達162号の恤救規則により成立した。同法は，1929（昭和 4 ）年の救護法の制定施行までわが国の救貧制度として実施された。

　恤救規則は，「済貧恤救ハ人民相互ノ情誼ニ因テ其方法ヲ設ヘキ筈ニ候得共目下難差置無告ノ窮民ハ自今各地ノ遠近ニヨリ五十日以内ノ分左ノ規則ニ照シ取計置委曲内務省ヘ可伺出此旨相達候事」という前文と 5 条からなる。救済の基調を「人民相互ノ情誼」に置き相互扶助を基本とするが，「難差置無告ノ窮民ハ」，相互扶助が不可能な場合は，国が救済するという姿勢を打ち出した。具体的な救済対象は，①廃疾者（現代的にいえば，重度障害者），②70歳以上の重病者・老衰者，③病気の者，④13歳以下の者，に限定されており，制限主義の立場をとっていた。給付は居宅給付であり，上記の救済対象①②は年間 1 石 8 斗（＝324 kg），③は 1 日あたり男 3 合女 2 合，④は年間 7 斗（＝126 kg）の米代が支給された。

　恤救規則は，その適用範囲と給付水準が厳しく制限されており，明治10年代の資本主義社会の展開にともなって生み出される貧困に十分に対応できなかった。その事態の深刻さゆえに，たびたび法改正の提案がされた。1890（明治23）年11月，最初の帝国議会に対し政府が「窮民救助法案」を提出した。本法案は，なお制限的な内容をもっていたが，恤救規則に比べ救済範囲を拡大し，救助の責任はまず市町村，

次いで郡府県と定めたなどの点において改善されていた。しかし，議会における論戦の結果，賛成者少数のため廃案となった。その後も，1897（明治30）年第10帝国議会に「恤救法案」「救貧税法案」提出，1898（明治31）年内務省が「窮民法案」作成，1902（明治35）年第16帝国議会に「救貧法案」が提出されたが，いずれも廃案となった。その理由には，財政的な制約，「防貧は積極的，救貧は消極的」といわれ，救貧よりも防貧を重視したこと，また惰民養成の防止，があった。

　このように恤救規則による救貧体制の改善が図られないなかで，いくつかの特別法がそれを補完する役割を果たした。その一つは，法の目的達成のため救貧的規定をもつ法で，伝染病予防法（1897年），北海道旧土人保護法（1899年），精神病者監護法（1900年），癩予防ニ関スル件（1907年）などがある。さらに形式上は救貧的規定を含まないが，一般救貧法を事実上補完したのが，罹災救助基金法（1899年），行旅病人及行旅死亡人取扱法（1899年）などである。[7]

□ 救護法成立の経過

　第一次世界大戦は国内に好況をもたらしたが，大戦終了間際に生じた米騒動（1918〔大正7〕年）からも明らかなように，物価の急激な高騰などが人々の生活をおびやかし社会不安が醸成された。さらに1920年代の不況は日本経済に大きな打撃を与え，金融恐慌，昭和恐慌の過程で窮乏する国民は増大した。特に，農村に押し寄せた不況の波は，日本資本主義を支えていた農村を揺るがし，社会問題が深刻化した。

　政府は，「従来の救恤（救済）行政では到底応じきれず，社会政策に立脚した積極的な社会行政の樹立の必要に迫られ」，内務省官制改正により社会局を設置（1920〔大正9〕年）したのであった。[8] 設立された内務省社会局は，救貧立法の研究調査に着手した。この取り組みは1923（大正12）年に生じた関東大震災により中断を余儀なくされたが，政府は，1926（大正15）年に内務大臣の諮問機関として再設置された社会事業調査会による答申を受け，新しい制度の作成にとりかかった。社会事業調査会答申（1927年）は，「一般救護に関する体系」として，恤救規則は救助や費用負担のあり方が不明確であり適用範囲も極めて制限的で社会の需要に適応していないため，新たな救貧制度の確立が必要であると主張したものであった。[9]

　救護法の原案が議会に提出された直接の契機は，1928（昭和3）年の総選挙の結果，田中内閣の政権与党政友会と野党民政党の議席数が伯仲し，政友会と**武藤山治**の**実業同志会**が提携せざるを得ず（政実協定），政策協定項目に「救済方法を設けること」を明記したことにあ

った。1928年秋には社会局において救護法案がまとめられ，1929年3月に政府案となり議会に提案され，1929年4月第56帝国議会において救護法が成立した。

救護法の内容

　救護法は，全文33条からなり，その対象者は，貧困のために生活できない，①65歳以上の老衰者，②13歳以下の幼者，③妊産婦，④心身の障害あるいは傷病のため，労務を行う上で支障がある者，市町村長が認める場合は，1歳以下の幼児を抱える母親であった。救済にあたっては扶養義務者の扶養を優先し，「性行著シク不良ナルトキ又ハ著シク怠惰ナルトキ」は救済しないと欠格条項を規定していた。

　救護の種類は，生活，医療，助産，生業の各扶助であり，加えて被救護者が亡くなった場合には埋葬費が支給された。救護の方法は居宅を原則とするが，居宅が不可能・不適当な場合は，救護施設（養老院・孤児院・病院等）に収容した。救護機関は居住地または現在地の市町村長であり，救護事務の補助機関としての委員を設置した。救護費は市町村の負担を原則とし，市町村の負担費用の4分の1を道府県が補助し，道府県市町村負担費用の2分の1以内を国庫補助することとした。

救護法の施行とその意義

　ところで，議会での附帯決議には1930年度施行が謳われていたが，施行は1932年1月1日からであった。公布から施行までに2年9か月を要したのである。救護法を成立させた田中内閣から政権交代した浜口内閣は，不況下での財政危機に対処する緊縮財政政策をとり，救護法の国庫負担を予算計上することができなかったのである。

　一方で，日常的に困窮する人々に接する方面委員を中心として，救護法施行促進運動が展開されていった。1930年1月末，救護法実施期成同盟という名称の運動組織をつくり，本格的な救護法実施促進運動を展開し，政府関係者への各種はたらきかけをした。しかし，1930年1月から実施された金解禁政策のもと財政緊縮が強められ，1931年度も同法を実施するには至らなかった。そのことで逆に運動は盛り上がりをみせ，1931年2月同期成同盟は最後の手段として救護法の実施に関する請願上奏を決定し実行したのである。このような状況下で1931年に入ってからは，施行予算規模の縮小と競馬法改正により財源を捻出し，予算案をまとめ施行が確定するにいたった。

　以上のように制定施行された救護法は，恤救規則と比較して，量的

にも質的にも充実した救護を可能とした。特に救護法の意義として，救護費用の一部を国庫が負担することを定めた点があげられる。とはいえ，救護法の内容や実際の施行状況からすれば，いまだ制限的な救貧政策であるといわざるを得ない。

また救護法の役割は，戦争遂行に伴う母子保護法（1937〔昭和12〕年），軍事扶助法（1937〔昭和12〕年），医療保護法（1941〔昭和16〕年），戦時災害保護法（1942〔昭和17〕年）など公費による救済制度が設けられたのち，変化していった。これらの救済者の範囲は，いずれも救護法より広かった。軍事扶助法および母子保護法は救護法に優先し，戦時災害保護法は救護法，母子保護法，医療保護法の各法よりも優先した。戦争が激しくなるにしたがい，生活困窮者に対する救済制度としての救護法の地位は相対的に低下していった。

❏ 旧生活保護法制定に至る経過

1945（昭和20）年8月15日ポツダム宣言の受諾を表明し，9月2日に対連合国降伏文書に署名し，第二次世界大戦は終結した。以後1952年まで，日本は連合国による占領下におかれた。

いわゆる「総力戦」を戦い敗戦した日本は，国民すべての生活が飢餓状態にあり，その窮乏し混乱した状態は「総スラム化」と称されるほどであった。救護法など戦前からの法施策はいまだ有効であったが，国民の極度の困窮状態を緩和する応急的施策の必要は明らかであった。応急的な救済施策は，**占領軍**の指示による旧日本陸海軍の保有する物資接収と表裏一体の関係にあり，軍用物資の民生転換の結果として1945（昭和20）年12月15日「生活困窮者緊急生活援護要綱」を閣議決定した。援護要綱に基づく救済がいつから始められたかは不明確であるが，1946年4月以降，ほぼ全国的に実施されるようになった。同要綱の対象は，失業者，戦災者，海外引揚者，在外者留守家族，傷痍軍人およびその家族と軍人の遺族であった。援護の方法は，施設収容や，衣料・寝具など生活必需品の提供，食料品の補給，生業の指導斡旋，自家用消費物資や生産資材の給与や貸与であり，当初は現物給付が中心であった。

GHQ は，1945年末の冬が迫り困窮状況が切迫してきたことを背景とし，**SCAPIN**404「救済福祉計画」（1945年12月8日）を日本政府に対し発令した。「救済福祉計画」は，援護要綱の背景にあった非軍事化政策から進んで，1946年前半6か月間の包括的救済計画の立案を求めたものであった。これに対し日本政府は，12月31日 **CLO**1484「救済福祉に関する件」により回答した。日本政府は，現行の救護法など救

→ 占領軍

連合国軍最高司令官総司令部のこと。General Headquarters of the Supreme Commander for the Allied Powers の頭文字をとり，GHQ/SCAPともいう。本文では，GHQ と略している。

→ SCAPIN

連合軍最高司令官指令番号を意味する。

→ CLO

Central Liaison Office の頭文字をとったものであり，終戦連絡中央事務局の意味である。

済立法を全面改正し新たに総合的な法令を制定し，すべての生活困窮者に最低生活保障するとした。ただし，その救済機構は，新たに有力な民間援護団体を設立してそれに委ねるとした。この点が，救済の公的責任を要求する GHQ の方針に反する最大の問題点であって，より徹底した指令 SCAPIN775「社会救済」が1946年 2 月27日に出されることになった。

　SCAPIN775は，CLO1484への反論であり，救済制度の原則を示したものである。すなわち，無差別平等の保護，国家責任，必要充足，公私分離，の原則を示した。日本政府は，SCAPIN775にあるこれらの原則を踏まえ，救護法，軍事扶助法，母子保護法，医療保護法及び戦時災害保護法を廃止・統合し新たな救済施策を立案した。これが1946年 9 月に公布され同年10月に実施された生活保護法（以下，旧法）である。旧法は，1950年 5 月に現行の生活保護法が制定されるまでの 3 年 8 か月の間運用された。

❑ 旧生活保護法の内容と運用

　旧法の内容は次のようである。保護の対象は生活困窮者一般であり，無差別平等，国家責任の原則をとっている。この点で，戦前の救済制度とは根本的に性格を異にする。ただし，「能力があるにもかかわらず，勤労の意思のない者，勤労を怠る者その他生計の維持に努めない者」と「素行不良な者」にはこの法律による保護は行わない，といういわゆる欠格条項を設けた。保護の種類は，生活扶助，医療，助産，生業扶助，葬祭扶助の五種類である。保護機関は，市町村長とし，民生委員が保護事務に関して市町村長を補助することとした。また保護の費用負担の概略は，国が 8 割，都道府県 1 割，市町村 1 割であった。

　旧法による保護は，戦後の生活困窮を背景として，生活扶助を中心に実施された。実施上では，さまざまな問題が生じ対応をせまられたが，特に次の点は問題であった。

　一つは，実施機関である市町村長を補助する民生委員が，民生委員令（1946年），民生委員法（1948年）により整備され，運用上で重要な役割を担った点であった。旧法による救済が充実していくなかで，民間の篤志家である民生委員には責任が重すぎると考えられるようになった。

　二つは，保護請求権，すなわち保護に異議のある場合救済機関に異議の申立ができること，を認めるか否か，さらにはどのように認めるかという点であった。厚生省は1949年 4 月25日に生活保護法施行規則を改正し，不服申立の手続きを明確にした。厚生省は，保護請求権は

認めなかったが，不服申立のしくみをつくるというやや苦しい対応をしたのであり，これは法改正の必要を認識させる出来事であった。

さらなる法改正の背景としては，1949年頃から，ドッジ不況による影響で大量の失業者が発生し，被保護世帯に労働能力をもった世帯が増加するという変化があった。社会経済情勢の影響を受けやすい未亡人母子援護が国会でも問題になり，法を改正する機運が高まったのである。

☐ 現行生活保護法

旧法の改正を明確に示唆したのは，いわゆる米国社会保障制度調査団報告書「社会保障制度への勧告」を受けて設置された，社会保障制度審議会の「生活保護制度の改善強化に関する勧告」（1949年9月）である。同勧告を受け厚生省は生活保護法の原案を作成し，関係省やGHQとの協議を経て，国会に法案提出の運びとなった。法案は，衆議院・参議院のそれぞれの審議を経て若干修正され，1950年5月4日に公布され即日施行された。現行生活保護制度の内容は次章以降で詳しく説明するため，本節では法制定後の展開を説明していく。

現行法成立後，実施体制が整えられたが，1950年代における運用上最大の問題は，結核患者への給付増による医療扶助費の増加であった。医療扶助費の増加は濫給（受給の要件を充たさない者が給付を受けること）が原因とされ，1954年度予算編成では国庫負担削減案が提示されたほどであった。このような背景があり生活保護制度が保障する最低生活基準の引き上げがままならず，被保護世帯の生活水準は低かった。この生活保護制度による保護基準が保障する生活水準の低位性を背景として，1957年に朝日訴訟が提訴された。

一方で，1955年以降日本経済は高度成長を続けており，国民全体の所得水準が向上する中で，保護基準の水準が全国的な話題にのぼった。後に詳しく述べるが，1961年度には保護基準が大幅に引き上げられたのである。この後も生活保護制度の保障内容は引き上げられたが，徐々に保護の受給状況には変化が生じていた。すなわち，保護率の減少と受給世帯の非稼働世帯化である。この要因はさまざまなことが考えられるが，いずれにしても生活保護制度の社会的役割が変化し，低下したとみられた。

さらに1960年代後半から1970年代にかけて，生活保護制度の相対的な重要性は低下していった。生活保護制度は，行政運用の手法を積み重ね援用することを中心として展開した。たとえば，今日ケースワーカーが必携とされる「生活保護手帳」の形式が洗練され，内容の充実

表 3-3　2000年代の厚生労働省設置の生活保護関連各種委員会一覧

名　称	開催期間	開催回数	
生活保護制度の在り方に関する専門委員会	2003年8月～2004年12月	18回	審議終了
生活保護費及び児童扶養手当に関する関係者協議会	2005年4月～11月	9回	審議終了
生活扶助基準に関する検討会	2007年10月～11月	5回	審議終了
生活保護制度に関する国と地方の協議（2008）	2008年11月～2009年3月	2回	審議終了
ナショナルミニマム研究会	2009年12月～2010年6月18日	10回	審議終了
生活保護制度に関する国と地方の協議（事務会合）	2011年6月～11月	8回	審議終了
生活保護制度に関する国と地方の協議（2011）	2011年5月～12月	2回	審議終了
社会保障審議会生活保護基準部会	2012年4月～	37回	継続
		（2020年7月末時点）	

出所：筆者作成.

が図られた。1970年代後半から，財政当局をはじめとして保護基準に対する疑問が提示されるようになったが，より広範に問題化されたのは，1980年代に入り予算編成状況が厳しくなってからである。

　1980年代には，オイルショック以降の行財政改革の流れがあって，生活保護制度にも国庫負担の削減や不正受給の防止という観点による「適正実施」などの「改革」が求められた。国庫負担割合は，1985年度に暫定措置として1割削減され，1986年度から3年間は10分の7とする措置がとられ，1989年度には4分の3とすることで決着した。一方，1980年代後半から社会福祉制度には根本的な検討が加えられ，1990年代に入り社会福祉基礎構造改革が進められてきた。そのなかにあって，生活保護制度は基本的なしくみを変えないままに現在に至っている。

❑ 最近の動向

　2000年代に入り，生活保護受給者をはじめとする生活困窮を抱える人の増加，貧困の深刻化が問題になり，他方で生活保護費の増加が懸念されるなかで，生活保護についてはさまざまな角度から検証が進められている。その一例として，後で触れる委員会を含む2000年代以降に厚生労働省が設置した生活保護関連の各種委員会をまとめたのが**表 3-3** である。一連の制度見直しの集大成として，厚生労働省が「制度が開始されて以来60年ぶりの抜本的な見直し[13]」であるとする法改正がなされ（2013年12月成立），2014年7月に施行された。この間の経緯を簡潔に説明しておこう。

　2000年5月10日衆議院厚生委員会の「社会福祉の増進のための社会福祉事業法等の一部を改正する等の法律案」に係る附帯決議（同月25日参議院国民福祉委員会でも同旨）において，「社会福祉基礎構造改革を踏まえた今後の社会福祉の状況変化や規制緩和，地方分権の進展，介護保険の施行状況等を踏まえつつ，介護保険制度の施行後5年後を目途とした同制度全般の見直しの際に，（中略）生活保護の在り方に

ついて，十分検討を行うこと」という指摘がされた。その後「今後の社会保障改革の方向性に関する意見」（2003年6月16日社会保障審議会）や，「経済財政運営と構造改革に関する基本方針2003」（2003年6月27日閣議決定）「生活保護については，（中略）今後その在り方についてより専門的に検討していく必要がある」を受けて，2003年7月社会保障審議会福祉部会の了承により2003年8月，生活保護制度の在り方に関する専門委員会（以下，専門員会）が設置された。

　この専門委員会設置によって，ようやく生活保護制度について根本的な検討の場がもたれた。専門委員会では，まず保護基準の在り方を重点的に話し合い，次に自立支援プログラムを目玉とした制度運用の在り方や，制度の実施体制について検討した。約1年半に及ぶ議論を経て2004年12月15日「生活保護制度の在り方に関する専門委員会報告書」（以下，「最終報告書」）をまとめた。「最終報告書」には，さまざまな内容が盛り込まれているが，これ以前の中間報告も根拠としながらまず着手されたのが，老齢加算と母子加算の廃止であった（ただし，母子加算は2009年12月より復活した）。目玉であった自立支援プログラムについては，2005年度に自立支援プログラムの基本方針を示し各地方自治体での策定が推奨されてきた。

　最終報告書を受けて，「生活扶助基準に関する検討会」（2007年10月設置）では，生活扶助基準の検証がなされた。さらに5年後の2012年，社会保障審議会生活保護基準部会が設置され，「生活保護基準について，5年に1度実施される全国消費実態調査の特別集計データ等を用いて，専門的かつ客観的に評価・検証」している。この間，「生活保護制度に関する国と地方の協議」が開催され，生活保護の実施にあたる地方自治体と国の意見交換もなされている。生活保護基準部会は，加算を含む生活扶助基準や住宅扶助基準の検証を行い，2013年1月と2015年1月に報告書を提出した。

　2013年の生活保護基準部会報告書を踏まえ「年齢・世帯人員・地域差といった制度内の歪みを調整する」こと，また「近年デフレ傾向が続いているにもかかわらず生活扶助基準額が据え置かれてきたことを踏まえ（中略）物価動向を勘案する[14]」という理由から，2013年8月から基準額を段階的に引き下げた（2014年4月が2回目，2015年4月が3回目）。他方で，2013年5月の第183回国会に「生活保護法の一部改正法案」と「生活困窮者自立支援法案」を提出した。両法案は衆議院では可決されたものの，参議院で審議未了の上，廃案となり，2013年10月の臨時国会に両法案を再提出し，同年12月に成立，2014年7月施行（一部2015年1月1日）されている。

4 諸外国の公的扶助（社会扶助）①韓国

韓国における福祉制度の成立と展開

　韓国が社会保険を初めて導入したのは1960年代であった。軍事クーデターを起こした朴正熙政権が，民心掌握のため，公務員年金法（1960年），軍事援護補償法（1961年），産業災害補償法（1963年），医療保険法（1963年）などを相次いで導入した時である。ただし，当時の制度は軍人や公務員といった特別な集団だけを対象とするものであった。一般国民を対象に社会保険を本格的に整備したのは，1990年代に入ってからである。

　第一に，韓国が**公的年金**を一般国民向けに整備したのは1990年代後半であった。韓国は国民年金法を1986年に公布し，1988年に常勤労働者を10名以上雇用する事業所を対象とするものとして国民年金法を施行した。しかしながら，国民年金法を農村地域の一般住民に適用し始めたのは1995年，都市地域の一般住民にまで適用し始めたのは1999年である。それゆえ，韓国では1999年を国民皆年金達成の年と呼んでいる。ただ，韓国は公的年金の導入時にすでに65歳以上だった人々，つまり年金保険料を納めた期間のない人々に対しては，日本の「老齢福祉年金」のような救済措置を作らなかった。したがって，2000年代に入っても多くの高齢者が公的年金の蚊帳の外にあった。この点には注意を要する。

　第二に，韓国が失業保険を導入したのは1990年代半ばであった。韓国は，雇用保険法を1993年に制定し，1995年に施行した。雇用保険法を導入するまで，韓国には失業者の所得を保障する雇用保険制度がなかった。1980年代の後半から雇用保険制度の導入を求める声があったが，政府内に就労意欲の低下や失業期間の長期化を警戒する声が根強く，導入に時間がかかった。

　それでは，最後の**セーフティネット**となる公的扶助はどうだったのか（表3-4）。韓国が本格的な公的扶助（国民基礎生活保障法）を導入したのは1990年代後半である。韓国で生活保護法が制定されたのは1961年であるが，これは本格的な公的扶助とはいい難い制度であった。

　第一に，韓国の生活保護法（1961〜1999年）は単に**扶養義務者**がいるだけで保護受給権を否定する制度であった。日本の生活保護法は保護開始の局面において，扶養義務者に扶養の能力と意思があるという

▶公的年金

社会保障の一環として政府や公法人が法律に基づいて実施する年金制度のこと。退職した場合の老齢年金，障害を抱えた場合の障害年金，働き手が死亡した場合の遺族年金などがある。企業年金，生命保険会社や郵便局などの個人年金に対して公的年金という。

▶セーフティネット

人々の最低限の生活を守る経済的支援，食糧支援，公的受け皿，保健医療サービスなどのセットのこと。日本でも，生活保護制度をはじめ，生活困窮者自立支援制度など複数の制度でセーフティネットの構築を試みている。

▶扶養義務者

一定の親族関係にあるもので，私法上，扶養する義務を負うとされるもの。たとえば，夫婦は互いに同居・協力の義務を負うことから（民法第752条），互いに扶養義務者とされる。また，親は未成年者に対する扶養義務者とされる。

表3-4　韓国の公的扶助

	朝鮮救護令 (1944〜1961年)	生活保護法 (1961〜1999年)	国民基礎生活保障法 (1999年〜)
対　象	第1条 ・65歳以上の高齢者 ・13歳以下の児童 ・妊婦 ・障害や傷病	第3条 ・65歳以上の高齢者 ・18歳未満の児童 ・妊婦 ・障害や傷病	(制約なし)
給　付	第10条 ・生活扶助 ・医療 ・助産 ・葬祭扶助 ・生業扶助	第5条 ・生計保護 ・医療保護 ・出産保護 ・葬祭措置	第7条 ・生計給付 ・医療給付 ・出産給付 ・葬祭給付 ・住居給付 ・自活給付 ・教育給付
国の負担	第25条 1／2以内	第38条 8／10以上	第43条 8／10以上
扶養義務	第2条 ※経済力の考慮なし	第2条（施行令第1条） ※経済力の考慮無し	第3条（施行令第4条） ※経済力を考慮
最低生活	(なし)	第4条 ※水準の規定なし	第1条

場合を除き，単に扶養能力のある扶養義務者がいるだけでは保護受給権を否定しないので，日本の生活保護法と韓国の生活保護法はかなり違う法律である。また，日本の生活保護法は老若男女を問わないが，韓国の生活保護法は，高齢者，障害者，子ども，妊婦にしか適用しないことを明文化していた。こうした点で，韓国の生活保護法は日本の救護法（1929〜1946年）に近かった。韓国が誰でも申請できる公的扶助を作ったのは，生活保護制度を廃止して国民基礎生活保障法を制定した1999年である。

　第二に，韓国の生活保護法は，予算面でも強い制約を受けていた。1969年頃まで予算がまともに編成されず，1970〜1980年代も極めて少額の予算しか配分されなかった[20]。それゆえ，最低生活費に程遠い金額を施すのみの制度となっていた。「最善の福祉は経済成長，最善のセーフティーネットは家族」との認識が支配的だったわけである[21]。韓国の国内にこうした制度運営に異論を持つ者がいなかったわけではないが，こうした制度運営を変えうる政治的環境がなかった。

　総じていえば，韓国では1990年代中盤まで，社会保障制度の整備が滞っていた。韓国で仕事を探して農村から都市に流入した貧困層を保護していたのは福祉給付ではなく「パンジャチョン」や「サントンネ」のようなバラック集落だったわけである[22]。

韓国における救貧制度の発展

　韓国の社会保障制度が全国民を対象とするものへと拡大したのは，1990年代後半以降である。この時期になって，国民年金が全国民を対象としたものとなり，雇用保険などの主要社会保険制度が出揃い，誰もが申請できる公的扶助ができた。

　これ以降，その後の政権も概ね社会保障制度の拡充に力を注いできたといえよう。1997年に発足した金大中政権は，1997年の通貨危機による失業問題と貧困問題に対処するために本格的な社会保障制度の導入を進め，2002年に発足した盧武鉉政権は，社会保障制度の強化と社会サービスの拡充を進めた。2007年に発足した李明博政権は，社会保障制度の強化よりも社会保障制度の効率化に力を入れたが，2012年に発足した朴槿恵政権は，社会サービスの強化と人生周期に合わせたオーダーメード型福祉制度の導入を進めた。

　ただし，社会保障制度の発展にもかかわらず，韓国では未だに高齢者の43.8％（2017年）が中位所得の50％を下回る所得で暮らしている。[23]また，これに輪をかけるように，若者の失業率が前例のない水準に達しており稼働能力所持者も老後の準備をする余裕がない。さらに，介護労働も仕事と家庭の両立を危うくしている。2017年に国民の期待を受けて発足した文在寅政権にとっても財政の持続可能性を考慮しつつ社会保障制度の射程と水準を引き上げるのは容易ではない。

　とはいえ，韓国では福祉の政治公約に国民の関心が高い。政治家も福祉の拡充を掲げて有権者の関心を喚起している。2011年には呉世勲ソウル市長が福祉政策の住民投票に自身の進退を賭し，保守といわれる朴槿恵政権も2012年の大統領選挙で福祉の推進を約束するマニフェストを掲げた。こうした福祉をめぐる議論の白熱化は，韓国の福祉制度の拡大を後押ししてきたといえよう。最近の韓国の福祉制度の大きな改編としては，基礎年金制度の導入，国民基礎生活保障制度の「単給化」，保育料の支援などが挙げられようが，ここでは救貧制度に関連した動きとして，基礎年金制度の導入と国民基礎生活保障制度の「単給化」に焦点を当てよう。

基礎年金制度の導入

　韓国の貧困問題の中心は，やはり高齢者の貧困であろう。韓国では，公的年金が比較的最近になって普及したこと，公的扶助の審査が厳格なこと，世帯構造が変化していることなどに伴い，高齢者の貧困が問題となっている。したがって，韓国は1997年に敬老年金を導入し，2007年に基礎老齢年金を導入し，2014年に基礎年金制度を導入するな

ど，高齢者の所得保障に対策を打ってきた。

　まず，敬老年金は，1997年の老人福祉法改正を機に導入した制度であり，低所得の高齢者を対象に月額35,000〜50,000ウォン（2005年基準。約3,500〜5,000円）を支給する制度であった。ただし，支給額が非常に少額であった。次に，2007年に敬老年金を代替する形で導入された基礎老齢年金は，高齢者の所得下位60％を対象に月額83,000〜90,000ウォン（約8,300〜9,000円）を支給する制度であったが，やはり給付水準が低かった。「年金」なので，厳密に言えば高齢者の貧困解消を主目的とする制度ではないが，給付額の低さに対する批判は絶えなかった。そこで，2014年に基礎老齢年金の代わりに制定されたのが基礎年金制度である。当時は，選別主義と普遍主義の論争の中で，広く有権者の票を集めうる普遍主義的な政策が人気を集めていたため，2012年の大統領選挙で朴槿恵候補が全ての高齢者に月額200,000ウォン（約20,000円）を給付するという意欲的な公約を掲げたわけである。結局，法律の制定過程で高齢者の所得下位70％に支給するという案に縮小したとはいえ，それまでの限界を超える対策となったと言えよう[24]。現在の基礎年金制度は，税を財源とする貧困対策としては，国民基礎生活保障に次ぐ予算規模の制度である。

　受給者数を見ると，基礎老齢年金の2013年625万名（受給率65.0％）と基礎年金の2016年698万名（受給率65.6％）とであまり変わりがないが，給付額を見ると，基礎老齢年金の2013年4兆2,785億ウォンから基礎年金の2016年10兆2,896億ウォンまで急速に増加している[25]。ただし，課題がないわけではない。基礎年金制度の導入によりジニ係数や貧困率に改善が見られたという指摘もあるが，税源を財源として低所得の高齢者を支援する制度にしては所得再分配のインパクトが小さいといわれている。

❑ 国民基礎生活保障制度の「単給化」

　ただし，基礎年金は，本来，最低限の所得を保障することを目的とする制度ではない。韓国でも貧困対策の核心は公的扶助，つまり国民基礎生活保障制度である。選定基準や給付水準が恣意的だとの批判を浴びてきた生活保護法（1961〜1999年）を代替する形で制定されたのが現在の国民基礎生活保障法（1999年〜）である。国民基礎生活保障法は，最低生活水準の保障を国家の義務とした上で最低生活水準を客観的に規定した点，就業活動を受給の条件としたとはいえ，高齢者，子ども，障害者，妊婦といった稼働能力非保持者に限る受給要件を撤廃した点など，韓国の従来の課題を打ち破った画期的な制度である[26]。

　ただし，その国民基礎生活保障制度も，漏給の防止，制度の柔軟性，就労意欲の向上を巡って数々の注文を突きつけられてきた。まず第一に，漏給の多さで批判を浴びてきた。もちろん韓国政府も最低生活費の引き上げや選定基準の緩和を続けてきたが，受給率が上がらなかったのである。

　第二に，韓国の国民基礎生活保障法は，日本の生活保護法のように，最低生活費という単一基準を下回る場合に，生計給付，医療給付，出産給付，葬祭給付，住居給付，自活給付，教育給付といった多様な給付の受給権を一括して付与するしくみであったが，最低生活費を上回ると生計給付だけでなく住居給付や教育給付などの受給権まで失ってしまうことに対する批判を浴びてきた。

　第三に，国民基礎生活保障制度は稼働能力保持者の就労意欲を低下させているという批判を浴びてきた。韓国政府はEITC（勤労所得税額控除とも呼ばれる。低所得者の所得税負担をやわらげるしくみ）を導入するなどの工夫を続けてきたが，未就業の受給者の就業率や脱受給率が向上しなかった。

　そこで2014年に実行されたのが国民基礎生活保障制度の「単給化」である。つまり，最低生活費に代わる基準として中位所得の概念を援用し，国民基礎生活保障制度の4つの主要な給付（生計給付，医療給付，住居給付，教育給付）について，中位所得の30％を下回った場合に生計給付の受給権を付与し，中位所得の40％を下回った場合に医療給付の受給権を付与し，中位所得の43％を下回った場合に住宅給付の受給権を付与し，中位所得の50％を下回った場合に教育給付の受給権を付与するなど，選定基準を分けたわけである。言い換えれば，生計給付の受給権を得られない場合でも，最低生活基準をわずかに上回るような貧困層が医療給付や住宅給付や教育給付などの受給権を得られるように，給付を分離したわけである。

　選定基準として中位所得の一定比率を用いることについては，担当省庁の裁量で基準が歪む可能性があるといった批判も上がったが，それについては，法の条文に給付水準と選定基準を明記すること，これまでの最低生活費の概念についても制度評価の参照基準とすることなどを盛り込む政治的決断がなされ，2014年12月に法案が通過した[27]。

　現在，韓国の国民基礎生活保障法は，生計給付を中位所得の30％以下（国民基礎生活保障法第8条第2項），住居給付を中位所得の43％以下（住居給与法第5条第1項），教育給付を中位所得の50％以下（国民基礎生活保障法第12条第3項），医療給付を中位所得の40％以下（国民基礎生活保障法第12条の3第2項）といったように個別の基準を設けてい

➡ 漏給

生活保護制度の適用に際し，保護に必要な条件をすべて満たしている者が保護されていないこと。保護に必要な条件をすべて満たしていても，申請しなかった場合や審査が過度に厳格な場合は保護されない。それゆえ，漏給が発生する。制度のていねいな実施が求められよう。

る。なお，出産給付は生計給付，住居給付，医療給付のうち一つ以上を受給している場合（国民基礎生活保障法第13条第1項），葬祭給付は受給者の死亡後に死体の検死，運搬，火葬，埋葬などの費用を支給する場合（国民基礎生活保障法第14条第1項），自活給付は受給者の自立を支えるために必要な費用を支給する場合（国民基礎生活保障法第15条第1項）に支給されることとされている。

□ 「脆弱階層」支援

　ここまで紹介してきた国民基礎生活保障制度や基礎年金以外にも，韓国では，保健福祉部の障害者年金，児童養育手当，障害児童手当，「次上位階層」向け糧穀割引（公的扶助の受給者や生活困窮者は，邑面洞（基礎自治体）の住民センターに申請すると，お米などの穀物を割引価格で入手できる。申請した穀物は毎月下旬に住所地に配給される），欠食児童給食支援などをはじめ，国土交通部の住宅政策（公共賃貸住宅事業や住宅補修など），雇用労働部の雇用政策（社会的企業育成法），教育部の基礎生活保障受給者奨学金（大学生），低所得層無料給食費支援事業など様々な政策が脆弱階層支援として進められている。

　また，日本が貧困対策でとらえきれない部分を「生活困窮者」支援でカバーしているように，韓国でも貧困対策でとらえきれない部分を「脆弱階層」支援でカバーしている。日本の「生活困窮者」と同様，韓国の「脆弱階層」には単に貧困，障害，傷病といった状態にある人々だけでなく，そのリスクの高い人々までが含まれている。

　脆弱階層に含まれるのは，たとえば，平均世帯月収が全国の平均世帯月収の6割未満の世帯にある者，高齢者，障害者，売春行為の被害者，就業経験の途絶えた女性，脱北者，家庭内暴力の被害者，ひとり親世帯，移民，刑務所から出所した人，などである（社会的企業育成法施行令第2条）。韓国では「次上位階層」という定義を用いることもある。「次上位階層」とは所得認定額（＝世帯所得＋世帯資産の所得換算額）が中位所得の50％以下である者を指す言葉であるから（国民基礎生活保障法施行令第3条），「脆弱階層」に近い定義といえよう。[28]

　日本と重なる部分もあるが，韓国の生活困窮者支援の特徴は，雇用面のアプローチである。就業成功パッケージ事業を実施して「脆弱階層」に合わせた雇用サービスを構えつつ，国民基礎生活保障法（自活企業）や社会的企業育成法（社会的企業）などで「脆弱階層」向けの雇用を創出してきた。

　これに加え，失業扶助の議論も結実しつつある。2019年の3月に，雇用保険の適用されない低所得失業者（中位所得の50％以下）を対象に，

就業プログラム参加を条件に最長 6 か月間，月約50万ウォン（ひとり世帯基準）を支給することが政労使間で合意を得た。日本の求職者支援法より金額は低いが，新たな取り組みとして評価されよう。

　なお，このところ，国民基礎生活保障法において扶養義務を撤廃する動きも本格化している。国民基礎生活保障制度の教育給付については2015年，住居給付については2018年に扶養義務が撤廃された。生計給付についても2022年までに段階的に撤廃することが発表されたところである。[29]

ドイツにおける福祉制度の成立と展開

① 沿革など

第二次世界大戦後，ドイツは東西に分裂し（1949年），両ドイツにおいて福祉制度は別々に発展していった。1990年のドイツ再統一は，実際には西ドイツによる東ドイツの吸収であり，東側の制度は基本的に西側の制度に置き換えられていったため，結果として現在のドイツの福祉制度は，西ドイツのそれをベースとしたものとなっている。その西ドイツでは資本主義体制が採用され，社会保障や社会福祉の諸制度も，基本的には経済体制に適合的なように設計されてきた。

そもそもドイツは，鉄血宰相ビスマルクの時代（19世紀後半）に，世界で最初に**社会保険**をスタートさせた国である。現行の医療保険や災害保険，年金保険は，このときにその出自を有している。失業保険は，イギリスに遅れたものの，第一次世界大戦後に導入された。介護保険もオランダに続いて世界でもかなり早い時期に制定されている。

いわゆる社会手当に相当する制度も，ドイツではかなりの程度発達している。主たる制度としては，児童手当，住宅手当，職業教育訓練助成金などがある。社会福祉サービスも，児童青少年扶助や，障害を有する者に対するリハビリテーション等が整備されている。公的扶助については後述する。

ちなみに日本の場合，戦後一時期までは生活保護が主たる社会保障制度であり，1960年前後から**国民皆保険・国民皆年金体制**が整いはじめたが，ドイツでは逆に，1950年代に大規模な年金改革が実施され，他方，戦前の救護制度が延命していた公的扶助分野において，戦後の基本法（憲法に相当）に合致する新たな制度枠組みがつくられたのは1960年に入ってからであった。

② 社会法典

それまでモザイク的に発展してきた社会保障制度の全体的な見通しをよくすることを目的に，1970年以降，社会保障の法典化作業が進行中である（表3-5）。

表3-5には含まれていないが実質的に社会保障制度に該当するしくみも多数存在し，これらが全体としてドイツ福祉国家を支えている。

▶社会保険

社会保険とは，社会保障制度を構成するしくみの一つであり，主として保険の技術を用いて給付をおこなう点に特徴がある（反対に，生活保護や児童手当など，広い意味で社会扶助と呼ばれるしくみには保険の技術が用いられていない）。日本では，医療（健康保険，国民健康保険），年金（厚生年金保険，国民年金），高齢者福祉（介護保険），労働保険（労災保険，雇用保険）が代表例である。

▶国民皆保険・国民皆年金体制

日本では，被用者（サラリーマン）向けの社会保険である健康保険および厚生年金がまず先行して整備され，これらを補完する目的で，自営業者などを念頭に，国民健康保険や国民年金が1950年代後半に設けられた。その結果，人々はどれか一つの医療保険や年金制度に加入することとなり，これを指して，国民皆保険ないし国民皆年金と称する。

表3-5　ドイツの社会法典（2020年現在）

編	名　称	公布年	施行年	日本で対応する制度
第1編	総則	1975	1976	（なし）
第2編	求職者基礎保障	2003	2005	生活保護法
第3編	雇用助成	1997	1998	雇用保険法
第4編	社会保険共通規定	1976	1977	（なし）
第5編	法定医療保険	1988	1989	健康保険法
第6編	法定年金保険	1989	1992	厚生年金保険法
第7編	法定災害保険	1996	1997	労災保険法
第8編	児童青少年扶助	1990	1991	児童福祉法
第9編	障害を有する人のリハビリテーションと参加	2001	2001	障害者福祉法制
第10編	社会行政手続法および社会データ保護	1980	1981	行政手続法，個人情報保護法の一部
第11編	社会的介護保険	1994	1995	介護保険法
第12編	社会扶助	2003	2005	生活保護法

❏ ドイツにおける公的扶助の位置と範囲

　ドイツの基本法（以下，基本法）は，人間の尊厳の保護を不可侵の原理として掲げており（基本法第1条第1項），最低限度の生活の保障はその重要な一環であると理解されている。ただし基本法から直接給付を求めることはできず，そのためには具体的な法の制定が必要であるとされている関係で，社会国家（基本法第20条第1項）の原則ともあいまって，個別の立法を通じて公的扶助制度が定められている。

　実際には，社会法典第2編（求職者基礎保障）と社会法典第12編（社会扶助）が，ドイツの公的扶助制度を構成している（表3-5）。ただしこのような二元体制になったのは，近年の改革（2005年施行のハルツ第4法改革）によるもので，それ以前は，連邦社会扶助法（1961年施行）という一つの法律により，一元的に運用されてきた。

　その連邦社会扶助法には，固有の意味での公的扶助のほか，日本でいえば低所得者向けの福祉サービスがあわせて規定されていた（高齢者への介護給付，障害者への保健福祉サービス，ホームレスに対する援助など）。

　逆に，公的扶助から分離していった例も存在する。ドイツは戦前戦中の反省の上に立ち，難民に対して比較的寛容であることが知られているが，そうした難民認定者の生活保障については，最終的には連邦社会扶助法が適用されてきた。しかし難民の急増を受け，1990年代に入って難民の最低生活保障のみを担う別法を成立させ，難民を括り出すこととした。2003年には，高齢者および重度障害者のみを対象とする特別な公的扶助法を成立させたこともある。

　以上のように，ドイツにおける公的扶助の範囲は，さまざまな社会的背景のもと，時代によって変動を続けている。ただし中心となるのは，かつての連邦社会扶助法およびその後継の二つの社会法典である

ことは疑いない。

□ ドイツにおける現行の公的扶助制度

① 適用対象

　生活困窮者（要扶助者）における稼得能力の有無によって，2種類の公的扶助制度のどちらかが適用される。稼得能力がある要扶助者には，社会法典第2編（求職者基礎保障）が，稼得能力なき要扶助者には，社会法典第12編（社会扶助）が，それぞれ対応する。

　第2編の対象となるのは，稼得能力を有することのほか，15歳以上で年金受給開始標準年齢（65歳から順次引き上げ中）未満であること，要扶助状態であること，通常の居所がドイツ国内にあること，が要求される。これらの要件から外れる場合，第2編に定められる別の給付ないしは第12編が管轄することになる。

　適用の例：年齢要件を満たす稼得能力ある要扶助者は，要扶助者本人として第2編が適用され，「失業手当Ⅱ」という名称の給付が支給される。この要扶助者に15歳未満の家族（子ども）がいる場合，その子には第2編から「社会手当」という給付がおこなわれる。要扶助者本人に稼得能力がなければ，第12編による「社会扶助」が支給される。要扶助者本人が年金受給開始標準年齢以上であったり，重度の障害を有していたりする場合，第12編から「基礎保障」給付を受ける。これらはいずれも排他的に制度が設計されており，給付が重畳することはない。

② 給付の枠組み

　第2編の失業手当Ⅱの場合，基本的には，申請により保護が開始する。世帯（ドイツでは需要共同体と称され，日本の世帯概念よりは幾分狭く設計されているが，詳細は省略する）に必要な最低生活費（年齢ごとの保護基準により基準額給付を算定し，住居費や暖房費は原則として実費を計上）と，年金や就労収入などを比較して，要否判定がおこなわれる。自動車は第2編では保有が容認されている。手持ち可能な預貯金についても一定限度で認められている。

　ドイツの保護基準（日本の生活扶助基準に当たるが，日本のように第1類費・第2類費という区分はない）は，単身者あたり月額で446ユーロである（2021年）。ちなみに制度スタート時点では，旧西ドイツ地域で345ユーロであった。2010年の連邦憲法裁判所による保護基準違憲判決の影響等により，制度開始後16年で30％弱ほど上昇したことになる。

③　就労支援

　第 2 編が適用された場合，こうした経済的給付に加えて，さまざまな就労支援を受けることになる。基本的な形式は，行政側の担当者（日本のイメージでいう**ケースワーカー**というよりは，淡々と事務をこなす事務系の公務員というような存在である）と受給者本人との間で，本人の資格や職歴等を勘案したうえで，「統合協定」という一種の契約を取り交わし，これに応じて就労に向けた活動をおこなう。

　この活動のなかには，日本と同様にハローワークからのサービスを利用するものもあるが，実際には，地域に存在する各種の社会資源を利用して，最低限の学校卒業資格をつけたり，移民・難民背景がある受給者への語学教育をおこなったり，補助的な仕事をとりあえず開始したり，といった広い意味での就労支援がおこなわれる。

　受給者は，原則として，あらゆる労働に就くことが期待される。期待可能な労働を合理的な理由なく拒否した場合，はじめは30％の給付減額，義務違反が繰り返された場合は最大100％の給付カットがなされる可能性がある（ただしこの点については連邦憲法裁判所の違憲判決が近時あり，制度改正に向けた議論が続いている）。

④　実施体制，財源

　第 2 編の制度を運用するのは，連邦政府と地方政府が共同で設ける特殊な行政機関である。行政主体にかかわるドイツの基本的な原理では，政府のレベルが異なる場合に両者をミックスして行政機関を構成することは本来は違憲であり，実際に連邦憲法裁判所による違憲判決が下ったこともあったが，政治的妥協を経て，第 2 編については基本法上例外化させる改正がおこなわれ，現在に続いている。いずれにしても，実施機関には，連邦政府に連なる労働エージェンシーと，基礎自治体の福祉部局が組み込まれており，共同で事務処理にあたっている。

　なお連邦社会扶助法の時代は，実施機関となるのは基礎自治体であり，必要な費用も100％基礎自治体が負担していた。2005年の制度改革以降，第 2 編の基準額給付にかかる部分（生活費相当部分）については連邦政府，住宅暖房給付については基礎自治体，という費用負担の割り振りになっている（実際には複雑な補助金制度も存在するが説明は割愛する）。

☐ ドイツにおける公的扶助制度の動向

①　推　移

　とりわけ1990年代以降になって，ドイツ全体で失業者が著しく増加

➡ ケースワーカー

日本において，福祉事務所には，所長，査察指導員および現業員が置かれる（社会福祉法第15条参照）。この現業員はケースワーカーともよばれ，社会福祉主事任用資格の取得が必要である。ケースワーカーは，福祉事務所において，窓口での面接や，生活保護利用家庭への訪問などをおこなう。

した。失業に対して一義的に対応するのは失業保険（失業手当）であるが，雇用構造の変化もあって早期に復職しにくくなり，長期失業者が目立つようになった。ドイツではこうした場合に対応できるように，失業保険制度において租税財源の失業扶助というしくみがあり，実際，一定程度は長期失業者を受け止めてきたが，失業率の高止まり等から，失業手当や失業扶助から漏れ，当時の連邦社会扶助法の適用を受けるケースが増加していったのである。

　その結果，2000年代初頭には社会扶助受給者が300万人近くにのぼった。その多くが失業の長期化による，稼得可能な要扶助者であったことから，社会扶助行政を担当する基礎自治体では，就労支援の強化により労働市場に送り返す試みがなされたものの，社会扶助実施費用を基礎自治体が全額負担するという制度構造もあいまって，連邦政府に対する不満が増大していった。

　すなわち，失業者の増加は経済政策の失敗であり，経済政策を管轄する連邦政府の失敗であって，その失敗のツケを社会扶助に寄せ，基礎自治体にすべて費用負担させるのはおかしいのではないか，ということである。

　こうした状況変化を受けて，当時のシュレーダー政権は，大胆な労働市場改革の一環として，最低生活保障制度の改革を打ち出した（ハルツ第4法改革）。そのなかで，稼得能力のある要扶助者とその家族を括り出すかたちで失業扶助と社会扶助を統合すること，行政をワンストップの窓口にして就労支援を強力におこなうこと，といったアイデアが出され，それが具体化していくこととなった。こうして誕生したのが，第2編である。なおすべての受給者が稼得可能というわけではないので，同時に第12編が制定されている。

　② 受給者数，保護率など

　第2編の受給者は，2005年の制度スタート以降，当初の見込みを超えて大きく膨らんだ。ピーク時の受給者（2006年）は，稼得能力ある要扶助者本人が約537万人，その家族（子どもなど）が約183万人，あわせて約720万人であり，保護率にして9.8%であった。第12編などもあわせれば，約10人に1人が最低生活保障の給付を受けていたのである。

　なおその後は就労支援の拡大や景気回復などもあって，2019年にはそれぞれ約394万人，約160万人，あわせて約553万人，保護率7.2%となっている（連邦労働エージェンシー調べ）。

　③ コロナ特別立法

　2020年に入ってから，世界的に新型コロナウイルス感染症が拡大し，

社会的・経済的に極めて厳しい影響が広がっている。ドイツも同様であるが，社会保障における動きは比較的速く，2020年 3 月には，第 2 編および第12編に特別な規定を設け，最低生活保障面でのコロナ対策が進められている。

　具体的には以下のような対応である。まず，新規申請にあたって，6 か月間は資産調査を停止する。資産が著しい場合は例外的に資産調査をおこなうが，原則として，申請者が資産の存在を申告した場合は，著しい資産は存在しないと推定し，手続きを進める。次に，住居費と暖房費についても，6 か月間は上限の適用を外し，実費を支給する。なおドイツの場合，住居費および暖房費は実費で支給されるのが原則であるが，適切な費用という上限があり，これが実際には住居費カットにつながっているが，こうした対応を一定期間において留保するということである。

　こうした施策の結果，4 月から 5 月にかけて前年同月比で10万人前後の増加が見られた。言い換えれば，社会的危機においても最低生活保障制度の果たすべき役割が一定程度果たされているのである。

6 諸外国の公的扶助（社会扶助）③アメリカ

❏ アメリカにおける福祉制度の成立と展開，公的扶助の位置と範囲

　ヨーロッパ諸国によるアメリカ大陸の侵略と開拓を経て，18世紀にアメリカ合衆国（以下，アメリカ）が誕生した。[30]自由と民主主義の精神を建国の礎とし，自助努力によって経済的な安定や成功を達成することが尊ばれるなかで，貧困問題に対してはヨーロッパ諸国の救貧法体制に倣って対処されていた。19世紀後半には，大都市でセツルメント運動や慈善組織化運動に代表される民間の取り組みも興隆した。

　政府の取り組みとしては，20世紀前半に生じた世界恐慌に伴う大量失業と生活困窮を改善するために，連邦政府が**社会保障法**（Social Security Act）を成立させたことはよく知られている。第二次世界大戦後の経済成長期（1960年代）では，「豊かな社会」において貧困が再発見され，連邦政府は「貧困戦争（War on Poverty）」を宣言して全国的な取り組みを行った。他方で，1970年代後半のレーガン政権以降は経済市場や自助原則をより一層重視して「小さな政府」が推し進められ，政府による公的扶助の抑制も図られた。この動きを象徴する福祉改革は，1996年に成立した個人責任・就労機会調停法（Personal Responsibility and Work Opportunity Reconciliation Act：PRWORA）である。この改革では，一部の公的扶助に対する連邦予算に上限を設けたうえ，公的扶助利用者の就労努力をさらに強化するしくみを導入した。なお，2008年金融危機を契機とした景気の低迷に対しては，「アメリカ復興・再投資法 the American Recovery and Reinvestment Act」等に基づく経済政策を講じ，生活困窮家庭への支援策に対する連邦予算も増額して改善を図った。

　このように，アメリカでは，貧困問題に対して公的扶助を含む対策が講じられてきたものの，経済市場と自助を重んじるために政府による直接の給付（特に現金給付）は抑制されてきた。

　他方，連邦政府は社会に広がる貧困の実態把握を積極的に行ってきた。[31]2018年時点の調査結果では，全国で約3,815万人が貧困状態にあり，全人口の約11.8％を占める。人種別では，黒人が20.8％と最も高く，ヒスパニックが17.6％，白人とアジア人が10.1％であり，人種間の違いがはっきりしている。性別では女性が12.9％，男性が10.6％となり女性がやや高い。年齢別でみると18歳未満が16.2％で最も高く，18歳

➡社会保障法（アメリカ）

アメリカの連邦政府が1935年に成立させた法律。資本主義体制を敷く国で「社会保障」という用語が初めて明記された法律としても知られる。世界恐慌の影響が続くなか，この連邦法により，年金や失業保険，高齢者や一部の障害者，子どもへの公的扶助等が制度化された。

以上64歳以下が10.7％，65歳以上が9.7％であり，年齢が低いほど高くなっている。成人（18歳以上64歳以下）の障害の有無でみると，障害がある場合は25.7％であり，障害がない場合は9.5％となっている。成人（25歳以上）の学歴別でみると，高校資格のない者は25.9％と最も高く，高卒のみが12.7％，学士号以上は4.4％であり，学歴が高くなるほど貧困率は下がる。家庭ごとの動向について18歳未満の子がいる家庭をみると，ふたり親家庭では7.6％，父子家庭は18.7％，母子家庭は39.1％であり，母子家庭が最も高い。なお，6歳未満の子がいる母子家庭の貧困率は47.7％となっている。

　□ アメリカにおける公的扶助の現行制度と動向

　抑制的な貧困対策で知られるアメリカではあるが，無策であったわけではなく，むしろ施策の数は多い[32]。

　様々な所得制限のあるアメリカの給付事業は，高齢者等の社会集団や現金・現物のような給付の形態等ごとに分立している。主な事業の大枠は連邦政府が設計するが，詳細な設計や運営は権限が強い州政府等が担っている。このため，多くの事業による給付の範囲や水準は地方政府によって異なる。それらの事業では，現金だけでなく，医療や住宅，教育，就労に関わる給付等が提供されている。以下では，所得の向上を狙う主な事業を取り上げる。

①　代表的な現金給付事業

　（1）補足的保障所得（Supplemental Security Income：SSI）　補足的保障所得は，就労による経済的自立が難しい生活困窮者に一定の現金を直接支給する事業である[33]。この事業を定める連邦法は1972年に成立し，その主管は社会保障局（Social Security Administration）である。費用は，所得税などによる一般歳入を財源としている。連邦予算に上限が設けられていないため，利用資格を満たすことができれば必ず給付を利用することができる。なお，多くの州政府等では，連邦政府による給付に上乗せをしている。

　SSI の主な利用資格は，同じ規定が全国に適用される。この事業の大きな特徴は，障害を持つ児童や成人，高齢者など，就労して自ら生計を立てていくことが難しい人々のみに利用資格が与えられていることである。給付の支給が認められる所得は1人の場合で約783ドル（2020年現在）になる。資産については，1人の場合に約2,000ドル相当（2020年現在）を保有することが認められている。1人に対する最高の給付水準（月額）は，783ドル（2020年）となる。

　近年の利用者の動向をみると，全国で約790万人（月平均，2019年）

であり，高齢者が110万人，視覚障害やその他の障害のある者は680万人であった。平均の支給額（月額）は559ドルであった。

(2)困窮家庭一時扶助（Temporary Assistance for Needy Families：TANF）　TANF は，児童がいる困窮家庭に対して現金や社会サービスを支給する事業である。1996年福祉改革によって，要扶養児童家庭扶助（Aid to Family with Dependent Children：AFDC）の代わりに創設された事業である。連邦機関では厚生省（U. S. Department of Health and Human Services）が担当している。

この事業で導入された特別な包括補助金（Block Grant）方式は，連邦政府が補助金を交付するための条件を設け，その条件を満たす範囲において州政府等は補助金を自由に使用することができるものである。他方で，連邦政府の包括補助金は上限が定められているため，交付された当該年度の連邦予算を使い切った場合は利用資格があっても困窮家庭へ支給できない。ただし，州など地方政府が独自に予算を設けることはある。

TANF の利用資格や給付は州政府等によって異なっている。その利用資格の特徴は，生活に困窮している児童とその養育者からなる家庭が主な対象となる。児童とは，18歳未満もしくは高等学校などに通う19歳未満の児童になる。養育者は，実夫や実母だけでなく，その他の血縁者や法的後見人を含むことがある。養育者が2人いる場合は，どちらか1人が失業しているか法的能力がないことを求める州政府等もある。所有できる所得や資産についても，州政府等が決めることになる。

連邦予算では現金給付の利用期間を原則5年間に限定している。また，現金給付を利用する家族の成人は，2年間以内に何らかの就労もしくは職業訓練を行わなければならない。ただし，1歳未満の児童を扶養する場合などには免除される。また，現金給付の他にも，保育や通勤への支援などが実施される。

TANF の利用動向をみると，2019年度の月平均で約92万世帯で約204万人であった。その内訳は，成人が約43.5万人，児童が約161万人となっている。

(3)一般扶助（General Assistance）　自助原則が政策に強く反映されるアメリカでは，扶養する者（子ども等）がおらず，かつ就労できない理由もないとみなされる生活困窮者に対して，現金を直接給付する事業は全国的に確立していない。他方で，地方政府によっては，これらの人々に対して独自の財源で現金給付を支給する事業があり，総称して「一般扶助」と呼ばれている。

　2015年 4 月時点では，全州の約半数となる26州（ワシントン D.C. 含む）で一般扶助事業が確認されている。いずれも障害のある人を対象としているが，11州は子どもを扶養しておらず障害もない成人を給付対象に含めていた。給付水準は，735ドル（ニューハンプシャー州）から90ドル（デラウェア州）と幅がある。

②　関連する事業

　(1)栄養補給支援事業（Supplemental Nutrition Assistance Program：SNAP）　SNAP は，様々な生活困窮者に対して食糧の調達を支援する事業であり，その前身はフード・スタンプ事業である。[36] 1964年に成立したフード・スタンプ法が2008年に「食糧・栄養法 Food and Nutrition Act」へと改称され，その名称も現行名に改められた。事業の主管は，連邦機関の農務省（U.S. Department of Agriculture）である。事業運営に関わる費用負担については，連邦政府が給付に係る費用と連邦の運営に係る費用の全額を負担し，州政府等の運営に係る費用の半額を負担する。州政府等は運営に係る費用の残り半分を負担している。先の SSI のように SNAP もエンタイトルメント事業である。なお，エンタイトルメント事業とは，公的予算に上限が設けられておらず，利用要件を満たしていれば給付を必ず利用できる事業を指す。

　SNAP の利用資格は他の公的扶助と同様に所得及び資産に係る要件がある。また，SNAP は，高齢者や障害者等，経済的自立が容易ではない人々だけでなく，就労ができない特段の理由がない（とみなされ）経済的自立が期待される人々にも与えられる。ただし稼働能力のある単身の人々に対しては，就労もしくは就労訓練に参加することが求められる等，要件がより厳しくなっている。

　この事業は，食費を賄うための現金や調理済みの食事を支給する方法ではなく，現金給付と現物給付の中間にあたるバウチャーを支給する方法を用いている。現在では，支給されるバウチャーは紙製の券ではなくプラスチック製のカードが主流になっている。利用者は，そのカードを使用して，決められた範囲の食糧を一定の金額分のみ交換することができる。その金額は， 1 人世帯の場合は最大で234ドル相当（2021年 5 月現在）であり，世帯構成員の数に応じて増額される。

　2020年度の平均利用者数は全国で約3,988万人であり，世帯数では約2,054万世帯にのぼる。給付月額の平均は 1 人あたり155ドル相当であった。

　(2)勤労所得税額控除（Earned Income Tax Credit：EITC）EITC は，所得が一定以下の家庭に対する現金給付を組み込んだ税制上の事業である。[37] より一般的には「給付つき税額控除」ないし「還付

可能な税額控除」等とも呼ばれる。「給付つき」や「還付可能」が意味するところは，賃金の水準が一定基準を下回る場合に，所得税の仕組みを活用して，一定の現金給付を支給する特徴を指す。この事業は1970年代半ばに連邦政府が導入し，1978年には恒久的な事業となった。

　EITC は，就労により獲得した所得に課せられる所得税の制度を活用しているため，その利用対象者は就労世帯となっている。もともとは子どものいる家庭に限定されていたが，1990年代半ばには子どものいない家庭も含むようになった。給付は現金給付であり，原則として一年に一回の支給となる。

　そのしくみは，児童 1 人で未婚（例：ひとり親）の申告者の場合（2018年），最大控除額が3,461ドルであり，その最大控除額が適用される賃金（年）は10,180ドルから18,660ドルである。18,660ドルを超えると減額され，42,320ドルで控除額がなくなる。

　2015年の申告者数は，全体で2,808万人であった。そのうち，子どものいない申告者が約727万人，児童 1 人の申告者が約1,026万人，児童 2 人の申告者数が約711万人，児童 3 人以上が約344万人であった。同年の平均控除額（年額）は，全体で2,440ドル，児童のいない申告者で294ドル，児童 1 人で2,411ドル，児童 2 人で3,830ドル，児童 3 人以上で4,185ドルであった。

◯注

⑴　塩野谷祐一（2002）『経済と倫理──福祉国家の哲学』東京大学出版会，312.

⑵　エスピン＝アンデルセン，G.／渡辺雅男・渡辺景子訳（2000）『ポスト工業経済の社会的基礎』桜井書店.

⑶　同前書，363-370.

⑷　村上貴美子（1987）『占領期の福祉政策』勁草書房，78-82.

⑸　菅沼隆（2005）『被占領期社会福祉分析』ミネルヴァ書房，14.

⑹　宇都栄子（2001）「恤救規則の成立と意義」右田紀久惠・高澤武司・古川孝順編『社会福祉の歴史──政策と運動の展開（新版）』有斐閣，210-222.

⑺　小川政亮（1960）「産業資本確立期の救貧体制」日本社会事業大学救貧制度研究会『日本の救貧制度』勁草書房，101-152.

⑻　大霞会編集（1971）『内務省史　第一巻』339.

⑼　以下本節における救護法に関する記述については，寺脇隆夫（2007）『救護法の成立と施行状況の研究』ドメス出版，を適宜参照している.

⑽　補助機関としての委員は，1938年1月の改正救護法施行により，方面委員令に依る方面委員と位置づけなおされた.

⑾　岡本多喜子（1991）「救貧制度の変遷」横山和彦・田多英範編『日本社会保障の歴史』学文社，20-41.

⑿　菅沼隆（2005）『被占領期社会福祉分析』ミネルヴァ書房，108-115.

⒀　生活保護の見直しに関する説明会（2013年12月10日）「資料2　運用の留意事項について」（https://www.mhlw.go.jp/seisakunitsuite/bunya/hukushi_kaigo/seikatsuhogo/topics/tp131219-01.html）（2015.5.11）.

⒁　厚生労働省社会・援護局保護課（2013）「平成25年度の生活保護について」『生活と福祉』2013年8月号，15.

⒂　チョフンシク（2015）「社会福祉政策の制度変化と展望」キムビョンソプほか編『韓国の福祉国家の歴史的変化と展望』ソウル大学校出版文化院，96-125.（原題：조흥식（2015）「사회복지정책 제도의 변화와 전망」김병섭 외『우리 복지국가의 역사적 변화와 전망』서울대학교출판문화원, 96-125.）

⒃　李惠炅（2006）「現代韓国社会福祉制度の展開：経済成長，民主化，そしてグローバル化を背景にして」武川正吾ほか編『福祉レジームの日韓比較──社会保障・ジェンダー・労働市場』東京大学出版会，41-70.

⒄　ホンベギ（2005）「韓国の高齢者貧困の原因に関する研究」『韓国社会福祉学』57（4）：275-290.（原題：홍백의, 2005,「우리나라 노인 빈곤의 원인에 관한 연구」『한국사회복지학』57（4）：275-290.）

⒅　金成垣（2016）『福祉国家の日韓比較──「後発国」における雇用保障・社会保障』明石書店.

⒆　労働部（1996）『労働白書1996年版』.（原題：노동부（1996）『노동 백서 1996년판』.）

⒇　⒃と同じ.

㉑　⒃と同じ.

㉒　金秀顯（2016）「韓国の住宅政策と居住福祉政策」全泓奎編『包摂都市を構想する──東アジアにおける実践』法律文化社，54-65.

㉓　『OECD.Stat』（https://stats.oecd.org/Index.aspx?QueryId=47991#）.

㉔　ノデミョン（2018）「最近の社会保障の改革動向」キムミゴンほか編『韓国の社会保障制度（主要国の社会保障制度11）』韓国保健社会研究院・ナナム出版社，175頁-207頁.（原題：노대명（2018）「최근 사회보장 개혁동향」김미곤 외『한국의 사회보장제도 （주요국 사회보장제도 11）』한국보건사회

連구원・나남，175-207.）

⑵5　『国会予算政策処　財政統計（국회예산정책처 재정통계）』（https://www.
nabostats.go.kr/portal/main/indexPage.do）.

⒇6　ムンジンヨン（2008）「A Study of the Enactment of National Basic
Livelihood Security Act in Korea: with Special References to the Role of
NGOs」『保健社会研究』28⑴：87-103.（原題：문진영（2008）「A Study
of the Enactment of National Basic Livelihood Security Act in Korea: with
Special References to the Role of NGOs」『보건사회연구』28⑴：87-103.）

⒇7　⒇4と同じ.

⒇8　湯山篤（2019）「韓国のホームレスと生活困窮層」全泓奎編『東アジア都
市の居住と生活』東信堂，187-191.

⒇9　湯山篤（2021）「公的扶助改革と扶養義務——韓国の事例を参考にしつつ」
『賃金と社会保障』No. 1776：58-67.

⑶0　貧困対策を含むアメリカの社会福祉や社会福祉については，藤田伍一・
塩野谷祐一編（2000）『先進諸国の社会保障7　アメリカ』東京大学出版や，
渋谷博史（2005）『20世紀アメリカ財政史』（Ⅰ-Ⅲ）東京大学出版に詳しい.

⑶1　アメリカ連邦政府の貧困調査の結果については，Semega, J., Kollar, M.,
Creamer, J. and Mohanty, A.（2019）*Income and Poverty in the United
States: 2018*, Current Population Reports, U.S. Census Bureau（https://
www.census.gov/content/dam/Census/library/publications/2019/demo/
p60-266.pdf）（2020. 6. 29）に詳しい.

⑶2　アメリカ政府による様々な貧困対策の概説については，一部の事業を除き，
連邦議会報告書に加え，主管する機関の報告書やホームページ等を主に参
考にした（Committee on Ways and Means, U.S. House of Representatives
（2018）*The Green Book: Background Material and Data on the Programs
within the Jurisdiction of the Committee on Ways and Means*（https://
greenbook-waysandmeans.house.gov/2018-green-book）（2020. 6. 29）.

⑶3　補足的保障所得（SSI）の動向については，Social Security Administration
（2020）*2020 Annual Report of the Supplemental Security Income Program*
（https://www.ssa.gov/oact/ssir/SSI20/ssi2020.pdf）（2020. 6. 29），に詳しい.

⑶4　困窮家庭一時扶助（TANF）の動向については，U.S. Department of
Health and Human Service, Office of the Administration for Children and
Families（2020）*Office of Family Assistance*（https://www.acf.hhs.gov/ofa/
programs/tanf）（2020. 6. 29）に詳しい.

⑶5　一般扶助の動向については，Schott, L. and Hill, M.（2015）*State General
Assistance Programs Are Weakening Despite Increased Need*, Center on
Budget and Policy Priorities（https://www.cbpp.org/sites/default/files/
atoms/files/7-9-15pov.pdf）（2020. 6. 29）に詳しい.

⑶6　栄養補給支援事業（SNAP）の動向については Program DataBranch,
Budget Division, Financial Management, Food and Nutrition Service, U.S.
Department of Agriculture（2021）*Program Information Report*（*Keydata*）
（https://fns-prod.azureedge.net/sites/default/files/data-files/keydata-
february-2021.pdf）（2021. 5. 19）に詳しい.

⑶7　勤労所得税額控除（EITC）の動向については，Falk, G. and Crandall-
Hollick, M. L.（2018）*The Earned Income Tax Credit*（*EITC*）*: An
Overview*, Congressional Research Service（https://fas.org/sgp/crs/misc/
R43805.pdf）（2020. 6. 29）に詳しい.

○参考文献 ————

第 1 節

岩田正美（2007）『現代の貧困』ちくま新書.

タウンゼント，P.（1997）「相対的剝奪としての貧困」ウエッダーバン，D. 編著
　　／高山武志訳『イギリスにおける貧困の論理』光生館.

Lister, R.,（2004）*Poverty*, Polity Press.

第 2 節

右田紀久恵・高澤武司・古川孝順編（2001）『社会福祉の歴史——政策と運動
　　の展開（新版）』有斐閣.

大沢真理（1986）『イギリス社会政策史——救貧法と福祉国家』東京大学出版会.

金子充（2017）『入門　貧困論——ささえあう／たすけあう社会をつくるため
　　に』明石書店.

厚生労働省編（2020）「第 3 章欧州地域にみる厚生労働施策の概要と最近の動
　　向第 4 節英国(1)労働施策(2)社会保障施策」『2019年海外情勢報告』（https://
　　www.mhlw.go.jp/wp/hakusyo/kaigai/20/dl/t3-07.pdf）（https://www.mhlw.
　　go.jp/wp/hakusyo/kaigai/20/dl/t3-08.pdf）.

■ 第 4 章 ■

生活保護制度

生活保護制度の原理と原則

1 生活保護制度の基本原理

　生活保護法第１条には，「この法律は，日本国憲法第25条に規定する理念に基き，国が生活に困窮するすべての国民に対し，その困窮の程度に応じ，必要な保護を行い，その最低限度の生活を保障するとともに，その自立を助長することを目的とする」，とある。生活保護法とは，日本国憲法第25条に「すべて国民は，健康で文化的な最低限度の生活を営む権利を有する」と定める権利，すなわち生存権を具現化するものである。この生活保護法第１条から第４条に示されている基本となる考え方を，四つの原理として説明する。第５条には，これらに基づいて法の解釈と運用が行われなければならないことが明記されている。第６条には，用語の定義がおかれている。

☐ 国家責任による最低生活保障の原理
　生活保護法第１条にあるように，生活保護制度の対象は国民であって生活に困窮する者すべてである。生活保護法は，生活に困窮する程度に応じて保護を行い，最低生活を保障する。必要な保護は，国家の責任において行われる。そして保護の目的には，最低限度の生活を保障するとともに自立の助長ということが含められている。自立の助長とは「公私の扶助を受けず自分の力で社会生活に適応した生活を営むことのできるように助け育てて行くこと」[1]であるとされている。

☐ 無差別平等の原理
　生活保護法第２条には「すべて国民は，この法律の定める要件を満たす限り，この法律による保護を，無差別平等に受けることができる」と規定し，国民には保護を請求する権利があり，すべての国民は保護請求権をもつ。旧法でも無差別平等の保護は規定されていたが，保護請求権は，認められていなかった。この点で，旧法と現行生活保護法は決定的に異なる。
　無差別平等とは，「保護を要する状態に立ち至った原因の如何や，（たとえば，病気，傷害，災害，世帯主の死亡，不具廃疾，失業等）人種，信条，性別，社会的身分，門地等により優先的又は差別的に取り扱わ

れることはない」という意味である[(2)]。

❏ 健康で文化的な最低生活保障の原理

　生活保護法第3条には「この法律により保障される最低限度の生活は，健康で文化的な生活水準を維持することができるものでなければならない」と規定されている。生活保護法で保障される最低生活の特徴を「健康で文化的な生活水準を維持することができるもの」とし，最低生活とは単に辛うじて生存を続けることが可能な程度ではないことを明らかにした。最低生活とは「少なくとも人間としての生活を可能ならしめるという程度のものでなければならない」のであり，その具体的な内容は，固定的なものではなく流動的であり絶えず向上していくものである[(3)]。

❏ 補足性の原理

　生活保護法第4条は第1項で「保護は，生活に困窮する者が，その利用し得る資産，能力その他あらゆるものを，その最低限度の生活の維持のために活用することを要件として行われる」と定め，第2項で「民法（明治29年法律第89号）に定める扶養義務者の扶養及び他の法律に定める扶助は，すべてこの法律による保護に優先して行われるものとする」と定めている。補足性とは，「資本主義社会の基本原則の一つである自己責任の原則に対し，生活保護制度が云わば補足的意義を荷う」ということと，「生活保護制度の他の公的扶助制度に対し，補足的役割を荷う」ということの二つの生活保護制度の補足的役割を意味する[(4)]。

　この原理に基づき，保護実施の具体的要件がある。まず，土地・家屋などの資産の活用，労働能力の活用，「その他あらゆるもの」を活用することである。もちろんこれらは「最低限度の生活の維持のために活用する」ものであるから，生活の維持に役立つものまで処分すべきことを規定したものではない。さらに，民法に定められている扶養義務者の扶養義務の履行，他の法律による扶助は，保護に優先して求められる。ただし，同法第4条第3項に「前二項の規定は，急迫した事由がある場合に，必要な保護を行うことを妨げるものではない」とあるように，急迫している場合は上記にかかわらず必要な保護を受けることができる。

2 生活保護制度実施の原則

生活保護法第7条から第10条には，生活保護制度実施の原則が四つ定められている。

申請保護の原則

➡ 要保護者
法第6条に「現に保護を受けているといないとにかかわらず，保護を必要とする状態にある者をいう」と定義されている。

生活保護法第7条は「保護は，**要保護者** ➡，その扶養義務者又はその他の同居の親族の申請に基いて開始するものとする」と定めており，保護は，生活に困窮する当事者，その扶養義務者，その他の同居の親族による申請に基づいて開始される。このような申請主義の原則をとったのは，法が国民に保護請求権を認める建前をとったことに対応するためである。保護請求権を発動する形式として保護の申請がある。(5)

ただし，同法第7条には「要保護者が急迫した状況にあるときは，保護の申請がなくても，必要な保護を行うことができる」という但し書きがされており，急迫した事由がある場合の**職権保護** ➡を認めている。これは，要保護者の中には保護請求権を行使することのできない者や困難な者が少なくないことに配慮したものであり，申請がなくても要保護者が急迫した状況にあるときには職権として保護しなければならない。

➡ 職権保護
保護の申請がなくとも必要な保護を行うことを意味する。

基準および程度の原則

生活保護法第8条第1項には「保護は，厚生労働大臣の定める基準により測定した要保護者の需要を基とし，そのうち，その者の金銭又は物品で満たすことのできない不足分を補う程度において行うものとする」，第2項には「前項の基準は，要保護者の年齢別，性別，世帯構成別，所在地域別その他保護の種類に応じて必要な事情を考慮した最低限度の生活の需要を満たすに十分なものであつて，且つ，これをこえないものでなければならない」と定められている。

この原則に基づき厚生労働大臣は，生活保護が保障する基準，すなわち保護基準を定める。保護基準は，最低生活の需要を満たすのに十分であって，かつこれを超えないものでなければならない。この保護基準は，理論的には区別すべきであるが，保護の要否を決める基準としても，保護の程度を決める基準としても用いられている。保護の要否を決める基準は，各扶助の基準の合計額（最低生活費）と収入とを比較して保護受給が必要か否かを決定する基準であり，保護の程度を決める基準は，保護が必要とされた者に対して支給する保護費を決定

するための基準である。保護の程度は，被保護者の資産調査を行って
決定する。

➡ 被保護者
法第 6 条に「現に保護
を受けている者をい
う」と定義されている。

❏ 必要即応の原則

　生活保護法第 9 条には「保護は，要保護者の年齢別，性別，健康状
態等その個人又は世帯の実際の必要の相違を考慮して，有効且つ適切
に行うものとする」と定められている。この必要即応の原則は，生活
保護制度運用上において起こりがちな機械的運用にならないよう，要
保護者の実際の必要に応じ有効かつ適切に保護が実施されるべきだと
いう趣旨により設けられたものである。[(6)]

❏ 世帯単位の原則

　生活保護法第10条には「保護は，世帯を単位としてその要否及び程
度を定めるものとする」，「但し，これによりがたいときは，個人を単
位として定めることができる」と定められている。この世帯単位の原
則は，保護の要否と程度については世帯を単位として決定する取扱い
を定めたものである。

　ここで世帯とは，「収入及び支出，即ち，家計を一つにする消費生
活上の一単位」[(7)]を意味する。同一の住居に居住し，生計を一にしてい
る者は，原則として同一世帯員として認定し，居住を一にしていない
場合であっても，たとえば出稼ぎしている場合や子が義務教育のため
他の土地に寄宿している場合などは同一世帯として認定[(8)]する。つまり，
同居していない場合でも，生計の一体性が認められる場合には一つの
世帯として認定されるのである。ただし，以上の原則によりがたい事
情がある場合には，例外として個人を単位として保護の要否と程度が
決定される。この措置を「世帯分離」という。

② 保護の動向

□ 被保護人員及び被保護世帯の動向

　本節では，生活保護制度の動向と特徴を概観する。これまでにみたように，現行の生活保護制度は，生活に困窮するすべての国民の健康で文化的な最低限度の生活を保障することを目的として1950年に施行された。したがって，生活保護を受給する人がどれくらいいるのか，どのような人が生活保護を受給しているのか，そして，時代的にどのような特徴をもって変化してきたのかといったことについて理解することは，戦後わが国における貧困・低所得層の実態や歴史的変遷を理解することにつながる。と同時に，こうした生活保護制度の動向と特徴は，生活保護行政がどのように運用されてきたのかということも表している。

　はじめに，被保護実人員及び被保護世帯数の動向についてみてみよう（図4-1）。なお，被保護実人員とは生活保護を受給している人の

図4-1　被保護世帯数，人員および保護率の年次推移

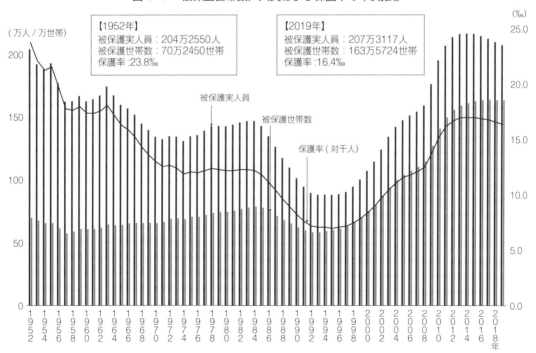

注：1か月平均。
資料：被保護者調査，総務省統計局人口推計，国勢調査.
出所：厚生労働省「被保護者調査（年次推移統計表）」.

数，被保護世帯数とは世帯単位でみた生活保護を受給している世帯の数をそれぞれ示している。また，保護率とは人口に占める被保護実人員の割合であり，通常は対千人比＝パーミル（‰）で表記される。

　現行法施行直後の1952年度は，敗戦後の「一億総飢餓状態」と呼ばれるような混乱した社会状況もあり，被保護実人員は204万2,550人，被保護世帯数は70万2,450世帯，保護率は23.8‰に上っていた。しかし，1950年からの朝鮮戦争特需や1950年代後半まで続いた神武景気による経済復興により，被保護実人員は減少した。1960年代には，エネルギー革命によって主要な燃料が石油にシフトする中で石炭産業が合理化され，産炭地域などを中心に失業者が増加したことなどに伴い上昇に転じるが，東京オリンピック（1964年）に象徴される1960年代半ばからの高度経済成長の時期には再び減少傾向を辿る。

　また，石油危機（1973年）によって高度経済成長が止まり低成長期に入ると再び増加に転じたが，1980年代半ばからのバブル景気の時期には減少傾向が続き，1995年には被保護実人員88万2,229人，保護率7.0‰にまで減少した。このように，1990年代前半までの時期には，被保護実人員は，増減を繰り返しながらも，長期的にみれば減少傾向を辿ってきた。ただし，被保護実人員が減少傾向を示していた時期にも，被保護世帯数は増加を続けていた。これは，少人数世帯，とくに単身世帯の割合が増えたことによるものと考えられる。

　さて，1990年代前半まで減少を続けてきた被保護実人員は，1996年から上昇に転じる。バブル経済が崩壊し，都市銀行や大手証券会社の経営破綻に象徴される「平成不況」の時期に入ると，一貫して上昇を続けた。2002年から2008年までの6年間は，戦後最長の景気拡大局面といわれたが，その時期にも被保護実人員は増加し続けた。

　そして，アメリカの投資銀行リーマン・ブラザーズ・ホールディングスの経営破綻（いわゆるリーマン・ショック）に象徴される世界的不況を経験した2008年からは増加ペースが激化し，2011年の被保護実人員は206万7,244人と，敗戦直後の1952年度の水準を上回ることとなった。

　その後，2014年の216万5,895人をピークに，ここ数年は緩やかな減少傾向が続いているが，2019年度現在でも，被保護実人員207万3,117人，被保護世帯数163万5,724世帯と，1950年代を上回る水準を示している（保護率は16.4‰）。

□ 被保護世帯の特徴

　前項では，生活保護を受給している人の数について，現行法制定以

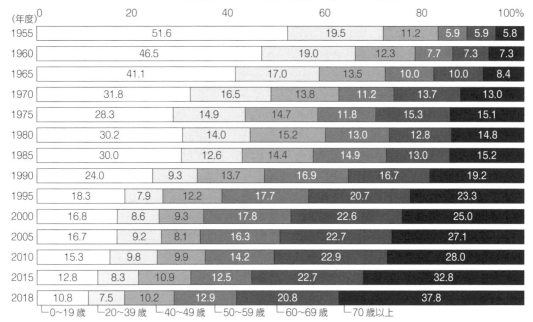

図4-2　被保護人員の年齢階級別構成割合の年次推移

（年度）	0～19歳	20～39歳	40～49歳	50～59歳	60～69歳	70歳以上
1955	51.6	19.5	11.2	5.9	5.9	5.8
1960	46.5	19.0	12.3	7.7	7.3	7.3
1965	41.1	17.0	13.5	10.0	10.0	8.4
1970	31.8	16.5	13.8	11.2	13.7	13.0
1975	28.3	14.9	14.7	11.8	15.3	15.1
1980	30.2	14.0	15.2	13.0	12.8	14.8
1985	30.0	12.6	14.4	14.9	13.0	15.2
1990	24.0	9.3	13.7	16.9	16.7	19.2
1995	18.3	7.9	12.2	17.7	20.7	23.3
2000	16.8	8.6	9.3	17.8	22.6	25.0
2005	16.7	9.2	8.1	16.3	22.7	27.1
2010	15.3	9.8	9.9	14.2	22.9	28.0
2015	12.8	8.3	10.9	12.5	22.7	32.8
2018	10.8	7.5	10.2	12.9	20.8	37.8

注：2010年度以前は各年7月1日現在，2015年度は7月末現在。2015年度は年齢区分が変更となった。

資料：2010年度以前は被保護者全国一斉調査．2015年度は被保護者調査．

出所：国立社会保障・人口問題研究所「『生活保護』に関する公的統計データ一覧」．2015年度と2018年度は「被保護者調査」
　　　各年版．

降の動向を概観した。次に，生活保護を受給している人はどのような特徴をもっているのかという点についてみていこう。結論を先取りしていえば，生活保護を受給している人は，高齢化と非稼働化という2つの特徴をもって変化してきた。

図4-2は，被保護人員の年齢階級別構成割合の年次推移を示したものである。2018年度の被保護人員のうち，40歳未満の若年層の割合は18.3％であるのに対して，60歳代は20.8％，70歳以上は37.8％を占めており，高齢者層が多い。

しかし，1955年度の時点では，0～19歳が51.6％と約半数を占め，20歳代・30歳代も含めれば7割を40歳未満の若年層が占めていた。一方，60歳以上の高齢者層が占める割合は11.7％に過ぎなかった。このように，現行法施行直後は若年層が多くを占めていたが，年々その割合は低下し，現在では，半数以上を60歳以上の高齢層が占めている。

□ 世帯類型別にみた被保護世帯の特徴

次に，表4-1は，世帯類型別被保護世帯の構成割合の年次推移をみたものである。世帯類型とは，被保護世帯を5つのタイプに分類したもので，厚生労働省「被保護者調査」では，次のように定義されている。

① 高齢者世帯：男女とも65歳以上の者のみで構成されている世帯か，これらに18歳未満の者が加わった世帯

② 母子世帯：死別，離別，生死不明及び未婚等により，現に配偶者がいない65歳未満の女子と18歳未満のその子（養子を含む。）のみで構成されている世帯

③ 障害者世帯：世帯主が障害者加算を受けているか，身体障害，知的障害等の心身上の障害のため働けない者である障害者世帯

④ 傷病者世帯：世帯主が入院しているか在宅患者加算を受けている世帯，又は世帯主が傷病のため働けない者である傷病者世帯

⑤ その他の世帯：上記のいずれにも該当しない世帯

表4－1に示されるように，2019年度における世帯類型の構成割合は，高齢者世帯が55.1％，母子世帯が5.0％，障害者世帯が12.4％，傷病者世帯が12.6％，その他の世帯が14.9％となっている。母子世帯とその他の世帯には，働くことが可能な者が相対的に多く含まれていると考えられるが，その割合は両者を合わせて2割程度に過ぎず，働くことが困難な人たちが多く含まれていると考えられる高齢者世帯が約半数を占め，最も多い世帯類型となっている。

しかし，このような特徴も，歴史的な変遷の中で変化してきた。表4－1により，1965年度の構成割合をみてみると，高齢者世帯は22.9％であり，その他の世帯が34.0％，母子世帯も13.7％を占めていた。被保護人員の高齢化が進んでいることは前述の通りだが，そうしたことも影響して，高齢者，障害者，傷病者など働くことが難しい人が被保護世帯の多くを占めるようになってきている。

なお，図4－3は，2018年度における世帯人員別被保護世帯の構成割合を世帯類型ごとにみたものである。世帯人員数は，被保護世帯全体（総数）でみると，単身世帯が8割を占めている。特に，被保護世帯全体の半数を占める高齢者世帯の場合は9割が単身世帯となっている。母子世帯には，当然のことながら単身世帯はなく，2人世帯が半数を占めている。

☐ 労働力類型別にみた被保護世帯の特徴

表4－2は，労働力類型別被保護世帯の構成割合の年次推移をみたものである。労働力類型とは，被保護世帯を，世帯主または世帯員が働いている世帯（稼働世帯）と，働いている者のいない世帯（非稼働世帯）に区分したものである。

表4－2が示しているように，2019年度の被保護世帯のうち非稼働世帯が占める割合は84.6％である。つまり，8割以上の被保護世帯は

表4-1　世帯類型別被保護世帯の構成割合の年次推移

（％）

年度	高齢者世帯	母子世帯	障害者世帯	傷病者世帯	その他の世帯
1965	22.9	13.7	29.4		34.0
1970	31.4	10.3	35.9		22.4
1975	31.4	10.0	45.8		12.9
1980	30.3	12.8	46.0		10.9
1985	31.2	14.6	44.8		9.3
1990	37.2	11.7	42.9		8.1
1995	42.3	8.7	42.0		6.9
2000	45.5	8.4	10.2	28.5	7.4
2005	43.5	8.7	11.3	26.2	10.3
2010	42.9	7.7	11.2	21.9	16.2
2015	49.5	6.4	11.7	15.6	16.8
2019	55.1	5.0	12.4	12.6	14.9

注：1か月平均である。
出所：図4-1と同じ。

図4-3　世帯人員別被保護世帯の構成割合（2018年度）

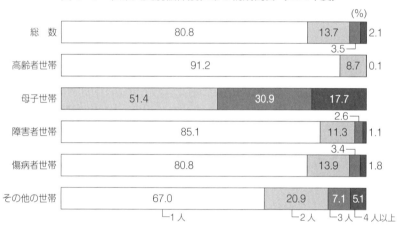

出所：厚生労働省「平成30年度被保護者調査」。

表4-2　労働力類型別被保護世帯の構成割合の年次推移

（％）

年度	稼　働　世　帯		非稼働世帯
	世帯主が働いている世帯	世帯員が働いている世帯	働いている者のいない世帯
1960	39.1	16.0	44.8
1965	33.3	14.0	52.6
1970	23.1	10.6	66.4
1975	15.5	7.3	77.2
1980	15.2	6.4	78.4
1985	15.8	5.6	78.7
1990	14.5	4.3	81.2
1995	10.6	3.0	86.4
2000	9.5	2.5	88.0
2005	10.1	2.4	87.4
2010	10.8	2.4	86.7
2015	13.5	2.5	84.0
2019	13.2	2.2	84.6

出所：図4-1と同じ。

働いている人がいない。しかし，1960年度の割合を見ると，非稼働世帯の割合は44.8％であり，稼働世帯が半数以上を占めていた。このように，労働力類型別にみても，生活保護受給者の非稼働化が進んでいることが分かる。

なお，2018年度における被保護者の就労状況についてみてみると，被保護者全体に占める就労者の割合は13.3％となっている。世帯類型別にみると，高齢者世帯に属する被保護者の就労率は4.8％，母子世帯では20.0％，障害者世帯では18.2％，傷病者世帯では13.9％，その他の世帯では27.8％となっている（平成30年度被保護者調査）。

☐ 保護の開始理由

図4-4は，保護の開始理由別被保護世帯の構成割合の年次推移を示したものである。つまり，生活保護の受給が開始された世帯が，どのような理由で生活保護に至ったのかを表している。2015年度の保護開始理由で最も多くを占めているのは，「その他の収入・貯蓄の減少・喪失」（38.6％）であり，就労以外の収入（多くは貯蓄）が減少したり喪失したりしたことを理由としている。つまり，収入が途絶え，貯蓄で何とか食いつないでいたものの，底をついて生活保護に至ったという例が最も多い。

しかし，1990年ごろまでは「傷病」を理由にした保護開始が最も多かった。つまり，働いて生活していた人が病気や怪我により一時的に働くことができなくなり，収入が途絶えて生活保護に至るような例である。こうしたケースの場合，傷病が回復すれば再び働いて収入を得ることができるようになるが，高齢者など就労が困難な人たちは貯蓄でつなぐしかない。このように，保護開始理由の変化からも，生活保護を受給している人々のうち若年層や稼働層が減少し，高齢化・非稼働化が進んでいることがうかがえる。

☐ 保護の廃止理由

こうした特徴は，保護の廃止理由，つまり，生活保護が終了となった理由をみると，より明らかである。図4-5は，保護廃止理由別被保護世帯の構成割合の年次推移を示したものである。1960年度の保護廃止理由で最も多くを占めていたのは，「その他」を除くと「傷病の治癒」（31.2％）だった。前項でみたように，この時期は傷病を理由に生活保護が開始された人が多く，傷病が回復し就労するなどして，生活保護の廃止に至った例が多かったことがわかる。また，次いで多かったのが「稼働収入の増加」であり，就労収入が少なかったため生活

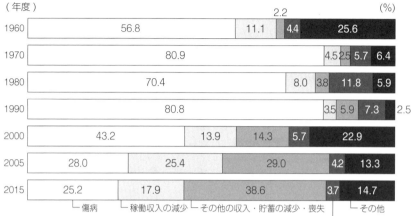

図4-4　保護開始理由別被保護世帯の構成割合の年次推移

資料：「生活保護動態調査報告」，「社会福祉行政業務報告（福祉行政報告例）」，「被保護者調査」．
出所：図4-2と同じ.

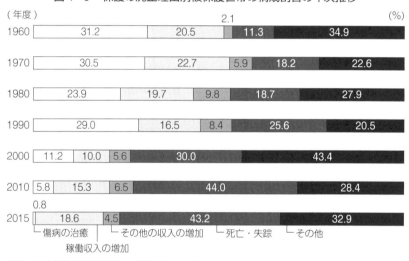

図4-5　保護の廃止理由別被保護世帯の構成割合の年次推移

資料：生活保護動態調査報告，社会福祉行政業務報告（福祉行政報告例），被保護者調査.
出所：図4-2と同じ.

　　　保護を受給していた人が，より多く就労することにより収入が最低生
活費を超過して生活保護の廃止に至った例も多かった。
　　しかし，このような形での生活保護の廃止は，高齢者など就労が困
難な人たちにとっては難しい。高齢化・非稼働化が進む中で，「傷病」
や「稼働収入の増加」を理由とした生活保護の廃止は割合が小さくな
り，2015年度では「死亡・失踪」が43.2％を占めるに至っている。「死
亡・失踪」の多くを占めているのは，死亡による生活保護の廃止であ
る。つまり，高齢者など働くことが困難な人たちにとっては，傷病が
治癒したからといって収入が増えるわけではなく，稼働収入を増加さ
せて生活保護を廃止することも難しい。そのため，生活保護が廃止さ

れるのは，死亡したときとなる。このように，生活保護の廃止理由か
らも，被保護者の高齢化・非稼働化の影響がみてとれる。

□ 保護の受給期間

　図4-6は，生活保護の受給期間別被保護世帯の構成割合の年次推
移をみたものである。

　1960年度は，保護の受給期間が3年未満の世帯が計53.8％と全体の
約半数を占め，5年以上の長期にわたって保護を受給している世帯は
3割に過ぎなかった。前述の通り，稼働世帯の占める割合が高かった
時期には，一時的に生活保護を受給し，就労するなど収入の増加に伴
って保護が廃止される世帯も多かったが，高齢化・非稼働化が進むと，
就労して保護廃止となる例が少なくなり，保護の受給期間は長期化す
る。2018年度では，受給期間3年未満の世帯は計24.8％と全体の4分
の1程度にまで減少し，5年以上の長期にわたって保護を受給してい
る世帯が6割以上を占めるようになっている。

□ 扶助別被保護人員

　本章の第3節で詳しくみるように，生活保護制度には8種類の扶助
（生活扶助，住宅扶助，教育扶助，介護扶助，医療扶助，出産扶助，生業扶
助，葬祭扶助）があり，要保護者の必要に応じた種類の扶助が給付さ
れる。なお，8種類の扶助のうち，介護扶助は，介護保険制度が施行
された2000年度から創設されている。以下では，扶助の種類ごとの特
徴に着目して，生活保護の動向について述べる。

　表4-3は，扶助別の被保護実人員の年次推移をみたものである。
つまり，どれだけの人が各種類の扶助を受給しているのかを示してい
る。扶助は，要保護者の必要に応じて給付されるため，1人の被保護
者が複数の扶助を併給している場合も少なくない。最も多くの人が受
給しているのは生活扶助であり，この傾向は一貫して変わらない。生
活扶助は，衣食など被保護者の基本的な生活費を賄うための扶助であ
り，約9割の被保護者が受給している。

　次いで多くの被保護者が受給しているのが住宅扶助であり，3番目
に多いのが医療扶助である。両扶助とも，今日では8割以上の被保護
者が受給している。医療扶助の受給率は，1960年代までは5割を下回
っていたが，この頃は，医療扶助のみを単給で受給して入院する例も
多かったため，人員ベースでの受給率は低いものの，世帯ベースでは
高い傾向にあった。しかし，近年では，医療扶助単給の例が少なくな
っており，かつ単身世帯の占める割合が増加しているため，人員ベー

図4−6　保護受給期間別被保護世帯の構成割合の年次推移

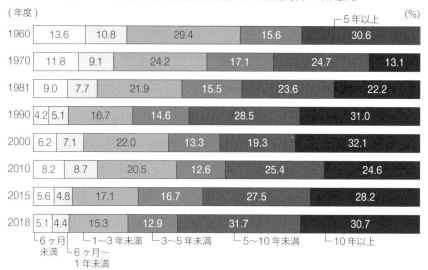

資料：生活保護の動向編集委員会編集「生活保護の動向」，「被保護者全国一斉調査」，「被保護者調査」.
出所：図4−2と同じ．2018年度は「平成30年度被保護者調査」.

表4−3　扶助別被保護実人員の年次推移

年度	生活扶助	住宅扶助	教育扶助	介護扶助	医療扶助	出産扶助	生業扶助	葬祭扶助
				人数（単位：人）				
1955	1,704,421	845,175	584,765		386,054	842	9,104	2,642
1960	1,425,353	656,009	496,152		460,243	478	6,296	2,601
1965	1,437,614	727,748	433,249		616,286	428	7,949	2,327
1970	1,143,103	643,421	263,495		701,783	269	4,513	2,004
1975	1,159,900	704,626	228,686		785,084	207	2,960	1,780
1980	1,251,347	866,857	260,781		856,245	236	2,678	1,665
1985	1,268,766	967,691	252,437		909,581	191	2,524	1,353
1990	889,607	730,134	135,793		711,268	73	1,899	1,108
1995	760,162	639,129	88,176		679,826	62	1,141	1,211
2000	943,025	824,129	96,944	66,832	864,231	95	713	1,508
2005	1,320,413	1,194,020	135,734	164,093	1,207,814	112	29,253	2,165
2010	1,767,315	1,634,773	155,450	228,235	1,553,662	186	52,855	2,999
2015	1,927,267	1,842,105	142,067	329,999	1,775,997	162	53,078	3,329
2019	1,820,440	1,769,819	108,128	394,154	1,742,838	137	42,072	3,816
			被保護実人員に占める割合（単位：%）					
1955	88.3	43.8	30.3		20.0	0.04	0.47	0.14
1960	87.6	40.3	30.5		28.3	0.03	0.39	0.16
1965	89.9	45.5	27.1		38.5	0.03	0.50	0.15
1970	85.0	47.9	19.6		52.2	0.02	0.34	0.15
1975	86.0	52.2	16.9		58.2	0.02	0.22	0.13
1980	87.7	60.7	18.3		60.0	0.02	0.19	0.12
1985	88.7	67.6	17.6		63.6	0.01	0.18	0.09
1990	87.7	71.9	13.4		70.1	0.01	0.19	0.11
1995	86.2	72.4	10.0		77.1	0.01	0.13	0.14
2000	87.9	76.9	9.0	6.2	80.6	0.01	0.07	0.14
2005	89.5	80.9	9.2	11.1	81.8	0.01	1.98	0.15
2010	90.5	83.7	8.0	11.7	79.6	0.01	2.71	0.15
2015	89.1	85.1	6.6	15.3	82.1	0.01	2.45	0.15
2019	87.8	85.4	5.2	19.0	84.1	0.01	2.03	0.18

注：1か月平均．
出所：図4−1と同じ．

表4-4　扶助別保護費の年次推移

年度	生活扶助費	住宅扶助費	教育扶助費	介護扶助費	医療扶助費	出産扶助費	生業扶助費	葬祭扶助費	保護費総額
	保護費（単位：百万円）								
1960	19,539	1,315	2,125		36,365	19	83	124	59,571
1965	50,553	5,602	4,040		73,974	25	623	165	134,983
1970	88,377	10,506	4,355		167,283	40	502	257	271,319
1975	232,489	24,609	8,939		409,174	115	320	767	676,413
1980	401,966	60,138	14,821		675,833	292	523	1,707	1,155,280
1985	537,588	99,267	16,752		846,442	308	497	1,857	1,502,711
1990	440,000	102,587	9,962		737,904	143	426	1,757	1,292,778
1995	465,621	127,512	7,152		881,899	129	268	2,313	1,484,894
2000	641,004	200,685	8,349	14,333	1,071,099	219	172	3,423	1,939,283
2005	849,360	327,186	11,792	47,040	1,347,045	222	6,219	5,328	2,594,193
2010	1,155,175	499,605	19,920	65,903	1,570,135	526	10,878	7,487	3,329,629
2015	1,200,348	603,242	18,952	85,567	1,785,427	433	11,138	7,562	3,712,669
	保護費総額に占める割合（単位：%）								
1960	32.8	2.2	3.6		61.0	0.03	0.14	0.21	100.0
1965	37.5	4.2	3.0		54.8	0.02	0.46	0.12	100.0
1970	32.6	3.9	1.6		61.7	0.01	0.19	0.09	100.0
1975	34.4	3.6	1.3		60.5	0.02	0.05	0.11	100.0
1980	34.8	5.2	1.3		58.5	0.03	0.05	0.15	100.0
1985	35.8	6.6	1.1		56.3	0.02	0.03	0.12	100.0
1990	34.0	7.9	0.8		57.1	0.01	0.03	0.14	100.0
1995	31.4	8.6	0.5		59.4	0.01	0.02	0.16	100.0
2000	33.1	10.3	0.4	0.7	55.2	0.01	0.01	0.18	100.0
2005	32.7	12.6	0.5	1.8	51.9	0.01	0.24	0.21	100.0
2010	34.7	15.0	0.6	2.0	47.2	0.02	0.33	0.22	100.0
2015	32.3	16.2	0.5	2.3	48.1	0.01	0.30	0.20	100.0

資料：「生活保護費経理状況調査」,「生活保護費実績報告書」,「生活保護費事業実績報告」厚生労働省調べ。
出所：図4-2と同じ.

スでの医療扶助受給率も高くなってきている。いずれにせよ，被保護
者の中には疾病を抱えている人が多く，医療扶助は8種類の扶助の中
でも多くの人が必要とする扶助であるといえる。

☐ 扶助別保護費

　次に，表4-4は，扶助別保護費の年次推移，すなわち，それぞれの
扶助にどれだけのお金が給付されているのかを示したものである。

　2015年度の保護費の総額は3兆7,000億円余りに上っているが，こ
のうち約半数を占めているのが医療扶助費である。また，生活扶助費
も3分の1程度を占めている。住宅扶助費は，受給率の上昇も影響し
て，今日では保護費総額の16%を占めるに至っている。いずれの扶助
も，物価の上昇を反映して，1960年度に比べると，保護費の実額は大
きく増加している。

表4-5　医療扶助人員の年次推移

年度	入院				入院外			
	総数	精神病	その他		総数	精神病	その他	
			結核	その他			結核	その他
医療扶助人員（単位：人）								
1965	148,921	64,517	16,875	67,528	467,365	7,265	31,656	428,444
1970	191,103	95,459	9,900	85,744	510,680	12,168	23,500	475,012
1975	196,932	111,961	6,532	78,439	588,153	19,275	18,792	550,086
1980	197,418	116,595	4,058	76,766	658,826	29,285	12,891	616,650
1985	191,439	109,278	82,161		718,142	43,332	674,809	
1990	133,105	70,032	63,073		578,163	49,588	528,576	
1995	123,924	64,399	59,524		555,903	62,156	493,747	
2000	132,751	64,913	67,838		731,480	90,939	640,542	
2005	131,104	62,479	68,625		1,076,710	142,121	934,589	
2010	129,805	55,841	73,964		1,423,857	47,132	1,376,725	
2015	116,279	49,358	66,921		1,659,718	67,371	1,592,347	
2018	111,127	46,775	64,352		1,640,316	73,106	1,567,211	
構成比（単位：%）								
1965	100.0	43.3	11.3	45.3	100.0	1.6	6.8	91.7
1970	100.0	50.0	5.2	44.9	100.0	2.4	4.6	93.0
1975	100.0	56.9	3.3	39.8	100.0	3.3	3.2	93.5
1980	100.0	59.1	2.1	38.9	100.0	4.4	2.0	93.6
1985	100.0	57.1	42.9		100.0	6.0	94.0	
1990	100.0	52.6	47.4		100.0	8.6	91.4	
1995	100.0	52.0	48.0		100.0	11.2	88.8	
2000	100.0	48.9	51.1		100.0	12.4	87.6	
2005	100.0	47.7	52.3		100.0	13.2	86.8	
2010	100.0	43.0	57.0		100.0	3.3	96.7	
2015	100.0	42.4	57.6		100.0	4.1	95.9	
2018	100.0	42.1	57.9		100.0	4.5	95.5	

注：1か月平均。
出所：図4-1と同じ.

❑ 医療扶助の特徴

　前述したように，医療扶助は，8つの扶助の中でも受給率が高く，また，保護費総額に占める割合も高い扶助である。そこで，表4-5によって，医療扶助人員の動向をみてみると，1965年度は，医療扶助を入院によって受給していた人が14万8,921人だったのが，2018年度には11万1,127人と，被保護実人員の増加にかかわらず減少傾向にあることがわかる。これに対して，入院外の受給者数は，1965年度の46万7,365人から，2018年度の164万316人と大きく増加していることがわかる。

　また，病類別にみると，1965年度は，入院による医療扶助人員の11％を結核が占めていたが，徐々に減少して，1980年代に入ると統計さえ取られなくなっている。入院外でも同様の傾向である。また，精神病による医療扶助人員は，入院外の場合は，2018年度で全体の4.5％に過ぎないが，入院の場合は42％を占めている。特に，1980年前

後は，入院による医療扶助人員が20万人近くに上り，かつ精神病によるものが6割近くを占めていた。今日では，人数，比率ともに減少傾向にあるものの，入院による医療扶助受給者の多くを精神病患者が占めている傾向に変わりはない。

☐ 被保護層の動向と生活保護行政の課題

　以上，本節では，統計資料をもとに，生活保護の動向と特徴を概観した。被保護人員は，1990年代後半における貧困の広がりを受け，近年では増加傾向にあるものの，1980年代までは，景気の動向に影響を受けながら増減を繰り返してきた。また，被保護世帯の特徴をみると，人口全体の高齢化も影響して被保護者の高齢化が進み，それに伴って働くことが困難な受給者が増加して非稼働化が進んだ。

　このように，戦後の被保護人員や被保護世帯の特徴の背景には，景気動向や人口高齢化の影響があるといわれるが，一方では別の見方もある。つまり，生活保護行政の運用の変化が高齢化や非稼働化を招いたという見解である。

　杉村宏は，戦後の生活保護行政において，3次にわたり「適正化」政策と呼ばれる生活保護抑制政策が展開されたことを指摘している。[10]杉村によれば，第1次適正化政策とは，1953年の朝鮮戦争休戦による不況や防衛費の膨張を背景とする社会保障費抑制計画のもと，結核患者と在日韓国・朝鮮人を主要なターゲットとして生活保護の廃止・抑制が進められたものであり，のちの朝日訴訟にも影響を与えた。

　また，第2次適正化政策とは，1964年から1972年にかけて展開された，炭鉱離職者や農家からの出稼ぎ者など，稼働能力のある被保護者に保護の停廃止を迫った抑制政策とされる。さらに，第3次適正化政策とは，暴力団員による生活保護受給報道を端緒として，1981年に厚生省が不正受給の防止を目的に発出した「123号通知」の影響を受けた，「水際作戦」と呼ばれる生活保護の申請を抑制する政策をいう。

　これらの適正化政策が展開された時期は，**図4-1**でみた被保護実人員が減少した時期とも符合しており，景気の動向のみならず，生活保護の抑制政策が被保護者の減少の一因であったとの見方もできる。同様に，被保護者の高齢化・非稼働化という特徴は，人口全体の高齢化の影響だけでなく，適正化政策によって，若年者や稼働層が生活保護を受けにくくなっていることも背景にあるとみることもできる。このように，保護の動向は，社会経済，人口動態，行政運用など，多角的な視点から背景を考えることが重要になるといえよう。

➡123号通知
「生活保護の適正実施の推進について」（厚生省社会局保護課長・監査指導課長通知，昭和56年11月17日社保第123号）。生活保護申請時に，福祉事務所による関係機関への照会を白紙委任することへの同意書の提出などを求めたもの。申請者と福祉事務所との信頼関係を構築しにくくさせたともいわれ，1987年に札幌市で起きた母子家庭の母親の餓死事件の背景でもあるとされた。

③ 保護の種類・範囲・方法と基準

1 保護の種類・範囲・方法

　保護の種類には，生活扶助，教育扶助，住宅扶助，医療扶助，介護扶助，出産扶助，生業扶助，葬祭扶助の8種類（**図4-7**）がある。生活保護法による保護は，生活のあらゆる面を包括するものであるが，便宜上このような8種類の扶助に分けて行うことになっている。

　保護は要保護者の必要に応じ，1種類だけの扶助が行われる場合（単給）と，いずれか2種類以上の扶助が行われる場合（併給）がある。また，これらの保護を実施する方法として，金銭の給与または貸与によって保護を行う「金銭給付」と，物品の給与または貸与，医療の給付，役務の提供その他金銭給付以外の方法で保護を行う「現物給付」がある。

□ 生活扶助

　生活扶助は，飲食物，被服，家具什器や身の回りに関するもの，日常生活の需要を満たすために必要なものと，移送のために要する交通費や宿泊料等を範囲とする。生活扶助は，原則として被保護者の日常生活を営んでいる居宅において行うことになっている。ただし，居宅を保有していない場合，日常生活を営むに適当でない居宅であった場合，あるいは被保護者が希望したときには，被保護者を救護施設，更生施設，もしくはその他の適当な施設に入所させ保護を行なうことができる。また，生活扶助は原則的には金銭給付によって行い，生活扶助のための保護金品は1月分以内を限度として前渡しすることになっている。

□ 教育扶助

　教育扶助は，義務教育に伴って必要な教科書その他の学用品，義務教育に伴って必要な通学用品，学校給食その他義務教育に伴って必要なもの，を範囲とする。教育扶助は原則的には金銭給付によって行い，教育扶助のための保護金品は，被保護者，その親権者もしくは未成年後見人または被保護者の通学する学校の長に対して交付する。

図4-7　最低生活費の体系

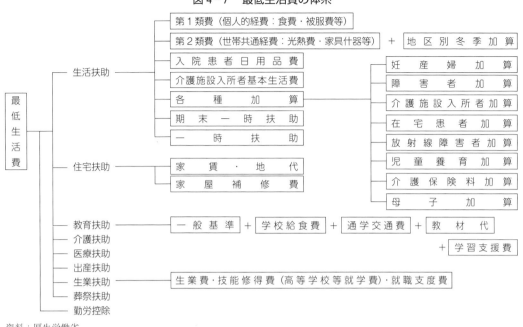

資料：厚生労働省.
出所：第38回社会保障審議会生活保護基準部会参考資料　「生活保護制度の概要等について」.

❏ 住宅扶助

住宅扶助は，住居，補修その他住宅の維持のために必要なもの，を範囲とする。住宅扶助は原則的には金銭給付によって行う。補完的に行われる住居の現物給付として，保護施設である宿所提供施設を利用させる方法がある。

❏ 医療扶助

医療扶助は，①診察，②薬剤または治療材料，③医学的処置，手術およびその他の治療並びに施術，④居宅における療養上の管理およびその療養に伴う世話その他の看護，⑤病院または診療所への入院およびその療養に伴う世話その他の看護，⑥移送，を範囲とする。医療扶助は原則的に現物給付であり，医療保護施設や生活保護法第49条の規定により指定をうけた医療機関に委託して行う。

❏ 介護扶助

介護扶助は，要介護者，要支援者，居宅要支援被保険者等（介護保険法〔平成9年法律第123号〕に基づく）に対して行われる。要介護状態にある65歳以上の者や，40歳以上65歳未満の者であって加齢に伴って生ずる心身の変化に起因する疾病（特定疾病）によって生じた要介護状態にある者である。介護扶助の範囲は，①居宅介護（居宅介護支援

計画に基づき行うものに限る），②福祉用具，③住宅改修，④施設介護，⑤介護予防（介護予防支援計画に基づき行うものに限る），⑥介護予防福祉用具，⑦介護予防住宅改修，⑧介護予防・日常生活支援（介護予防支援計画又は介護保険法第115条の45第1項第1号ニに規定する第1号介護予防支援事業による援助に相当する援助に基づき行うものに限る），⑨移送である。介護扶助の方法は原則として現物給付である。

　なお介護保険では，被保護者をその適用対象とし，生活扶助費において保険料を扶助する。そのため介護保険による保険給付が行われる場合は，保険給付が優先し自己負担分が保護費の支給対象となる。

☐ 出産扶助

　出産扶助は，①分娩の介助，②分娩前および分娩後の処置，③脱脂綿，ガーゼその他の衛生材料，を範囲とする。出産扶助は原則的に金銭給付である。病院や助産所等施設において分娩する場合は，入院に要する必要最小限の額が支給される。

☐ 生業扶助

　生業扶助は，他の扶助と異なり，困窮のため最低限度の生活を維持することのできない者に加え，そのおそれのある者も対象とする。生業扶助は，①生業に必要な資金，器具または資料（生業費），②生業に必要な技能の修得（技能修得費），③就労のために必要なもの（就職支度費），を範囲とする。

　また，高等学校等に就学し卒業することが世帯の自立助長に効果的であると認められる場合は，教材費，授業料，入学料，通学のための交通費の支給が，技能修得費の一部である高等学校等就学費として認められている。生業扶助は原則的に金銭給付である。

☐ 葬祭扶助

　葬祭扶助は，①検案，②死体の運搬，③火葬または埋葬，④納骨その他葬祭のために必要なもの，を範囲とする。葬祭扶助は，被保護者が死亡した場合において，その者の葬祭を行う扶養義務者がないとき，死者に対しその葬祭を行う扶養義務者がない場合において，その遺留した金品で，葬祭を行うに必要な費用を満たすことのできないとき，その葬祭を行う者があるときは，その者に対して行われる。

2　生活保護基準

生活保護基準の考え方・算定方法の変遷

　生活保護基準とは，生活保護法第 8 条によって厚生労働大臣が定める基準である。この基準は，同法第 8 条第 2 項にあるように，「要保護者の年齢別，性別，世帯構成別，所在地域別その他保護の種類に応じて必要な事情を考慮した最低限度の生活の需要を満たすに十分なものであつて，且つ，これをこえないものでなければならない」。生活保護基準は，健康で文化的な生活水準を維持することができるような最低限度の生活を具体化したものという位置にある。

　それゆえ，生活保護基準は最低生活費の算定方法に基づいて決定するものとして，権威づけられてきた。最低生活費の算定方法はいくつもあるが，生活保護制度運営上で最初に採用されたのは，旧法時代の1948年 8 月第 8 次保護基準改定によるマーケット・バスケット方式である。歴史的にみれば，マーケット・バスケット方式の採用により算定した最低生活費を生活保護基準とするのだ，という考え方が示された。

　その後の生活保護制度運用過程では，最低生活費の考え方は変化し，算定方式が変更された。まず画期とされるのが，1961年 4 月の第17次保護基準改定であり，エンゲル方式の採用である。エンゲル方式とは，簡潔にいえば，最低生活費を示す指標として栄養学に依拠して算定した飲食物費を選び，この指標に合致する生活を実際に営んでいる世帯を選び出し，その世帯の生活費を最低生活費とする方式である。次に，最低生活費の算定方法としては理論的に後退したものとも考えられるが，いわゆる格差縮小方式への移行があった。これは，低所得階層の消費水準が向上し所得格差が縮小しつつある情勢を踏まえ，生活保護基準の底上げを目指すという考えに基づいていた。最後に，現行の方式とされるのが水準均衡方式である。水準均衡方式とは，1980年代当時の生活保護基準の水準がほぼ妥当であると判断され，以後，その水準を保っていくという考えを示したものである。

　このように生活保護基準は，国民生活の変化を反映しようという努力のもとに考えられた算定方式に依拠して改定されてきた。それと同時に，生活保護基準の改定は，その体系を補充・拡大していく方向でも進められた。

　すでに述べたように生活保護法による保護は 8 つの扶助から成り，その組み合わせによって最低生活を保障するしくみになっている。最

表 4－6　各種扶助・加算の概要（2021（令和 3）年 4 月時点）

(月額)

種　類		概　要	令和 3 年 4 月基準額（1 級地―1 の場合）
生活扶助	第 1 類費	基本的な日常生活費のうち，食費や被服費など個人単位でかかる経費を補塡するものとして支給	年齢別に設定（世帯人員別に逓減率を設定）
	第 2 類費	基本的な日常生活費のうち，水道光熱費や家具什器費など世帯単位でかかる経費を補塡するものとして支給	世帯人員別に設定
	冬季加算	冬季において増加する暖房費等の経費を補塡するものとして，10 月から 4 月のうち地域に応じて 5 ヶ月から 7 ヶ月間支給	世帯人員別，地区別に設定 Ⅵ区（東京都など）の 3 人世帯の場合：4,240 円
	入院患者日用品費	病院等に入院している被保護者に対し，身の回り品等の日常生活費を補塡するものとして支給	2 万 3,110 円
	介護施設入所者基本生活費	介護施設に入所している被保護者に対し，利用者が施設に支払う身の回り品等の必需的な日常生活費を補塡するものとして支給 （例．歯ブラシ，下着，寝衣等）	9,880 円以内
	加算　妊産婦加算	妊産婦（妊娠中及び産後 6 ヵ月以内）である被保護者に対し，追加的に必要となる栄養補給等の経費を補塡するものとして支給	妊娠 6 ヵ月未満の場合：9,130 円 妊娠 6 ヵ月以上の場合：1 万 3,790 円 産　　　　　後の場合：8,480 円
	母子加算	ひとり親世帯のかかりまし経費（ひとり親世帯がふたり親世帯と同等の生活水準を保つために必要となる費用）を補塡するものとして，ひとり親（母子世帯・父子世帯等）に対し支給	子ども 1 人の場合：1 万 8,800 円 ※一定の要件を満たす場合は経過的加算を加える。
	障害者加算	障害者である被保護者に対し，追加的に必要となる居住環境の改善のための費用や点字新聞などの雑費等の経費を補塡するものとして支給	身体障害者障害等級 　1・2 級の場合：2 万 6,810 円 　3 級の場合：2 万 3,060 円
	介護施設入所者加算	介護施設に入所している被保護者に対し，理美容品等の裁量的経被を補塡するものとして支給（例．タバコ等嗜好品，教養娯楽費等）	9,880 円
	在宅患者加算	在宅で療養に専念している患者（結核又は 3 ヶ月以上の治療を要するもの）である被保護者に対し，追加的に必要となる栄養補給等のための経費を補塡するものとして支給	1 万 3,270 円
	放射線障害者加算	放射能による負傷，疾病の患者である被保護者に対し，追加的に必要となる栄養補給等のための経被を補塡するものとして支給	現罹患者の場合：4 万 3,830 円 元罹患者の場合：2 万 1,920 円
	児童養育加算	児童の養育者である被保護者に対し，子どもの健全育成費用（学校外活動費用）を補塡するものとして支給	18 歳までの子ども 1 人につき 1 万 190 円 ※一定の要件を満たす場合は経過的加算を加える。
	介護保険料加算	介護保険の第 1 号被保険者である被保護者に対し，納付すべき介護保険料に相当する経費を補塡するものとして支給	実費
	期末一時扶助	年末において増加する食費や雑費等の経費を補塡するものとして支給	世帯人員別に設定 1 人世帯の場合：1 万 4,160 円
	一時扶助	保護開始，出生，入学時などの際に，被服費や家具什器等の物資がなく，緊急やむを得ない場合に必要な経費を補塡するものとして支給	費目毎に設定 （被服費，家具什器費，移送費，入学準備金，その他）
住宅扶助	家賃，間代等	借家借間に居住する被保護者に対し，家賃等や転居時の敷金，契約更新料などを補塡するものとして支給	実費（地域に応じて上限額を設定） 東京 23 区の場合：5 万 3,700 円（単身世帯） 　　　　　　　　6 万 9,800 円（3 人世帯）
	住宅維持費	居住する家屋の補修や，畳，建具等の従属物の修理，豪雪地帯においては雪囲い，雪下ろし等に必要な経費を補塡するものとして，必要を要すると認定された場合にのみ支給 （補修規模は，社会通念上最低限度の生活にふさわしい程度）	年額 12 万 4,000 円

教育扶助		小学生，中学生に対し，義務教育にかかる必要な学用品費や教材代，給食費等を補塡するものとして支給 （※ 修学旅行代は文部科学省の就学援助制度から支給）		基　準　額：小学校等2,600円，中学校等5,100円 教材代，学校給食費，交通費：実費 学習支援費（クラブ活動費） 　：実費（小学校等上限額　1万6,000円以内， 　　　　　中学校等上限額　5万9,800円以内）
介護扶助		介護保険サービスの利用にかかる経費を補塡するものとして支給		原則現物給付
医療扶助		病院等における医療サービスの利用にかかる経費を補塡するもの		原則現物給付
出産扶助		出産に伴い必要となる分娩介助や検査，室料などの経費を補塡するものとして支給		施設分娩の場合：実費（上限額30万6,000円以内） 居宅分娩の場合：実費（上限額25万9,000円以内）
生業扶助	生業費		生計の維持を目的とする小規模の事業を営むための資金又は生業を行うための器具，資料代の経費を補塡するものとして支給	実費（上限額4万7,000円以内）
	技能修得費	技能修得費	生計の維持に役立つ生業につくために必要な技能を修得するための授業料，教材代等の経費を補塡するものとして支給	実費（上限額8万3,000円以内） （※ 以下の場合は38万円以内で実費） • 生計維持に役立つ生業に付くため専修学校等で技能を修得し，自立助長に資することが確実に見込まれる場合 • 免許取得が雇用条件である等確実に就労に必要な場合に限って，自動車運転免許を修得する場合 • 雇用保険の教育訓練給付金の対象となる厚労大臣が指定する講座を受講し，自立助長に効果的と認められる場合（原則講座修了によって自立助長に効果的な公的資格が得られるものに限る）
		高等学校等就学費	高校生に対し，高等学校教育にかかる必要な学用品費や教材代，交通費等を補塡するものとして支給 （※ 修学旅行代は文部科学省の高校生等奨学給付金の活用やアルバイトなどにより負担。）	基　本　額：5,300円 教材代・交通費：実費 学習支援費（クラブ活動費） 　：実費（上限額8万4,600円以内）　　など
	就職支度費		就職が確定した者に対し，就職のために直接必要となる洋服代，履物等の購入経費，就職の確定した者が初任給が支給されるまでの通勤費を補塡するものとして，必要な場合に支給。	3万2,000円以内
葬祭扶助		葬祭に伴い必要となる葬祭料や読経料などの経費を補塡するものとして支給		大人の場合：実費（上限額21万2,000円以内） 小人の場合：実費（上限額16万9,600円以内）
勤労控除	基礎控除		就労に伴い経常的に生じる就労関連経費を補塡するとともに，就労意欲の助長を促進するため，就労収入の一部を手元に残すもの	就労収入額に応じて設定（全額控除額15,000円）
	新規就労控除		新たに継続性のある職業に従事した者に対し，新たに就労に就いたことに伴う就労関連経費を補塡するもの	1万1,700円
	未成年者控除		就労している未成年者に対し，就労意欲を促し世帯の自立助長を図るため，就労収入の一部を手元に残すもの	1万1,600円

注：眼鏡等の治療材料についても給付対象。給付の際には，医師に当該治療材料の必要性を確認するとともに，見積書を徴収し費用の妥当性を検証することとしている。

資料：厚生労働省.

出所：図4-7と同じ.

図 4 - 8 最低生活費認定額の算出方法 (2020 (令和 2) 年10月)

（単位：円／月額）

【最低生活費＝A＋B＋C＋D＋E＋F】

生活扶助基準（第1類）

基準額①

年齢	1級地-1	1級地-2	2級地-1	2級地-2	3級地-1	3級地-2
0〜2	21,820	20,830	19,850	18,860	17,890	16,910
3〜5	27,490	26,260	25,030	23,780	22,560	21,310
6〜11	35,550	33,950	32,350	30,750	29,160	27,550
12〜17	43,910	41,940	39,960	37,990	36,010	34,030
18〜19	43,910	41,940	39,960	37,990	36,010	34,030
20〜40	42,020	40,140	38,240	36,350	34,460	32,570
41〜59	39,840	38,050	36,250	34,470	32,680	30,880
60〜64	37,670	35,980	34,280	32,590	30,890	29,200
65〜69	37,670	35,980	34,280	32,590	30,890	29,200
70〜74	33,750	32,470	30,710	29,530	27,680	26,620
75〜	33,750	32,470	30,710	29,530	27,680	26,620

逓減率①

人員	1級地-1	1級地-2	2級地-1	2級地-2	3級地-1	3級地-2
1人	1.0000	1.0000	1.0000	1.0000	1.0000	1.0000
2人	1.0000	1.0000	1.0000	1.0000	1.0000	1.0000
3人	1.0000	1.0000	1.0000	1.0000	1.0000	1.0000
4人	0.9500	0.9500	0.9500	0.9500	0.9500	0.9500
5人	0.9000	0.9000	0.9000	0.9000	0.9000	0.9000

基準額②

年齢	1級地-1	1級地-2	2級地-1	2級地-2	3級地-1	3級地-2
0〜2	44,630	43,330	41,190	41,190	38,340	36,940
3〜5	44,630	43,330	41,190	41,190	38,340	36,940
6〜11	45,640	44,320	42,140	42,140	39,220	37,780
12〜17	47,750	46,350	44,070	44,070	41,030	39,520
18〜19	47,420	46,030	43,770	43,770	40,740	39,250
20〜40	47,420	46,030	43,770	43,770	40,740	39,250
41〜59	47,420	46,030	43,770	43,770	40,740	39,250
60〜64	45,330	44,000	41,840	41,840	38,950	37,510
65〜69	45,330	44,000	41,840	41,840	38,950	37,510
70〜74	40,920	39,730	37,780	37,780	35,160	33,870
75〜	40,920	39,730	37,780	37,780	35,160	33,870

逓減率②

人員	1級地-1	1級地-2	2級地-1	2級地-2	3級地-1	3級地-2
1人	1.0000	1.0000	1.0000	1.0000	1.0000	1.0000
2人	0.8548	0.8548	0.8548	0.8548	0.8548	0.8548
3人	0.7151	0.7151	0.7151	0.7151	0.7151	0.7151
4人	0.6010	0.6010	0.6010	0.6010	0.6010	0.6010
5人	0.5683	0.5683	0.5683	0.5683	0.5683	0.5683

生活扶助基準（第2類）

基準額①

人員	1級地-1	1級地-2	2級地-1	2級地-2	3級地-1	3級地-2
1人	45,320	43,280	41,240	39,210	37,160	35,130
2人	50,160	47,910	45,640	43,390	41,130	38,870
3人	55,610	53,110	50,600	48,110	45,600	43,100
4人	57,560	54,970	52,390	49,780	47,200	44,610
5人	58,010	55,430	52,800	50,210	47,570	44,990

基準額②

人員	1級地-1	1級地-2	2級地-1	2級地-2	3級地-1	3級地-2
1人	28,890	27,690	27,690	27,690	27,690	27,690
2人	42,420	40,660	40,660	40,660	40,660	40,660
3人	47,060	45,110	45,110	45,110	45,110	45,110
4人	49,080	47,040	47,040	47,040	47,040	47,040
5人	49,110	47,070	47,070	47,070	47,070	47,070

生活扶助基準（第1類＋第2類）①

※各居宅世帯員の第1類基準額を合計し、世帯人員に応じた第2類基準額を加える。

生活扶助基準（第1類＋第2類）②

※各居宅世帯員の第1類基準額を合計し、世帯人員に応じた第2類基準額を加える。

※冬季には地区別に冬季加算が別途加算される。札幌市の例：4人世帯の場合は月額22,270円(10月〜翌4月)

（〔生活扶助基準（第1類＋第2類）①×0.855〕又は〔生活扶助基準（第1類＋第2類）②〕のいずれか高い方
＋生活扶助本体における経過的加算 [A]）

加算額 [B]

	1級地	2級地	3級地
障害者			
身体障害者障害程度等級表1・2級に該当する者等	26,810	24,940	23,060
身体障害者障害程度等級表3級に該当する者等	17,870	16,620	15,380
母子世帯等			
児童1人の場合	18,800	17,400	16,100
児童2人の場合	23,600	21,800	20,200
3人以上の児童1人につき加える額	2,900	2,700	2,500
児童を養育する場合	10,190(児童1人につき)		

①該当者がいるときだけ、その分を加える。
②入院者、施設入所者等は金額が異なる場合がある。
③この他、[妊産婦]などがいる場合は、別途妊産婦加算等がある。
④児童とは、18歳になる日以後の最初の3月31日までの者。
⑤障害者加算と母子加算等は原則併給できない。
※一定の要件を満たす「母子世帯等」及び「児童を養育する場合」には、別途経過的加算（別表）がある。

住宅扶助基準 [C]

実際に支払っている家賃・地代
※東京都の例（単身の場合）。基準額の範囲内で実費相当が支給される。

1級地	2級地	3級地
53,700	45,000	40,900

教育扶助基準、高等学校等就学費 [D]

	小学生	中学生	高校生
基準額	2,600	5,100	5,300

※このほか必要に応じ、教材費・クラブ活動費・入学金(高校生の場合)などの実費が計上される。

介護扶助基準 [E]

居宅介護等にかかった介護費の平均月額

医療扶助基準 [F]

診療等にかかった医療費の平均月額

※このほか、出産、葬祭などがある場合は、それらの経費の一定額がさらに加えられる。

最低生活費認定額

(1) 生活扶助本体に係る経過的加算

(単位：円／月額)

単身世帯

年齢	1級地-1	1級地-2	2級地-1	2級地-2	3級地-1	3級地-2
0～2	0	0	0	0	0	0
3～5	0	0	0	0	0	0
6～11	0	0	0	0	0	0
12～17	410	0	0	0	0	0
18～19	740	110	0	0	0	0
20～40	110	210	0	0	0	0
41～59	930	0	0	0	0	0
60～64	570	0	0	0	0	0
65～69	2,660	1,900	0	0	0	0
70～74	0	0	0	0	0	0
75～	2,090	1,400	0	0	0	0

2人世帯

年齢	1級地-1	1級地-2	2級地-1	2級地-2	3級地-1	3級地-2
0～2	0	0	0	0	0	0
3～5	0	0	0	0	0	0
6～11	0	0	0	0	0	0
12～17	0	0	0	0	0	0
18～19	0	0	0	0	0	0
20～40	0	0	0	0	0	0
41～59	0	0	0	0	0	0
60～64	0	0	0	0	0	0
65～69	0	0	0	0	0	0
70～74	0	0	0	0	0	0
75～	0	0	0	0	0	0

3人世帯

年齢	1級地-1	1級地-2	2級地-1	2級地-2	3級地-1	3級地-2
0～2	0	0	0	0	0	0
3～5	0	0	0	0	0	0
6～11	0	0	0	0	0	0
12～17	0	0	0	0	0	0
18～19	0	0	0	0	0	0
20～40	0	0	0	0	0	0
41～59	1,070	540	0	0	0	0
60～64	940	460	0	0	0	0
65～69	2,280	1,720	570	0	0	0
70～74	0	0	0	0	0	0
75～	1,270	790	0	0	0	0

4人世帯

年齢	1級地-1	1級地-2	2級地-1	2級地-2	3級地-1	3級地-2
0～2	4,530	3,550	1,110	0	0	0
3～5	2,370	2,350	1,920	0	0	0
6～11	0	0	0	0	0	0
12～17	0	0	0	0	0	0
18～19	0	0	0	0	0	0
20～40	0	0	0	0	0	0
41～59	770	840	430	490	840	190
60～64	770	840	430	1,100	840	0
65～69	150	110	0	1,440	1,670	1,010
70～74	150	110	0	0	0	0
75～	0	0	0	570	740	120

5人世帯

年齢	1級地-1	1級地-2	2級地-1	2級地-2	3級地-1	3級地-2
0～2	4,290	4,140	3,690	0	0	0
3～5	2,200	2,140	1,770	0	0	0
6～11	0	0	0	0	0	0
12～17	0	0	0	0	0	0
18～19	0	0	0	0	0	0
20～40	0	0	0	0	0	0
41～59	0	0	0	0	600	420
60～64	570	630	280	1,190	1,400	410
65～69	570	630	280	1,190	1,420	1,250
70～74	110	0	0	410	180	0
75～	0	0	0	420	890	430

(2) 「母子世帯等」に係る経過的加算
○3人以上の世帯であって、児童が1人のみの場合

3人世帯	1級地-1	1級地-2	2級地-1	2級地-2	3級地-1	3級地-2
0歳以上5歳までの場合	3,330	3,330	0	0	0	0
6歳以上11歳までの場合	3,330	3,330	3,200	0	0	0
12歳以上14歳までの場合	3,330	3,330	3,200	2,780	1,760	0
15歳以上17歳までの場合	0	0	0	0	0	0
18歳以上20歳未満の場合	3,330	3,330	3,200	2,780	1,760	0

4人世帯	1級地-1	1級地-2	2級地-1	2級地-2	3級地-1	3級地-2
0歳以上2歳までの場合	3,330	3,330	3,200	3,200	2,900	0
6歳以上14歳までの場合	3,330	3,330	3,200	3,200	2,900	2,900
15歳以上17歳までの場合	0	0	0	0	0	0
18歳以上20歳未満の場合	3,330	3,330	3,200	3,200	2,900	2,900

5人世帯以上	1級地-1	1級地-2	2級地-1	2級地-2	3級地-1	3級地-2
0歳以上14歳までの場合	3,330	3,330	3,200	3,200	2,900	2,900
15歳以上17歳までの場合	0	0	0	0	0	0
18歳以上20歳未満の場合	3,330	3,330	3,200	3,200	2,900	2,900

①該当者がいるときだけ、その分を加える。

※このほか児童が入院している等の一定の要件を満たす場合にも、別途加算される。

(3) 「児童を養育する場合」に係る経過的加算

3人以下の世帯であって、3歳未満の児童が入院している等の場合	4,330（児童1人につき）
4人以下の世帯であって、3歳未満の児童がいる場合	4,330（児童1人につき）
第3子以降の「3歳から小学生修了前」の児童がいる場合	4,330（児童1人につき）

①該当者がいるときだけ、その分を加える。

①世帯構成に合わせて、世帯員の該当する各年齢別・級地別の加算額を加える。

②世帯構成には、入院患者、施設入所者は世帯人員数に含めないので、加算もしない。

低生活費の体系を図示したのが**図 4-7** である。さらに各扶助の中身の詳細は**表 4-6** である。

　次では，現在の基準の体系や内容をみていくが，その前に第 4 章第 2 節に述べた「保護の動向」のうち特に，生活保護基準に関する事項をまとめて述べる。2003 年 8 月からの「社会保障審議会福祉部会生活保護制度の在り方に関する専門委員会」において，生活保護基準のあり方が議論され，加算に変更が加えられたことはすでに述べたが，この専門委員会が起動する前，2003 年 4 月の第59次改定において，制度創設以来初の生活扶助基準の引き下げがなされた。以後，全体的な基調として，生活扶助基準をはじめとする生活保護基準は減額される傾向にある。

　2013 年 8 月，2014 年 4 月，2015 年 4 月と，3 回に分けて生活扶助基準の見直し，引下げが行われ，2015 年 7 月は住宅扶助基準が見直された。さらに，2019 年10月から，また 3 回に分けて生活扶助基準の見直しがなされた。これらの度重なる「見直し」の結果，基準額表が複雑になり，最低生活費の計算が簡易とはいえない状態になっている。**図 4-8**（112頁）は最低生活費の計算過程を図示したものである。最低生活費は個人，世帯の需要に応じて認定し，必要な基準額を足しあげて算出する。

◯ 生活扶助基準

　生活扶助は，第 1 類の経費と第 2 類の経費からなる基準生活費，各種加算，および一時扶助費により構成される。

　第 1 類の経費は，飲食物費や被服費など個人単位で消費する経費であり，年齢別，所在地域別に定められている。第 2 類の経費は，電気代，ガス代，水道代など光熱水費，家具什器費など世帯単位で消費する経費であり，これには冬季（10月から 4 月，または11月から 3 月まで）の加算があって，いずれも世帯人員別，所在地域別に定められている。基準生活費は，居宅の場合，第 1 類の個人別経費の合算した額と第 2 類の額の合計を，世帯を単位として算定するものである。入院患者の基準生活費には入院患者日用品費が，介護施設入所者の基準生活費には介護施設入所者基本生活費が設定されている。

　なお，所在地域別は，級地制度によって具体化されている。級地制度は，地域における生活様式や物価差による生活水準の差を基準に反映させることを目的としたものであり，地域の級地区分は，市町村を単位に 6 区分が設けられている。

　加算には主に，いわゆる 3 加算と称された老齢加算，母子加算，障

害者加算の 3 つがあったが，2004年度以降改正されてきた。老齢加算は，2004年度より段階的な縮減が図られ，2006年度に全廃された。その根拠は，2003年12月16日，「生活保護制度の在り方に関する専門委員会」が，「一般低所得高齢者世帯の消費支出額」全体でみた場合，「70歳以上の高齢者について，現行の老齢加算に相当するだけの特別な需要があるとは認められないため，加算そのものについては廃止の方向で見直すべきである」と中間報告したことにおかれている。母子加算についても同様に，「生活保護制度の在り方に関する専門委員会」報告書（2004年12月15日）を踏まえ，2005年度以降段階的に適用範囲を縮小，2009年 4 月にいったん全廃された。この間，ひとり親世帯就労促進費等の給付を創設した。ところが，民主党政権の誕生にともない，2009年12月 1 日より母子加算は復活した。なお，障害者加算については，専門委員会の議論の対象とされず，従来通りの取扱いがなされている。

　その他，加算には，妊婦および産後 6 か月までの産婦の栄養補給として妊産婦加算，介護施設入所者の理美容品等裁量的経費をまかなう介護施設入所者加算，在宅患者であって現に療養に専念しているものに対する在宅患者加算，原爆被爆者でそのことに起因する負傷や疾病を有する者に対する放射線障害者加算，児童を養育する者に対する児童養育加算，介護保険の第 1 号被保険者であって介護保険法に規定する普通徴収の方法によって保険料を納付する者に対する介護保険料加算がある。

　一時扶助費は，被服費，家具什器費，移送費，入学準備金などが設けられている。これらは，出生や入学や入退院などによる臨時的な特別需要，長期療養者について臨時的に生じた特別需要，新たに保護を開始する際に最低生活の基盤となる物資を欠いている場合の特別需要がある者について，臨時的に認定するものである。[11]

▢ 教育扶助基準

　2021年度の基準額は，小学校2,600円，中学校5,100円である。その他に，正規の教材として学校長または教育委員会が指定するものの購入に必要な額を教材代として，保護者が負担すべき給食費の額を学校給食費として，通学に必要な最小限度の交通費を通学のための交通費として支給できることになっている。2018年10月 1 日より，学習支援費の運用が変更され，クラブ活動費用の実費支給による給付を行うこととされている。[12]

❏ 住宅扶助基準

2021年度は，家賃，間代，地代等の月額1級地および2級地は1万3,000円以内，3級地は8,000円以内の限度額が定められている。ただし，これで充足できない場合には，都道府県，指定都市，中核都市ごとに厚生労働大臣が別に定める特別基準の範囲内で対応する。東京23区の場合，単身世帯で5万3,700円，3人世帯で6万9,800円である。

❏ 医療扶助基準

指定医療機関等において診療を受ける場合の診療方針および診療報酬は，生活保護法第52条の規定により，国民健康保険の例によるとされている（さらに国民健康保険では健康保険の例によるとされている）。

❏ 介護扶助基準

指定介護機関において介護サービスを受ける場合の介護費は，介護関係法令通知等にしたがって，介護サービスを受けるために必要な最小限度の額が算定される[13]。

❏ 出産扶助基準

2021年度の基準額は，施設分娩の場合30万6,000円以内，居宅分娩の場合は25万9,000円以内と定められている。

❏ 生業扶助基準

生業扶助は実態を調査確認の上，基準額の範囲内で設定される。2021年度の基準は**表4-6**の通りである。2009年7月から「学習支援費」が創設された。これも，教育扶助の学習支援費同様，運用が変更され，クラブ活動費用の実費支給による給付を行うこととされている。

❏ 葬祭扶助基準

葬祭扶助は，実態料金を踏まえて算定されるが，2021年度の基準は**表4-6**（110頁）の通りである。

❏ 保護の要否判定と程度の決定

以上にみてきた生活保護基準を用いて要保護者の需要を最低生活費として算出する。最低生活費の計算は**図4-8**（112頁）に示された順に足し上げて算出し，最低生活費と収入認定額の差をみることによって保護の程度を決める。さらに，現行の運用では，保護の要否つまり生活困窮を認定する場合にもこの方法を用いる。その方法の原則は図

4-9のように図示されている。

つまり，図4-9の上段にあるように，保護の要否判定に用いられる生活保護基準の範囲は限定されている。正確には表4-7の通りである。

一方で，勤労収入については，勤労に伴う必要経費として一定額を控除して収入認定を行い，いわば収入の一定部分を収入とみなさず上乗せするしくみを設けている。これが勤労控除である。主な勤労控除には，基礎控除，新規就労控除，未成年者控除の3つがある。

(1)　基礎控除

基礎控除は，勤労に伴って増加する生活需要を補塡することにより労働力の再生産を図るとともに勤労意欲の助長を図ろうとするものである。知識，教養の向上等のための経費の伸びが顕著となっているため，控除額は収入金額に比例して増加させ，その程度については，一般低所得勤労者世帯の就労関連経費の支出実態および生活水準との均衡を考慮して設定している。

(2)　新規就労控除

中学，高校卒業後新たに就職する場合には，就職時の臨時的な需要に対しては就職支度費により対応する。しかし，職場に適応するまでの間は特別の需要があると考えられることや，卒業後も世帯に残って家計を助けている者の勤労意欲を助長し，その自立助長を図ろうとすることから新規就労控除が設けられている。

(3)　未成年者控除

未成年者が，将来自分の力で生活を営むことができるようになるためには，教養その他健全な生活基盤を確立するための特別な需要がある。未成年者控除は，こうした需要に対応し，未成年者の勤労意欲を助長するとともに，本人及びその世帯の自立意欲を助長することをねらいとして設けられている。[14]

図4-9　要否判定の方法（原則）

最低生活費				
生活扶助	住宅扶助	教育扶助	介護扶助	医療扶助
基準生活費，加算，入院患者日用品費，介護施設入所者基本生活費	家賃，間代，地代	基準額，教材費，給食費，交通費	介護費（住宅改修費を除く）	医療費

総　収　入	
収入充当額	控除額
判定を行う日の属する日までの3箇月間の平均	局長通知別表2に定める額，必要経費の実費，出稼ぎ等の実費，託児費，公租公課

保　護　必　要

出所：『生活保護手帳2020年度版』916.

表4-7　保護開始時の要否判定に用いる基準と用いない基準

事項	判定に用いるもの	判定に用いないもの
生活扶助	基準生活費，加算，移送費（一部），入院患者日用品費，介護施設入所者基本生活費，被服費（一部）	期末一時扶助費．被服費（一部），家具什器費，移送費（一部），入学準備金，配電水道等設備費，家財保管・処分料，妊婦定期健診料，不動産鑑定費用等
教育扶助	教育扶助基準，教材費，給食費，交通費，学級費	学習支援費，災害時等学用品費，校外活動参加費
住宅扶助	家賃，間代，地代	敷金，契約更新料，住宅維持費，雪おろし費用
医療扶助	医療費，短期医療費（特例），移送費	
介護扶助	介護費（住宅改修費を除く），移送費	住宅改修費
出産扶助	出産費	
生業扶助		生業費，技能修得費，就職支度金
葬祭扶助	葬祭費	
各種勤労控除及び必要経費控除等	局長通知別表2に定める額，必要経費の実費（社会保険料，所得税，労働組合費，通勤費等），出稼ぎの実費，託児費，公租公課	新規就労控除，未成年者控除，不安定収入控除，現物500円控除，貸付金の償還金

出所：図4-9と同じ，920.

4 福祉事務所の機能，生活保護の費用・財政

☐ 福祉事務所とは

　生活保護制度は，国民の最低生活保障を実現する根幹となる制度である。生活保護制度が「最後のセーフティネット」と呼ばれるのは，労働政策や他の社会保障制度を活用してもなお，生活に困窮する際に利用する国民の最後のよりどころであるからである。

　日本国憲法第25条に基づく生活保護法では，第 1 条において「国が生活に困窮するすべての国民に対し，その困窮の程度に応じ，必要な保護を行い，その最低限度の生活を保障するとともに，その自立を助長する」ことを定めており，国にその実施責任を規定している。国は前節で示したように，厚生労働大臣が生活保護に関わる基準を定めることになっており，その他にも制度の実施運営，財源の確保・執行，指導監督等の責任をもつ。

　生活保護制度は，国民の生存に関わるナショナル・ミニマムを実現するために，全国一律に公平・平等に実施される必要がある。そのため事務は，法定受託事務（一部は自治事務）とされている。法定受託事務は，国が本来果たすべき役割にかかわる事務を地方公共団体が代わりに実施するものであって，その事務処理は法律・政令によって義務づけられている。制度運用にあたっては，生活保護法第19条において都道府県知事，市長及び福祉事務所を管理する町村長が実施することになっている。実際には，「保護の決定及び実施に関する事務の全部又は一部を，その管理に属する行政庁に限り，委任」（第19条第 4 項）している。これが福祉事務所である。福祉事務所は，社会福祉法第14条に規定する「福祉に関する事務所」のことである。福祉事務所は，福祉サービスを担う行政機関であり，地域における福祉の中核組織である。住民からすれば，地域で暮らす上で，様々な福祉課題に対応する総合相談機関といえる。

☐ 福祉事務所設立の経緯

　日本国憲法第25条に基づき，旧法の課題を克服する形で成立したのが1950年の（現行）生活保護法である。この実施にあたっては，戦前の方面委員に救済実務を担わせていた反省をふまえ，有給専門職員があたることとした。これを実現するために作られたのが，1950年 5 月

に制定した「社会福祉主事設置に関する法律」である。翌1951年に社会福祉の組織・運営・資格等を定めた社会福祉事業法が成立した（現在の社会福祉法）。これにより同年10月より福祉事務所が発足した。福祉事務所は，生活保護法の他，1947年の児童福祉法，1949年の身体障害者福祉法による「福祉三法」を担う**現業機関**➡となった。福祉事務所では，現業員である**社会福祉主事**➡が置かれ，「都道府県知事又は市町村長の事務の執行を補助するもの」（生活保護法第21条）とされた。ちなみに戦前の方面委員は戦後民生委員と改められ，その役割について「市町村長，福祉事務所長又は社会福祉主事の事務の執行に協力するもの」（同法第22条）とされ「協力機関」となった。1953年には厚生省（当時）から「福祉事務所運営指針」が示され，福祉事務所の組織強化や職員の資質向上，現業機関としての性格を明らかにするために，組織および業務の標準化が提言された。

福祉事務所の機能強化

終戦から戦後復興にむかう日本は，その後経済成長を遂げ，「一億総飢餓状態」といわれた国民の窮乏状態から，一定の生活水準を実現することになった。一方，地方から都市部への人口移動や急激な経済成長にともなうひずみが公害問題や国民の格差拡大によって現れた。

ところで，福祉三法による戦後社会福祉は，所得保障が十分でないこともあり，実質的には生活保護中心といわれていた。国民生活の変化に対応するため，新たな制度が作られることになった。それが，1960年の精神薄弱者福祉法（現在の知的障害者福祉法），1963年の老人福祉法，1964年の母子福祉法（現在の母子及び父子並びに寡婦福祉法）であり，先の福祉三法とあわせ，「福祉六法体制」と呼ばれた。

福祉事務所もこうした社会福祉行政の変化をうけ，「福祉の総合化」が叫ばれるようになった。1971年には，福祉事務所の専門的機能を示した「新福祉事務所運営指針」が発表され，その専門性を迅速性，直接性，技術性にあるとした。翌1972年には「福祉センター構想」が提案され，1960年代に実現した「国民皆保険・皆年金体制」など社会保障の防貧的機能も充実し，生活保護のような救貧的機能はやがて縮小していくと考えられていた。先に示された「新福祉事務所運営指針」を元に，国がモデル福祉事務所を指定し，「実験福祉事務所」として総合福祉センター化を目指した。資格制度についても，「社会福祉士制定試案」が打ち出されたが，上記「福祉センター構想」と合わせ，実現には至らなかった。

□ 福祉改革と福祉事務所

　1973年の**オイルショック**を契機に，各国の福祉制度は見直されることになった。日本は家族・地域・企業の特色を生かした「日本型福祉社会」が志向され「福祉見直し」へと向かった。生活保護行政においては，一部の暴力団員による不正受給事件を契機にして，1981年に「生活保護の適正実施の推進について」とする通知が出された。具体的には保護申請書，資産申告書，同意書の提出（三点セット）が保護申請者には求められ，金融機関等への資産状況の調査が徹底され，申請の厳格化が行われた。これが現場である福祉事務所の窓口での申請抑制につながり，「**生活保護の水際作戦**」と呼ばれた。札幌市では生活保護申請に訪れた母子が餓死にいたるなど，「福祉が人を殺す」とさえいわれた。

　1985年「国の補助金等の整理及び合理化並びに臨時特例等に関する法律」が制定されると，これまで国８割，地方自治体２割であった生活保護費の負担割合は国７割，地方３割へと変更された。４年後には，国7.5割，地方2.5割に変更されたが，財政面からも生活保護に対する締め付けが行われた。

　1990年代に入ると「在宅福祉」が叫ばれ，身近な地域で福祉サービスを利用できるようにする福祉分権化による「福祉改革」が行われた。1990年に社会福祉関係八法改正（いわゆる「**福祉八法改正**」）が行われ，福祉事務所の権限が一部変更された。老人・身体障害者の施設入所措置権限が都道府県におかれた郡部福祉事務所から町村に委譲された。

　1994年にこれまでの保健所法が「地域保健法」に改正された。また同時に進行していた地方行革によって，保健・福祉の行政機関の再編が行われた。地域にある保健所と福祉事務所の機能を統合し，各地に「保健福祉センター」などの名称による組織も生まれた。

　2000年４月に施行された「地方分権の推進を図るための関係法律の整備等に関する法律」（いわゆる「地方分権一括法」）では，国と地方自治体との関係性が見直され，国・都道府県・市町村が「対等関係」になると言われた。生活保護においても，これまで行われていた国の指揮監督権が廃止され，国は「技術的助言」「勧告」「是正」を行う立場となった（市部福祉事務所に対する都道府県の役割も同じ）。さらにこれまで「機関委任事務」とされていた生活保護事務を「法定受託事務」とした。なお，保護実施機関は，要保護者に対し，相談・援助を行うことができるとし，これを「自治事務」とした。

▶オイルショック

石油危機や石油ショックとも称され，1970年代に石油供給量の逼迫と石油価格高騰による世界経済への影響を指す。一度目は1973年に起こり，二度目は1979年に起こった。世界経済への影響は深刻であったが，石炭から石油にエネルギー供給の転換を図ってきた日本にとっては特に影響が大きかった。この後，日本は高度経済成長による右肩上がりの経済成長が終わり，ゼロマイナス成長へと転換していく。

▶生活保護の水際作戦

生活保護の申請段階で保護申請を受理せず「水際」で押さえることから「生活保護の水際作戦」と呼ばれる生活保護抑制策の一つである。1981年当時暴力団の不正受給事件を契機として，「生活保護の適正実施の推進について」（厚生省社会局保護課長・監査指導課長通知）が出され，金融機関等への調査について包括同意書を要保護者に求めるなどした。この通知は通称「123号通知」と呼ばれ，保護抑制の効果を示した。その後もこうした水際作戦は数度にわたり実施され，他国に比べ極端に低い補足率（公的扶助を要する人がどれだけ扶助を受けられているか）の要因にもなってきた。

▶福祉八法

1989年在宅福祉推進をかかげ成立した「老人福祉法等の一部を改正する法律の施行について」は，通称「福祉関係八法改正」と呼ばれる。ちなみに八法とは，老人福祉法に加え，身体障害者福祉法，精神

☐ 福祉事務所の設置と機能

　福祉事務所は、福祉六法に定められた援護・育成・更生の措置に関する事務を中心的に担い、他の事務も含め、地域における第一線の現業機関である。住民から見れば、身近な市町村に福祉に関わる相談機関が用意されていることが望ましいが、すべての市町村に福祉事務所があるわけではない。

　①　都道府県及び市（特別区を含む）は、福祉事務所を設置する義務がある（必置義務）。

　②　町村は、福祉事務所を設置することができる（任意設置）。

　このように、都道府県・市（特別区を含む）には必ず福祉事務所が設置されており、町村は任意で設置している。福祉事務所を設置していない町村は、都道府県の出先機関である郡部福祉事務所が管轄する。現在福祉事務所は、全国に1,247か所存在し、うち郡部福祉事務所数が208か所、市の福祉事務所数が996か所、町村が設置する福祉事務所数は43か所である。[15]

　なお、福祉事務所を設置していない町村の長は、その区域内において、「特に急迫した事由により放置することができない状況にある要保護者に対して、応急的処置として、必要な保護」（生活保護法第19条第6項）を行うと定められている。それ以外に、すべての町村長は、①要保護者の発見、被保護者の生活状況等の変動についての保護の実施機関又は福祉事務所長への通報、②保護の開始又は変更の申請を受理した場合の保護の実施機関への申請書の送付、③保護の実施機関又は福祉事務所長から求めがあった場合の被保護者への保護金品の交付、④保護の実施機関又は福祉事務所長から求めがあった場合の要保護者に関する調査、を行う（同法第19条第7項1～4号）。

　一方、市などの人口の比較的多い福祉事務所については、これまで人口10万人に1か所の「福祉地区」を設置することとされていたが、前述の地方分権一括法の制定により、この規定はなくなった。ただし東京23区の特別区や、**政令指定都市**など大都市部においては、現在も管内を地区分けし複数の福祉事務所が設置されている。

　なお、都道府県・市・福祉事務所を設置している町村では、それぞれ担う所掌事務が異なる。従来社会福祉事業法（現在の社会福祉法）のもとでは、都道府県と市町村の福祉事務所では、同じ福祉六法を担っていた。しかし、前述の福祉関係八法改正によって、老人・身体障害者の施設入所措置決定等が町村に事務移譲されたことにともない、都道府県が設置する郡部福祉事務所では、それ以外の福祉四法を担う「福祉四法事務所」となった。さらに、2003年4月からは、知的障害者

福祉法にかかわる事務は市町村で実施されることになり，郡部福祉事務所は「福祉三法事務所」となった。

☐ 福祉事務所の組織と職員

従来生活保護中心であった福祉事務所の事務は，福祉六法体制以降，生活保護以外の五法を充実させてきた。それにより福祉事務所内の組織も，生活保護を所管する保護課と福祉五法を所管する福祉課に分かれた。この福祉課には，五法を担う**身体障害者福祉司**や**知的障害者福祉司**，**老人福祉指導主事**，家庭児童福祉主事が置かれた。こうした職種は，直接住民支援の業務を担う現業員の指導的役割を担った。

社会福祉法第15条（組織），第16条（所員の定数）において，福祉事務所に配置する組織と所員の規定を設けている。福祉事務所には，福祉事務所長の他，次の所員を置かなければならない（社会福祉法第15条）。

① 指導監督を行う所員（査察指導員）

② 現業を行う所員（現業員）

③ 事務を行う所員（事務員）

直接的な住民支援を担う現業員は，社会福祉法第15条第4項において，その職務を次のように定めている。

> 現業を行う所員は，所の長の指揮監督を受けて，援護，育成又は更生の措置を要する者等の家庭を訪問し，又は訪問しないで，これらの者に面接し，本人の資産，環境等を調査し，保護その他の措置の必要の有無及びその種類を判断し，本人に対し生活指導を行う等の事務をつかさどる。

なおこの現業員の定数については，これまで法定数として必ず確保しなければならないとする規定が定められていたが，2000年の社会福祉法により「標準数」とする目安とされた。

具体的には，社会福祉法第16条において，以下のように定められた。

① 都道府県が設置する福祉事務所は，被保護世帯数が390世帯以下の場合は6人とし，被保護世帯数が65増すごとに1人加える。

② 市が設置する福祉事務所は，被保護世帯数が240世帯以下の場合は3人とし，被保護世帯数が80増すごとに1人加える。

③ 町村が設置する福祉事務所は，被保護世帯数が160世帯以下の場合は2人とし，被保護世帯数が80増すごとに1人加える。

近年，都市部を中心に生活保護受給世帯が増加しており，市福祉事務所などにおいては目安とされる標準数を1割程度満たしていない。

社会福祉法第18条では，「都道府県，市及び福祉に関する事務所を設置する町村に，社会福祉主事を置く」とされている。福祉事務所を

➡ 身体障害者福祉司

身体障害者福祉法第11条の2において，「都道府県は，その設置する身体障害者更生相談所に，身体障害者福祉司を置かなければならない」とされ，身体障害者の更生援護を担当する職員のことである。上記のように，都道府県には必置義務があり，身体障害者更生相談所に配置することになっている。身体障害者福祉に関し専門的知識及び技術を有し，都道府県知事又は市町村長の補助機関である職員として，福祉事務所の所員に対し，技術的指導などを行う。

➡ 知的障害者福祉司

知的障害者福祉法に基づき福祉事務所に配置される知的障害者福祉の専門的職員のことである。同法第13条には，「専門的な知識及び技術」を有し，福祉事務所の所員に対し，技術的指導などを行う。都道府県は必置義務があり，市福祉事務所については置くことができるとされている。知的障害者福祉司は，同法第14条において，都道府県知事又は市町村長の「補助機関である職員」と規定されている。

➡ 老人福祉指導主事

老人福祉法第6条に定められ，市及び福祉事務所を設置する町村において，福祉事務所長の指揮監督を受けて「福祉事務所の所員に対し，老人の福祉に関する技術的指導」や，専門的技術を用い相談や調査・指導を行う社会福祉主事である。介護保険制度以前は，老人福祉施設の入所や在宅サービス利用の措置

を行っていたが，介護
保険制度施行以降は権
限が縮小している。高
齢者虐待など措置を要
する高齢者への相談・
指導等の役割が期待さ
れる。

➡ 任用資格
特定の職業や職位に任
じられるための資格で
あり，主として行政機
関における特定の職に
任用されるために用い
られる資格のことであ
る。任用資格は，資格
取得をすれば名乗るこ
とができるものではな
く，その職務に任用さ
れて初めて名乗ること
ができる資格である。
社会福祉主事の他，児
童福祉司や社会教育主
事なども任用資格であ
る。

設置していない町村については任意配置である。その資格は**任用資格** ➡
である（社会福祉法第19条）。任用資格とは，公務員が特定の業務に任
用された時に必要な資格である。査察指導員及び現業員は，社会福祉
主事の資格を要する（社会福祉法第15条第6項）。なお今日では，社会
福祉主事の資格は，福祉事務所に配置される任用資格だけではなく，
広く社会福祉の施設や機関等において相談業務を担う職員に必要とさ
れる資格と位置づけられている。

　査察指導員については，社会福祉法において，「所の長の指揮監督
を受けて，現業事務の指導監督をつかさどる」（同法第15条第3項）と
されている。現業員7人に対し1人を配置することが適当とされてい
るが，「その職務の遂行に支障がない場合において，自ら現業事務の
指導監督を行うとき」は，査察指導員を所長が兼務することもできる。
査察指導員は，現業員に対しスーパーバイザーの役割を果たしている。
なお，生活保護業務における査察指導員の他，福祉五法を担う前述の
身体障害者福祉司や知的障害者福祉司，老人福祉指導主事などが査察
指導員を兼務している場合もある。

　現業員・査察指導員とも，福祉事務所における福祉支援の中核的職
種であるが，現状では経験年数が短く数年で行政の他部署へ異動する
ことや，社会福祉士資格など専門的な資格取得率は非常に低く，かつ
求められる社会福祉主事の資格すらすべての者が取得しているわけで
はないなど課題も大きい。

☐ 福祉事務所の役割と課題

　福祉事務所は，住民の福祉問題に対応し，地域の社会資源を活用し
ながら迅速かつ直接的に解決をはかる福祉行政の総合機関と言える。
1971年の「新福祉事務所運営指針」では，「社会福祉行政を最も効果
的に運営するために設けられ社会福祉行政の中核的な第一線の現業機
関」と位置づけた。その点で今日においてもその役割は変わっていな
い。

　一方，2000年の社会福祉法や介護保険制度の実施など，福祉サービ
スの利用形態が多様化している。従来措置制度で運営されてきた福祉
サービスの供給は，利用・契約制度に変更されたものも多い。さらに
は障害者福祉サービスが障害者自立支援法やその後の障害者総合支援
法によって大きくサービスの利用形態も変更してきた。地域には福祉
事務所だけではなく，地域包括支援センターや障害者福祉サービスに
おける相談支援事業所なども設置されている。さらには生活困窮者自
立支援法の実施にともなって，生活困窮者の支援にあたっては，社会

福祉協議会や NPO 団体など地域の民間団体が委託を受けるなどして実施している地域も多い。こうした点をふまえると，福祉事務所が今後果たす役割は何か，改めて問われてくるであろう。

　では，福祉事務所が果たす役割とは何か。紙幅の関係から箇条書きにして示す。

　①　社会福祉の公的責任の担い手とセーフティネット機能
　②　身近な地域に存在する福祉の行政機関
　③　総合的・包括的な福祉サービスの提供の中軸
　④　対人社会サービスを行う迅速性・直接性・専門性を兼ね備えた現業機関
　⑤　福祉サービスの計画策定や財源確保

◻ 生活保護の費用・財政

①　生活保護費の基本的性格

　生活保護制度は，国民の最低生活保障を国家の責任によって実施するものである。その費用は，国や地方公共団体の一般事業とは異なる性格を持つ。生活保護の基準や程度は，厚生労働大臣が定めることとされている。「最低限度の生活の需要を満たすに十分なものであつて，且つ，これをこえないものでなければならない」（生活保護法第 8 条第 2 項）とされているように，正当かつ適切に確保された経費といえ，その時々の財政事情によって国が負担を逃れたり，支弁を免れることのできないものである。そのために「法律上国の義務に属する経費」（財政法）とし，国はその財源を適切に確保する必要がある。これに不足が生じた際には，補正予算を組むなどして財源を確保することになっている（図 4 -10）。

②　生活保護に関する費用

　生活保護に関する費用は，被保護者への保護費の他，生活保護施設に関わる経費や，福祉事務所等の職員の人件費や行政事務費などがある。具体的には，(1)実際の保護の実施に要する「保護費」，(2)被保護者が入所した生活保護施設の人件費や運営管理費等の「保護施設事務費」，(3)被保護者が生活保護施設以外の施設や私人の家庭などに委託して保護する場合の「委託事務費」，(4)生活保護施設の新設ならびに施設改築や改修，必要な器具等の整備などに関わる「設備費」，(5)就労自立給付金や進学準備給付金の支給に要する費用，(6)被保護者就労支援事業の実施に要する費用，(7)法の施行に伴う必要な地方公共団体の人件費，(8)法の施行に伴う必要なその行政事務費，がある。

　なお，生活保護費の繰替支弁が認められており，所管区域内の保護

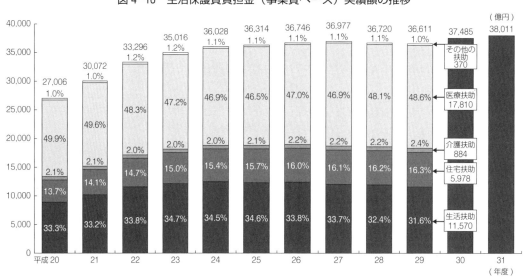

図4-10 生活保護費負担金（事業費ベース）実績額の推移

資料：「生活保護費負担金事業実績報告」.
注：施設事務費を除く。平成29年度までは実績額（29年度は暫定値），30年度は補正後予算額，31年度は当初予算額（案）。国と地方における負担割合については，国3/4，地方1/4。
出所：厚生労働省「第1回生活保護基準の新たな検証手法の開発等に関する検討会資料」（2019年3月18日）.

施設，指定医療機関その他これらに準ずる施設において，保護（委託を受けて行う保護を含む）に関する保護費，保護施設事務費及び委託事務費を一時繰替支弁することになっている（生活保護法第72条）。

なお，保護費や保護施設設備費に関わる国・都道府県・市町村等の費用負担の区分については，**表4-8**の通りである。

③ 財 源

生活保護の費用は，国がその費用の大半を負担している。具体的には，国が4分の3，地方公共団体が4分の1負担している。高齢者・障害者・児童などの他の福祉サービスと比較すると，国の負担割合が高い。

④ 損害賠償請求権の創設

2013年の生活保護法の改正により，都道府県又は市町村は，「被保護者の医療扶助又は介護扶助を受けた事由が第三者の行為によつて生じたときは，その支弁した保護費の限度において，被保護者が当該第三者に対して有する損害賠償の請求権を取得する」（生活保護法第76条の2）ものとした。これは交通事故等により被保護者が損害賠償請求権を取得した場合，被保護者は当該第三者（具体的には損害保険会社等）に対し損害賠償を請求し，受領した賠償金をその最低生活費に充当するべきであるが，医療扶助が支給された際に，被保護者がこの損害賠償を請求しないなどの事案があった。このことから，医療扶助等

表 4 - 8　費用負担区分

経費	居住地区分	国	都道府県または指定都市・中核市	市町村または事業者
保護費（施設事務費又は委託費を含む）	市または福祉事務所を設置している町村内居住者	3/4	—	1/4
	福祉事務所を設置していない町村内居住者	3/4	1/4	—
	指定都市・中核市内居住者	3/4	1/4	—
	居住地の明らかでない者	3/4	1/4	—
就労自立給付金費・進学準備給付金費・被保護者就労支援事業	市または福祉事務所を設置している町村内居住者	3/4	—	1/4
	福祉事務所を設置していない町村内居住者	3/4	1/4	—
	指定都市・中核市内居住者	3/4	1/4	—
	居住地の明らかでない者	3/4	1/4	—
保護施設設備費	都道府県立または指定都市・中核市立	1/2	1/2	—
	市（指定都市・中核市を除く）町村立	1/2	1/4	1/4
	社会福祉法人または日本赤十字社立	1/2	1/4	1/4

出所：生活保護法をもとに筆者作成.

を支給する事由が第三者の行為によって生じた場合には，都道府県もしくは市町村が，その者に対し損害賠償請求権を取得する旨の規定を創設したものである。

⑤　費用等の徴収

　生活保護法第77条において，被保護者に民法に定める扶養義務を履行しなければならない者があるときは，その義務の範囲内において，都道府県又は市町村の長は，「その費用の全部又は一部を，その者から徴収することができる」。この費用徴収について，扶養義務者が負担すべき額が，保護実施機関と扶養義務者の間で，「協議が調わないとき，又は協議をすることができないとき」は，保護実施機関は家庭裁判所に申立をおこなうことができる（同法第77条第 2 項）。

　また，不実の申請その他不正な手段により，「保護を受け，又は他人をして受けさせた者」があるときは，当該費用を支弁した都道府県又は市町村の長は，その費用の額の「全部又は一部」をその者から徴収することができる（同法第78条）。さらに2013年の生活保護法改正によって，これに加え，その徴収する額に「100分の40を乗じて得た額以下の金額」を徴収することができることとなった。

　さらに同改正により，指定医療機関や指定介護機関等が，「偽りその他不正の行為」によって医療（介護等）の給付に要する費用の支払いを受けた場合，その「支弁した額のうち返還させるべき額」を，その者から徴収する他，その返還させるべき額に「100分の40を乗じて得た額以下の金額」を徴収することができることとなった（同法第78

条第2項)。また「偽りその他不正な手段」により，就労自立給付金を受けた者等があるときは，その費用の額の「全部又は一部」をその者から徴収する他，その徴収する額に「100分の40を乗じて得た額以下の金額」を徴収することができることとなった（同法第78条第3項)。なお，その徴収金は，国税徴収を例に徴収する。

この徴収金の納入にあたっては，生活保護金品の一部，もしくは就労自立給付金の全部又は一部を，その者の申し出に基づいて事前に徴収することができる（同法第78条の2)。

5 保護の申請・決定・支援の流れ

☐ 住民の生活問題解決として生活保護制度を活用する

　生活保護法は，最低生活保障と自立の助長の二つの目的を有している。経済的保障機能としての「最低生活保障」と，福祉的支援機能としての「自立の助長」がともに生活保護法の目的として位置づけられている。それは，単に経済的保障としての側面だけで守られるのではなく，生活困窮の原因となる貧困を解決・改善するためには，生活保護を利用し生活条件の確保や安心した地域生活，さらには心身の健康の維持・回復など，人が尊厳をもって「健康で文化的な最低限度の生活を営む」ために，当事者である本人・家族が主体的に生活課題の解決・改善できるよう支援（福祉的支援機能）することが求められているからであろう。

　この点をふまえると，生活保護の支給決定事務は，単に要保護者が生活保護の支給決定基準に該当するかどうかという視点だけでみるのではない。福祉事務所に相談してきた本人・家族が，その生活課題を改善する上で生活保護が利用しうるかどうか，他に利用できる社会資源はないかどうか，など住民の生活問題を総合的・包括的にみる視点が求められる。

　一方で，生活保護の支給決定や停・廃止などの**行政処分**➡は，強い行政権限を保護実施機関に与えている。その点でその執行事務は強い強制力をともなうために，権限の乱用は常に戒めなければならない。また，自立助長に関わる支援は行政処分ではなく法律上の**事実行為**であ➡る。

　生活保護における相談援助活動は日常的には，福祉事務所の現業員（生活保護ケースワーカー）が担っている。要保護者の相談から申請までは「**面接相談員**➡」などが担っている。また，申請後は調査および日常的なケースワーク業務について「地区担当員」などと呼ばれ，ケースごとに担当者が決められる。

　生活保護の実施過程を**図4-11**に示す。

☐ 相談・受付と申請

　生活保護法第7条は，「保護は，要保護者，その扶養義務者又はその他の同居の親族の申請に基いて開始するものとする」としている。

➡ **行政処分**
国及び地方公共団体等の行政機関が，その権限を作用させる行政行為の一部である。国または地方公共団体が行う行為のうち，その行為によって直接国民の権利義務を形成しまたはその範囲を確定することが法律上認められているもの（最高裁判決1964年10月29日）。

➡ **事実行為**
行政法上は行政機関の法律効果を有しない活動とされ，行政指導や公共事業などがこれにあたる。私法上も事実行為は存在し，この場合，人の精神作用の表現に基づかないで法律効果を発生させる行為とされている。

➡ **面接相談員**
福祉事務所において，生活保護の相談に応じ，必要に応じて助言等を行うための職員である。福祉事務所の面接相談員は，面接室などにおいて，生活保護の制度の説明や助言等を行い，生活保護の申請手続きに必要な事務処理などを行う。必要に応じて，民生委員や社会福祉協議会など関係機関とも連携し生活に困窮する住民の相談対応にあたる。

図 4 -11　生活保護の実施過程

経済給付	実施過程	自立の助長
• 生活保護制度の説明 • 保護申請の意思確認 • 保護申請（法7条） • 申請書の受理	インテーク 導入面接	• 主訴の明確化 • 実施機関の機能説明 • 社会資源の紹介 • 不安の軽減 • 信頼関係の構築
法第4条　補足性の原理 • 資産調査・収入調査 • 扶養調査 • 能力活用の可能性	アセスメント 調査 事前評価	• 生活歴の聴き取り • 生活問題の把握 • 社会資源活用の可能性
• 保護の要否判定 • 保護の程度の判定（法第8条） • 他法他施策利用計画	プランニング 援助方針 援助計画策定	• 生活問題の改善計画 • 社会資源活用計画 • 自立支援プログラム参加計画
• 保護および程度の決定（法第24条） • 保護の決定・却下通知書の交付 • 保護費の支給 • 義務履行に向けた指導・指示（法第27条の1）	インターベンション 計画の実施 直接介入 間接介入	• 生活問題の改善に向けた利用者へのはたらきかけ（直接介入）と環境へのはたらきかけ（間接介入） • 社会資源の活用 • 自立支援プログラムへの参加
• 保護の程度の決定（法24条）の結果 • 義務履行に向けた指導・指示の結果（法第27条の1）	エバリュエーション 結果の評価 援助方針の見直し	• 直接介入・間接介入の結果 • 社会資源活用の結果 • 自立支援プログラム実施の結果
	ターミネーション 保護廃止 援助終了	

出所：杉村宏・岡部卓・布川日佐史（2008）『よくわかる公的扶助』ミネルヴァ書房，99.

これを申請保護の原則という。

　さらに同法第24条は，「保護の開始を申請する者は，厚生労働省令で定めるところにより，次に掲げる事項を記載した申請書を保護の実施機関に提出しなければならない」とし，具体的な申請手続きについて規定している。この申請書に記載すべき事項とは，以下の通りである。

① 　要保護者の氏名及び住所又は居所
② 　申請者が要保護者と異なるときは，申請者の氏名及び住所又は居所並びに要保護者との関係
③ 　保護を受けようとする理由
④ 　要保護者の資産及び収入の状況（生業若しくは就労又は求職活動の状況，扶養義務者の扶養の状況及び他の法律に定める扶助の状況を含む。）
⑤ 　その他要保護者の保護の要否，種類，程度及び方法を決定する

ために必要な事項として厚生労働省令で定める事項

　生活保護の申請は国民の権利である。生活保護法第 7 条の「申請保護の原則」は，法律上の「**手続き的権利**」を定め国民の保護申請権を規定したものである。そのため生活保護は，申請に対する「応答義務」が伴い，要保護者から申請があれば無条件に受け付ける義務がある。申請は，行政手続法上，申請書を窓口に提出した時，もしくは申請の意思を告げた時と見なされる。

　同法第 7 条のただし書において，「要保護者が急迫した状況にあるときは，保護の申請がなくても，必要な保護を行うことができる」と定めていることからも，申請書がないから保護を受け付けなくてもよいというものではない。またこの申請書についても，同法第 24 条のただし書きにおいて申請書を作成できない「特別の事情があるとき」はこの限りではないとされている。

　生活保護の「実施要領」は，厚生労働省次官および社会・援護局長ならびに保護課長の通知を集積したもので，福祉事務所職員が日常的に生活保護実務を担う上での解釈の指針である。2000年の地方分権一括法以降は，地方自治法第245条の 9 に基づく事務処理基準である。この実施要領では，「保護の相談にあたっては，相談者の申請権を侵害しないことはもとより，申請権を侵害していると疑われるような行為も現に慎むこと」としている。

　たとえば，路上生活をしていて生活に困窮し福祉事務所に保護申請の意思を示した際，「住所が定まっていない」ということで申請を受け付けないような行為は，国民の申請権の侵害になる。生活保護法第19条第 1 項第 2 号において，「居住地がないか，又は明らかでない要保護者であつて，その管理に属する福祉事務所の所管区域内に現在地を有するもの」について，「保護を決定し，かつ，実施しなければならない」としている。路上生活などにより居住が定かでない場合も，**現在地保護**によって保護申請を受理することができる。

　実施要領ではまた，「生活保護の相談があった場合には，相談者の状況を把握したうえで，他法他施策の活用等についての助言を適切に行うとともに生活保護制度の仕組みについて十分な説明を行い，保護申請の意思を確認すること」とされている。申請者等の相談を受ける面接相談員等による面接は，複雑な生活課題をかかえる住民の福祉課題を丹念に聞き取り，生活保護制度や他法他施策の制度のしくみをていねいに説明することが求められる。一方で，「相談」と称し，面接段階で申請者の申請権を侵害しないように心がけることが重要である。

　なお，保護申請権は国民の権利であることから，申請の意思が確認

▶ **手続き的権利**

社会保障制度には，国民に広く受給権を保障しているが，それだけにとどまらず，国民が生活保護を始めとして社会保障制度を利用する際の申請権を保障するための手続き的権利が重要であるとされる。生活保護法は，「申請保護の原則」をとっているが，これは生活に困窮するすべての国民に生活保護申請の権利を有していることを示し，申請権を保障するものである。戦前わが国の公的扶助制度では，国民の保護申請権が認められていなかった。この場合，国家が恩恵的に困窮者を救済するだけにとどまり，国民の保護受給権は十分ではなかった。

▶ **現在地保護**

生活保護法第19条において，居住地を有する要保護者は，その管理に属する福祉事務所において，生活保護を決定し実施することとされているが，居住地がないか，もしくは明らかでない要保護者については，「現在地」において保護することとされている。そのため「現在地」を所管する実施機関の管理する福祉事務所において申請をうけることになる。なお，居住地を有する場合であっても，急迫した状況にある場合には，その急迫する事由が止むまで現在地保護をする。

されたものについては，「速やかに保護申請書を交付するとともに申請手続きについての助言」（実施要領）を行うとされている。また受け付けられた申請書には，「要保護者の保護の要否，種類，程度及び方法を決定するために必要な書類として厚生労働省令で定める書類を添付しなければならない」（同法第24条第2項）。

なお，福祉事務所を設置していない町村において，保護の開始又は変更の申請を，「町村長を経由してすることもできる」（同法第24条第10項）としている。さらに，「町村長は，申請を受け取つたときは，五日以内に，その申請に，要保護者に対する扶養義務者の有無，資産及び収入の状況その他保護に関する決定をするについて参考となるべき事項を記載した書面を添えて，これを保護の実施機関に送付しなければならない」とされている。

☐ 報告・調査及び検診

保護申請が受理された後，現業員において，保護の要件を満たしているかどうか保護決定に必要な調査が行われる。保護実施機関は，保護の決定・実施等にあたっては，生活保護法第28条において「要保護者の資産及び収入の状況，健康状態その他の事項を調査するために，厚生労働省令で定めるところにより，当該要保護者に対して，報告を求め，若しくは当該職員に，当該要保護者の居住の場所に立ち入り，これらの事項を調査させ」ること（報告および立入調査）ができる。

具体的には，要保護者の世帯構成，居住実態，世帯員の健康や通院状況，さらには世帯内に児童がいる場合の保育や通学状況，世帯員の稼働状況，収入・資産，扶養義務者の状況，年金や各種手当等の他方他施策の活用状況などがある。

特に，**保護の補足性の原理**（生活保護法第4条）に基づき行われる調査は，資力調査（ミーンズテスト）とよばれるように，「その利用し得る資産，能力その他あらゆるもの」を活用しているかどうかが調査され，申請者の日常的な生活実態も含め，その調査は詳細にわたる。

調査員は，家庭訪問をするなどし，生活実態を立ち入って調査する権限を有しているが，これは「必要があると認めるとき」に限って行われるものであり，無限定に調査されるものではない。福祉事務所所員が調査を行う際は，「その身分を示す証票を携帯し，かつ，関係人の請求があるときは，これを提示しなければならない」（同法第28条第3項）。なお，「立入調査の権限は，犯罪捜査のために認められたもの」（同法第28条第4項）ではない。

資産の保有状況の確認については，要保護者の同意の下，官公署や

➡保護の補足性の原理

生活保護法第4条において，「保護は，生活に困窮する者が，その利用し得る資産，能力その他あらゆるものを，その最低限度の生活の維持のために活用することを要件として行われる」としている。詳細は本書第4章第1節を参照。

金融機関及び保険会社等に書面で回答を求めることができる。なお2013年の生活保護法改正において，これまで関係先調査において，収入及び資産の調査だけでなく，就労や求職活動の状況，健康状態，扶養の状況などが調査事項として追加され，かつ官公署など関係先への情報提供の求めについて回答を義務づけるなどの改正も行われた（同法第29条）。

　また，2013年12月に生活保護法が改正され，扶養義務者の扶養確認が「厳格化」された。そのため生活保護法第24条では，第８項において，「保護の実施機関は，知れたる扶養義務者が民法の規定による扶養義務を履行していないと認められる場合において，保護の開始の決定をしようとするときは，厚生労働省令で定めるところにより，あらかじめ，当該扶養義務者に対して書面をもつて厚生労働省令で定める事項を通知しなければならない」とする規定を追加した。

　また，同法第28条では，「当該要保護者に対して，保護の実施機関の指定する医師若しくは歯科医師の検診を受けるべき旨を命ずることができる」（検診命令）を定めている。

　ちなみに要保護者が，報告をしない，もしくは虚偽の報告をする，立入調査を拒否・妨害あるいは忌避する，検診命令に従わない，などの行為が行われた場合には，保護の開始・変更の申請を却下，または保護の変更，停・廃止をすることができる（同法第28条第５項）。

❑ 支給決定及び実施

　生活保護法第24条第３項において，保護の実施機関は，「保護の開始の申請があつたときは，保護の要否，種類，程度及び方法を決定し，申請者に対して書面をもつて，これを通知しなければならない」と定めている。なお，この書面には「決定の理由を付さなければならない」（同法第24条第４項）とされている。生活保護の実施にあたっては，必要となる保護費の種類や程度が決められる。また，保護の給付方法も，現物・現金による提供か，窓口払いか口座振込かなどが決定される。また実施機関においては，保護決定をした世帯に対し，必要な援助方針も立てられることになる。

　保護の支給決定の要否について，書面にて交付することになっているが，生活保護制度は国民の最低限度の生活を担う最後のより所であることから，その要否は速やかに決定されることが求められる。生活保護法では，その通知は「申請のあつた日から14日以内にしなければならない」（同法第24条第５項）としている。

　ただし，「扶養義務者の資産及び収入の状況の調査」などに時間が

要する際には，30日まで延ばすことができる（その場合，書面にてその理由を明示しなければならない）。保護申請から30日以内に保護申請の要否に関わる通知がないときは，「申請者は，保護の実施機関が申請を却下したものとみなすことができる」（同法第24条第7項）。

　ちなみに，被保護者が保護を必要としなくなった場合，保護の停止及び廃止を速やかに決定することを保護実施機関に求めている。この場合も書面にて被保護者に通知しなければならない（同法第26条）。

❏ 届出の義務と実施機関による職権保護

　生活保護法第25条では，保護の実施機関は，「要保護者が急迫した状況にあるときは，すみやかに，職権をもつて保護の種類，程度及び方法を決定し，保護を開始しなければならない」とされている。これを「職権保護」という。

　生活は常に変化する。世帯内の子どもが進学をしたり，世帯員のいずれかが就労を開始したり，退職したりもする。あるいは病気やケガをしたり，場合によっては入院や入所をすることもある。生活保護法第9条の「必要即応の原則」は，時々の被保護世帯の変化に応じて柔軟に保護を見直すことも求めている。生活保護法第61条では，「被保護者は，収入，支出その他生計の状況について変動があつたとき，又は居住地若しくは世帯の構成に異動があつたときは，すみやかに，保護の実施機関又は福祉事務所長にその旨を届け出なければならない」とし，被保護者に「届出の義務」を負わせている。

　一方，保護実施機関については，「常に，被保護者の生活状態を調査し，保護の変更を必要とすると認めるときは，速やかに，職権をもつてその決定を行い，書面をもつて，これを被保護者に通知しなければならない」（同法第25条第2項）と定めている。

　なお，町村長に対しては，要保護者が「特に急迫した事由により放置することができない状況にあるとき」には，職権をもつてすみやかに保護を行うことを規定している（同法第25条第3項）。

❏ 指導・指示等

　保護の支給決定がされ被保護者となった者に対しては，生活保護法第27条に従い，保護の実施機関が，「被保護者に対して，生活の維持，向上その他保護の目的達成に必要な指導又は指示をすることができる」と定めている。一方，被保護者に対しては同法第62条において，「指示等に従う義務」を課しており，被保護者がこの「義務に違反したときは，保護の変更，停止又は廃止をすることができる」（同法第62

条第3項)。ただし，被保護者にとって保護の変更，停止又は廃止は，その生活に著しく影響を及ぼす事態であり，その乱用は慎まれるべきであり，上記処分を保護実施機関が行うときには，「当該被保護者に対して弁明の機会を与えなければならない」(同法第62条第4項)とし，その際，「当該処分をしようとする理由，弁明をすべき日時及び場所を通知しなければならない」としている。

　このように，保護実施機関に与えられた権限は非常に強力なものである。そのため，権力の乱用は厳に慎むとともに，「前項の指導又は指示は，被保護者の自由を尊重し，必要の最少限度に止めなければならない」(同法第27条第2項)。さらに，その指導・指示は，「被保護者の意に反して，指導又は指示を強制し得るものと解釈してはならない」(同法第27条第3項)とされている。

　一方，保護の実施機関は，「要保護者から求めがあつたときは，要保護者の自立を助長するために，要保護者からの相談に応じ，必要な助言をすることができる」(同法第27条の2)と定め，保護の実施機関に対し，要保護者への相談・助言の役割を与えている。1999年に新設されたこの「相談及び助言」は，同法第27条第1項において定めた「指導及び指示」といった被保護者への行政処分・行政指導とは異なり，要保護者は意に反してまでこれに従う義務はない。

　同法第27条の2の「相談及び助言」は，対象を要保護者としていることから，申請し保護決定がされた被保護者以外のものも対象としている。多様な生活課題をかかえている要保護者に対し，必要な情報提供を行い，課題解決の相談や助言を行うことができる規定を法律に明記した意味は大きい。

　たとえば，生活保護に至らないまでも，生活課題をかかえ生活困窮にある者が，生活困窮者自立支援法を活用し，住居の確保や必要な相談支援を受けることもできる。自治事務にあたるこの「相談・助言」をいかに活用するかはそれぞれの保護実施機関にゆだねられている。ただし，保護を必要としている者に，「相談・助言」を理由にして申請権を侵害することはあってはならないし，必要な者に対しては生活保護の適用を妨げるものでないことは理解が必要である。

▢ 生活保護受給世帯への自立支援事業の展開

　2005年から全国の福祉事務所において自立支援プログラムが実施された。そもそも生活保護における自立支援プログラムは，「実施機関が管内の被保護世帯全体の状況を把握した上で，被保護者の状況や自立に向けた課題について類型化を図り，それぞれの類型ごとに取り組

むべき自立支援の具体的内容及び実施手順等を定め，これに基づき個々の被保護者に必要な支援を組織的に実施するもの」（「平成17年度における自立支援プログラムの基本方針」）である。

　これまで長らく生活保護行政の実施場面では，経済的自立のみを「自立」ととらえ，自立＝保護廃止ととられがちであった。しかし，社会福祉法第3条では，福祉サービスの基本理念を，「利用者が心身ともに健やかに育成され，又はその有する能力に応じ，自立した日常生活を営むことができるように支援するもの」としている。こうしたことから，自立支援プログラムでは「自立」に対する考え方を，就労による経済的自立のみならず，心身の健康を回復・維持し，自分で自分の健康・生活管理を行うなど日常生活において自立した生活をおくる「日常生活自立」や，社会的なつながりを回復・維持し，地域社会の一員として充実した生活をおくる「社会生活自立」など，幅広く自立をとらえている。

　厚生労働省は2007年より「『福祉から雇用へ』推進5か年計画」を策定し，生活保護世帯だけでなく，母子家庭や障害者などの福祉受給者に対し，「可能な限り就労による自立・生活の向上を図る」ことを目指した。その一環として，福祉事務所等とハローワークの連携による「福祉と雇用の連携」施策を加速するなど自立支援策の展開をはかった。

　一部地方自治体では，それぞれの創意工夫に基づいて多様な自立支援プログラムの展開がなされた。しかし，多くの福祉事務所では，依然として就労による自立が中心となっていた。その中心的事業といえる「生活保護受給者等就労支援事業」活用プログラムは，管内の労働局やハローワークと連携し，被保護者の同意を前提に，就労支援のためのプランを作成し，必要な就労支援を行うものである。

　2013年の生活保護法改正では，生活保護制度に対する「国民の信頼」の確保を理由に，①就労による自立の促進，②不正受給対策の強化，医療扶助の適正化，などを新たに盛り込んだ。このうち，就労による自立の促進については，被保護者が生活保護から脱却をうながすために，**就労自立給付金**➡を創設し，さらに必要な就労支援事業を法律上位置づけた。生活保護法第55条の7において，保護実施機関が，就労支援について「被保護者からの相談に応じ，必要な情報の提供及び助言を行う事業」である。なお同事業は，その「事務の全部又は一部」を「厚生労働省令で定める者」に委託することができる。

　現在の就労支援策は，生活保護受給世帯において稼働能力を有する被保護者に対する就労支援としては，ハローワークとの連携による，

➡就労自立給付金
生活保護法の改正によって，2014年より生活保護受給者の就労による自立支援を目的とし，保護受給者が就職等によって保護を必要としなくなった際に，「就労自立給付金」を支給する制度である。近年稼働年齢層の生活保護受給が増加したことにともない，保護の早期脱却を狙いとして創設された制度である。

生活保護受給者等就労自立促進事業や福祉事務所に配置された就労支援員による，被保護者就労支援事業，就労意欲に課題を抱えていたり基本的な生活習慣に支援が必要な者に対する，就労準備支援事業を中心に取り組んでいる。

　当初，自立に対する考え方について，就労による自立に限らず，日常生活や社会生活にかかわる自立も盛り込むなどの施策も実施されたが，生活保護バッシングを契機とした生活保護制度への批判の中で，その施策の中心は，就労による自立に矮小化されていった。

被保護者の権利および義務，不服の申立，行政訴訟

☐ 被保護者の権利

生活保護法第10章は，被保護者の権利及び義務として8つの条文をあげている。同法第56〜58条は権利であるのに対し，同法第59〜63条は義務とされている。

① 不利益変更の禁止（同法第56条）

被保護者は，正当な理由がなければすでに決定された保護を不利益に変更されない。本条は実施機関の恣意による保護の不利益変更を防ぐ趣旨である。これは保護が恩恵ではなく権利となったことを保護利用段階でも保障するものである。そして不利益変更する場合には，内容上も手続き上も法に基づく正規のものでなければならない。

不利益変更の最大のものは保護の停廃止であるが，不利益変更には，保護の決定通知書に記載されたすべての事項，すなわち保護費の減額変更や保護の方法の変更（居宅保護か入所による保護か）を含む。

② 公課禁止（同法第57条）

被保護者は，保護金品（保護として給与し，又は貸与される金銭及び物品のこと）及び進学準備給付金を標準として租税その他の社会保険料等の公課を課せられない。

生活保護による保護金品は，最低限度の生活を保障し，それ以上のものではないことから，課税の対象になる余地は全くない。

ただ，これら公課の禁止はあくまで保護金品についてのものである。保護金品以外の収入については次のような扱いとなっている。所得税や社会保険料は収入に伴う必要経費として収入から控除される（実費控除）。また固定資産税は市町村が免除する。介護保険料は，年金からの天引き分（月額1万5,000円以上の年金受給者の場合）についてはその分が保護費で補填され，現実に支払っている場合（月額1万5000円未満の年金受給者等）は介護保険料加算として生活扶助から支給される。消費税は被保護者にも課税されるが，消費税分は生活扶助費に上乗せされる措置がとられてきた。このようにして，最低限度の生活は守られている。

③ 差押禁止（同法第58条）

被保護者は，すでに給与を受けた保護金品及び進学準備給付金または保護を受ける権利を差押えられることがない。この趣旨は前項の公

課禁止と同様である。公課禁止が公権力との関係での保護金品の保障であるのに対し，差押禁止は主として民事上の債権，債務関係に関する保護金品の保障といえる。

☐ 被保護者の義務

①　譲渡禁止（同法第59条）

被保護者の保護を受ける権利は，被保護者に帰属する一身専属権[17]であることから譲渡することはできない。これにより，最低生活保障のための保護の権利が第三者などに譲渡されることを防ぎ，被保護者のために行使されることが保障される。

譲渡禁止規定は，一応被保護者が守るべき義務的規定の体裁をとっている。しかし，内容上は披保護者の生活を守る性格も併せもっている。まれに悪質金融業者などが保護受給権を実質上の担保に被保護者に高利で金銭を貸す例があるが，譲渡禁止の趣旨からは違法である。

②　生活上の義務（同法第60条）

被保護者は，常に，能力に応じて勤労に励み，自ら，健康の保持及び増進に努め，収入，支出その他生計の状況を適切に把握するとともに支出の節約を図り，その他生活の維持及び向上に努めなければならない。被保護者が自立した生活を進めるには，何より健康状態を良好に保つことが必要であり，また，適切な金銭管理を行うことが必要であることから，2014年改正において，健康の保持及び増進に努め，収入，支出その他生計の状況を適切に把握することを被保護者の生活上の義務として追加した。

なお，もともと本規定は道義的，訓示的な規定であるため，著しい能力不活用がある場合には，まず同法第27条による指導指示を行い，適正な手続きを経て保護の変更や停廃止を行うことになる（同法第62条）。また，健康管理や金銭管理は，あくまで被保護者が主体的に取り組んでいくことが重要であるため，本規定に定める生活上の義務を果たさないことだけをもって，保護の停廃止を行うことは想定されていない。

③　届出の義務（同法第61条）

被保護者は生計の状況，居住地，世帯構成等に変更があった場合には，すみやかに，保護の実施機関に届出る義務がある。これは，最低生活の適正な保障のために，被保護者に届出の義務を課したものである。具体的には，勤労収入の変動，世帯員の増減，入退院，転居などがあった場合の届出等である。

この規定も訓示規定であり，自発的な届出義務とされており，この

義務違反によって直ちに制裁規定が発動できるわけではなく，同法第60条違反と同様に，同法第27条に基づく別途の指導指示が必要である。

この届出の義務は，実施機関の調査（同法第25条第2項，第28条，第29条）とあいまって円滑な保護の決定および実施をすすめることとしたものである。したがって，ケースワーカーが調査義務を十分果たさず，ことさら利用者の届出義務違反だけを強調することは妥当ではない。

④ 指示等に従う義務（同法第62条）

被保護者には，実施機関の指導指示に従う義務がある。施設などへの入所決定（同法第30条第1項但書）や，同法第27条に基づく指導指示には従わなければならない（同法第62条第1項）。これらの指導指示への違反に対しては，実施機関は保護の変更，停廃止ができる（同条第3項）。保護の変更，停廃止を行う場合には，あらかじめ，処分理由，弁明をすべき日時・場所を通知して，被保護者に弁明の機会を与えなければならない（同条第4項）。

指導指示違反による不利益処分は，最低生活を営む権利を奪うものであるから，実体的にも手続き的にも適法，適正なものであることを要する。実体的には，個人の自由への不当な制限をもたらすような指導指示であってはならず（同法第27条第2項），また，たとえば「3か月以内に1日7時間，月20日程度の仕事に就きなさい。」というような指示は，被保護者が自らの意思だけで達成できるものではなく，努力目標としてはともかく，第27条の指導指示としては違法の疑いを免れない。

手続的に適法であるには，同法第62条第3項の保護の変更，停廃止を行う場合には，指導指示をまず口頭で行い，それでは目的達成ができない場合に初めて書面による指導指示を行う（施行規則第19条）。それでも効果がない場合に，弁明の機会を与えた上で，不利益処分を行うことができる。これらの適正な手続きを欠いた処分は無効である。

⑤ 費用返還義務（同法第63条）

被保護者が，急迫の場合等において，保護の実施機関が被保護者に資力があることを認識しながら扶助費を支給した場合の事後調整の規定である。

同法第63条による費用返還については，以下の課題がある。第一に「資力」の範囲や発生時期が問題である。年金受給権については遡及して数年分が一括して支払われることがあるが，実務上は，最初から年金を受給していた者とのバランスから，遡って資力があったとして遡及受給分全額の返還を原則としている。しかし，障害年金などは裁

定が出て初めて確実になるものであるし，遡った時から具体的に活用できていた資産でもない。年金裁定時から資力性を認めるべきであろう。

第二に，生活保護法が自立助長を目的としていることから，返還額は，全額ではなく「実施機関が定める額」とされており控除することができる。控除できる項目としては，生活福祉資金該当項目・金額（したがって，住宅改修費や修学費等）など広範囲にわたっている。たとえば，まとまった費用を要する身体障害者や高齢者の居住環境の改善やバリアフリー化，あるいは古くなった耐久消費財の買い替え費用などである。実施機関は，保護世帯の自立に向けてのニーズを調査の上，返還額の決定をしなければならない。

☐ 不正受給（同法第78条，第85条）

不正受給について定める同法第78条は「不実の申請その他不正な手段により保護を受け，又は他人をして受けさせた者があるときは，保護費を支弁した都道府県又は市町村の長は，その費用の額の全部又は一部を，その者から徴収するほか，その徴収する額に百分の四十を乗じて得た額以下の金額を徴収することができる」とし，指定医療機関や指定介護機関等による不正受給や，就労自立給付金の不正受給についても同様とする。

また，不正受給があった場合は，費用徴収の他に，同法第85条により，3年以下の懲役又は百万円以下の罰金に処せられることがある。

不正かどうかの認定は，「不実の申請その他不正な手段」（同法第78条）に該当するか否か，また「不正の意図」の有無等によって判定されるが，それらが認定できなかった場合には，通例は同法第63条による保護費の返還によって処理される。同法第78条による場合は，損害額全額が費用徴収されるが，同法第63条による場合は，前述のように減額される場合がある。

生活保護に関しては不正受給についての報道が多いこともあって，生活保護には不正受給がつきものというような印象が強い。確かに2019年度の不正受給額は全国で129億円に上っているが，生活保護費全体（3兆7,261億円）からみれば，0.35％程度である。また不正受給件数は3万2,392千件だが，これも保護世帯162万9,743世帯中の2.0％程度である。厳正に執行されている行政領域といってよい。

また，不正受給の中には，確かに悪質者も存在するが，高校生のアルバイト収入の未申告など必ずしも不正の意図があるとはいえないものや，ケースワーカーの未経験や人員不足による調査不足が要因とな

表4-9 審査請求と裁判

	審査請求	裁　判
機　能	行政内部の自己統制	三権分立・司法権
審理対象	違法, 不当な処分	違法な処分
費　用	無料	通常は弁護士への報酬必要
審　理	簡易（書面審理中心）だが, 口頭意見陳述時に処分庁への質問権等あり。また行政不服審査会（第三者機関）での審理も行われる	対審制（原告, 被告にわかれて, 裁判官の面前で, 口頭でその主張を対抗させることによって行われる審理方式）により充実
期　間	知事は50日以内（行政不服審査会に諮問した場合は70日以内）	通常は数年が見込まれる

出所：筆者作成.

っているのも含まれている。

　不正受給については, 悪質者への厳正な対応は当然としても, その規模や内容に応じた冷静な対応が望まれる。またケースワーカーの十分な配置や専門性力の向上を図ることや, 保護利用者への権利義務の周知などが必要である。[20]

□ 審査請求と訴訟

① 争訟（審査請求と訴訟）の意義

　生活保護は権利であるから, 保護の申請に対する却下, 保護の廃止等の不利益処分に不服があれば, 裁判で争うことができる。しかし, 原則として, 直ちに裁判はできず, まず審査請求を都道府県知事に行い, その判断を求めなければならない（生活保護法第64条, 審査請求前置主義）。

　これら争訟の意義は, 要保護者にとってみれば, 第一に不利益処分等による被害の回復, 第二に同種事案での再発の防止, 第三に行政運用や制度の改善にむすびつけることであり, 最後にソーシャルアクションの一環でもある。

② 審査請求と裁判の機能

　審査請求と裁判の違いは（表4-9）の通りである。

　審査請求の機能は, 行政にとっては, 行政の適正な運営及び自己統制の機会となることである。審査請求を裁判に前置した趣旨は, ①迅速な解決（生活保護は猶予できない生活困窮状態に関わる）, ②簡易な解決（要保護者には金銭的な余裕はない）, ③専門的判断（生活保護制度は複雑なため, まず行政内部で専門的職員が判断する方が適正な判断が期待できる）, ④何でも裁判で争うことを防止することなどを理由とする。また, 審査請求は裁判と異なり, 違法とまではいえ

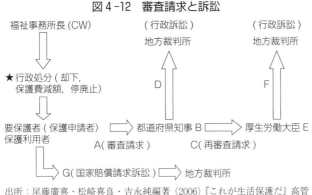

図 4 -12　審査請求と訴訟

出所：尾藤廣喜・松崎喜良・吉永純編著（2006）『これが生活保護だ』高管
　　　出版，230，を一部改変.

ない不当な処分も争うことができる。

　裁判は，行政処分の違法性を司法の立場から判断するものである。
対審制の下で，公平，充実した審理が期待できるが，原則として費用
を要することや判決までの期間が数年を要する等の課題がある。

　③　審査請求と訴訟のしくみ

　生活保護における審査請求と訴訟のしくみは（図 4 -12）の通りであ
る。

　④　審査請求の手続き

　審査請求の提起や，審査請求を受けた裁決（知事や大臣の判断のこ
と）は一定の期間内にしなければならない。審査請求は，福祉事務所
の処分を知った日の翌日から数えて 3 か月以内にしなければならない
（図 4 -12の A ，行政不服審査法第18条）。都道府県知事は審査請求が出
されてから，50日以内に裁決をしなければならない（行政不服審査会
に諮問された場合は70日以内），図 4 -12の B ，生活保護法第65条）。期間
内に裁決がなかった場合は，請求人は当該請求が棄却されたものとみ
なすことができる。知事の裁決によって，請求が認められなかった場
合は，厚生労働大臣への再審査請求か訴訟かのいずれかができる。再
審査請求をする場合は，知事の裁決を知った日の翌日から数えて 1 か
月以内に行わなければならない（図 4 -12の C ，行政不服審査法第62条）。
厚生労働大臣は，70日以内に裁決をしなければならない（図 4 -12の E ，
生活保護法第66条）。期間内に裁決がなかった場合，再審査請求人は，
当該再審査請求が棄却されたものとみなすことができる。

　⑤　審査請求制度の抜本的改革（行政不服審査法の改正）

　2016年度から，(1)公平性の向上，(2)使いやすさの向上，(3)国民の救
済手段の充実・拡大の観点から審査請求制度は抜本的に見直され，審
理方式が拡充された（図 4 -13）。具体的には，審査請求期間がそれま

図4-13 審査請求の基本的な流れ

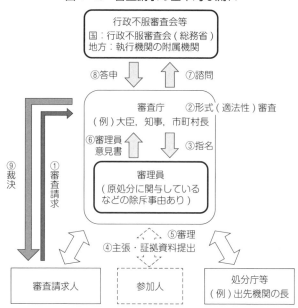

出所：総務省「平成28年度 行政不服審査法施行状況調査」.

での60日から3か月に延長され，中立的な審理員を中心とした審理となった。また口頭意見陳述時に処分庁が同席することとなり，請求人から処分庁への質問権の付与など対審的なしくみが導入された。さらに，第三者機関である行政不服審査委員会が新設され，より公平な審理が保障されることとなった。

⑥ 訴訟の手続き（行政訴訟と国家賠償請求訴訟）

不利益処分の取消を求める裁判（不利益な行政処分を争うため行政訴訟と呼ばれる）は，原則として，都道府県知事の裁決後か，もしくは厚生労働大臣の裁決後にできる。その場合，裁決を知った日から6か月以内に行わなければならない（**図4-12**のD，F）。

ケースワーカー等公務員の故意，過失に基づく違法な行為により，要保護者に損害を与えた場合には，審査請求をする必要はなく国家賠償請求訴訟が提起できる（**図4-12**のG）。この場合，裁判は当該不法行為を知った日から3年以内に行わなければならない。国家賠償請求訴訟は，行政訴訟と異なり慰謝料等精神的損害についても争うことができる。また，たとえ原告が亡くなっても，損害賠償請求権は相続できるため，訴訟の承継が可能となる（行政訴訟では訴訟は終了するとされている）。

◻ 生活保護審査請求の特徴と課題

生活保護審査請求の特徴は，まず請求が認められる認容率が，他の

表 4-10　生活保護審査請求・裁決の推移

年度	①裁決総数	却下	②却下の内・原処分取消	棄却	③認容（%）③／①	④実質認容（%）（②＋③）／①	請求件数
2009	707	174	59	448	85 (12.0)	144 (20.4)	1,086
2010	707	154	43	476	77 (11.0)	120 (17.0)	936
2011	756	181	48	432	143 (18.9)	191 (25.3)	918
2012	865	248	63	500	117 (13.5)	180 (20.8)	984
2013※	7,841	332	40	7,690	119 (1.5)	159 (2.0)	13,830
2014※	8,499	415	49	8,010	74 (0.9)	123 (1.5)	8,057
2015※	9,338	523	48	8,707	108 (1.2)	156 (1.7)	8,986
2016※	1,554	180	36	1,279	95 (6.1)	131 (8.4)	846
2017※	1,968	227	53	1,649	82 (4.1)	155 (7.9)	895
2018	845	276	35	458	111 (13.1)	146 (17.2)	8,986
2019※	3,050	452	46	2,489	109 (3.6)	155 (5.1)	2,677
※を除く平均	776	206	49	462	106 (13.6)	155 (19.9)	—

注：却下とは，審査請求期間が過ぎている場合など門前払い（実質審査に入らない）をいう。②の却下の内の原処分取消は，審査請求によって福祉事務所が対象処分を取消した場合である。この場合，請求人の請求は認められたことになって請求の利益がなくなるため，裁決としては却下となるが実質的には認容といえる。
　2013年度から2017年度，2019年度（※印）は，2013年度からの生活扶助の引下げ，2015年度からの住宅扶助等の引下げ，2018年度からの生活扶助の引下げに対する集団での審査請求が取組まれ，請求件数が突出している。ただ，生活保護基準についての審査請求は処分庁（福祉事務所長）に決定権限がないため，ごく一部を除き裁決は棄却となる。したがって，認容率自体は格段に下がる。最下行がより実質的な認容率等となる。
出所：2011年度以前は「各年度／福祉行政報告例／生活保護」，2012年度以降は「被保護者調査／各度被保護者調査／月次調査」より筆者作成．

行政も含めた審査請求の認容率と比べて格段に高いことである（**表4-10**）。
　集団での審査請求の影響がほぼなかった5か年度（2009〜2012年度，2018年度）の平均をみると，生活保護審査請求の認容率は13.6%，処分庁が審査請求を受けて原処分を取消した実質的な認容を含めると19.9%となる。これに対して，生活保護を含む行政不服審査請求全体の認容率は2.8%にとどまる（2018年度，総務省調査）。生活保護は約4.8倍の認容率となっている。また，審査請求制度は，2016年度から，より公平性が進んだ。利用者の立場からは審査請求制度による救済の途は拡大したといえ，より一層の活用が期待される。

☐ 生活保護争訟の歴史
　生活保護裁判は次のような歴史を経て，現代において紛争解決手段として珍しくない状況となっている。
①　朝日訴訟〜権利としての生活保護（1960年代前半）
　岡山県津山市で重症結核患者として療養生活を送っていた朝日茂さん（44歳）が生活保護費が少なすぎ，必要な栄養さえ取れず「健康で文化的な最低限度の生活」ができないとして，1957年国に保護基準の

改善を求めた裁判。東京地裁1960年10月19日判決で，朝日さんが全面勝訴した。判決は健康で文化的な最低生活について，単なる生物的な生存ではなく「人間に値する生存」が保障されるべきとして，日用品代月額600円という保護基準を違法と断じた。

しかし，1963月11月4日東京高裁では逆転敗訴，その後朝日さんが亡くなり養子縁組により子が訴訟を継続したが，1967年5月24日最高裁は訴訟承継を認めず，最終的には敗訴が確定し裁判は終結した。

この朝日訴訟は人間裁判と呼ばれ，生存権という憲法で認められた新しい権利を国民に定着させる上で大きな意義があった。この訴訟は当時のあまりに劣悪な保護基準をクローズアップさせ，日用品費をはじめ，保護基準の大幅な改善をもたらした。また保護基準が単に保護利用者だけの問題ではなく最低賃金など労働者や国民全体の問題であることを世に知らしめ，裁判支援活動は全国民的な運動として発展した。

② 生活保護争訟の進展（1990年代〜現代）

「自立自助」を強調し社会保障財政の抑制政策が進められた臨調・行革路線が推進された時期である。この時期は「水際作戦」をはじめとする保護の申請抑制，厳格・詳細な調査，稼働年齢層・ホームレスなどを生活保護から類型的に排除する運用などを特徴とする。しかし他方でこの時期は介護福祉や障害者福祉などの新たな福祉，福祉思想が広がり，権利としての生活保護が一定程度，定着した時期でもあった。

この期の特徴は，第一に多くの市民の立ち上がりと勝訴率の高さである。裁判はそれまでとは比較にならないぐらい多数提訴され，多くの原告勝訴が得られている。第二に裁判の争点が生活保護制度の全体に及ぶとともに進化，発展した。高訴訟（名古屋高裁金沢支部平成12年9月11日判決，最高裁も原告勝訴）では，「在宅で暮らしたい，車いすではなく布団の上で寝たい」という人間の尊厳，自己決定が問われた。中嶋学資保険訴訟（最高裁平成16年3月16日で原告勝訴）では，支給された保護費の使途は自由であるというこれもまた自己決定，自己実現が争点となった。

③ 生活保護基準引き下げを問う集団訴訟（2013年〜現代）

21世紀に入り，格差と貧困の拡大が顕著になり市民生活の地盤沈下が明らかになった。1995年を底にして生活保護利用者は増加していたが，2011年には生活保護利用者数が現行法制定後最多となった。こうした状況の下で，国は2013年8月から制度発足後最大規模の生活扶助基準の平均6.5%，最大10%の引下げを実施した。

　この引下げに対しては27,493件の審査請求が提起され（厚労省調査），1,000人を超える原告が集団訴訟を提訴するという生活保護争訟の歴史上異例の事態となった。市民生活の「岩盤」である生活保護で保障される生活が，果たして健康で文化的な生活なのかどうかが，今まさに問われている。

➡日常生活支援住
居施設

生活保護法の保護施設
ではなく、「社会福祉
法第２条第３項第８号
に規定する事業の用に
供する施設その他の施
設であって、被保護者
に対する日常生活上の
支援の実施に必要なも
のとして厚生労働省令
で定める要件に該当す
ると都道府県知事が認
めたもの」である。

➡現物給付

金銭の給貸与以外の方
法による保護の実施方
法である。生活扶助、
教育扶助、住宅扶助、
出産扶助、生業扶助、
葬祭扶助は原則として
金銭給付、医療扶助と
介護扶助は原則として
現物給付で行われるこ
ととされる。たとえば、
生活扶助の現物給付と
しては、衣料、食糧そ
の他生活必需品の給貸
与及び移送、理髪、入
浴又は被服修理等を行
うこと、介護などの役
務が提供される。

➡養護老人ホーム

老人福祉法第20条の４
に定められる施設。65
歳以上の者であって、
環境上の理由及び経済
的理由により居宅にお
いて養護を受けること
が困難なものを入所さ
せ、養護するとともに、
その者が自立した日常
生活を営み、社会的活
動に参加するために必
要な指導及び訓練その
他の援助を行うことを
目的とする施設である。

☐ 居宅保護と施設保護

生活保護法による保護の方法には、居宅保護と施設保護の２種類がある。原則は「被保護者の居宅において行う」とする居宅保護を採用している（生活保護法第30条第１項）。しかし、居宅での保護ができない時、居宅保護では保護の目的を達しがたいとき、又は被保護者が希望した時等特別な場合には施設等を利用して保護を行う施設保護が認められている。この施設保護を行う施設として、生活保護法第６章に保護施設の種類と定義が定められている。保護の方法は、保護の実施機関が決定するが、被保護者の意に反して入所を強制することはできない（同法同条第２項）。施設保護は、主に居宅を有しないホームレス状態の要保護者に対して実施されてきた。

居宅保護と施設保護の区分は、生活扶助の方法について発生するため、施設保護を実施する保護施設は、救護施設と更生施設である。また、2018（平成30）年法改正により、施設保護を実施する施設として、新しく**日常生活支援住居施設**➡が創設・追加された。

☐ 保護施設の種類

保護施設には、救護施設、更生施設、医療保護施設、授産施設、宿所提供施設がある（生活保護法第38条第１項）。救護施設と更生施設は生活扶助、医療保護施設は医療扶助、授産施設は生業扶助、宿所提供施設は住宅扶助の、それぞれ**現物給付**➡を行う施設である。

1950（昭和25）年新法制定時は、養老施設を含めた６種類の保護施設が設置されたが、1963（昭和38）年の老人福祉法制定により養老施設は**養護老人ホーム**➡に変更され、以後５種類となった。

救護施設は「身体上又は精神上著しい障害があるために日常生活を営むことが困難な要保護者」（同法第38条第２項）を、更生施設は「身体上又は精神上の理由により養護及び生活指導を必要とする要保護者」（同条第３項）を、それぞれ入所させて生活扶助を行う施設である。医療保護施設は「医療を必要とする要保護者に対して、医療の給付を行うことを目的とする施設」（同条第４項）、授産施設は「身体上若しくは精神上の理由又は世帯の事情により就業能力の限られている要保護者に対して、就労又は技能の修得のために必要な機会及び便宜を与

えて，その自立を助長することを目的とする施設」（同条第5項），宿所提供施設は「住居のない要保護者の世帯に対して，住宅扶助を行うことを目的とする施設」（同条第6項）である。

☐ 保護施設の設置主体と管理・規制

保護施設は，「社会的弱者の全生活を管理するものが多く，国民の生活権に影響を及ぼすことが最も大きいものである」ため，**第一種社会福祉事業**の中でも最も重要なものとして位置付けられた。[21]これを反映し，保護施設の設置主体は，都道府県，市町村及び地方独立行政法人，社会福祉法人，日本赤十字社に限定するなど厳格に制限されている。また，市町村と地方独立行政法人が保護施設を設置する場合は，都道府県知事への届けを出す必要があり，社会福祉法人と日本赤十字社が設置する場合は事前申請の上都道府県知事より認可を受けなければならない（生活保護法第40条，第41条）。

都道府県知事は，厚生労働省が定める施設設備や運営等の基準に基づいて条例を定めることとされており（同法第39条），それに従い，運営に関する指導（同法第43条），報告の徴収及び立入検査（同法第44条），改善命令や事業停止，認可の取消（同法第45条）を行うものとされている。

このように都道府県知事は保護施設の運営について必要な指導をしなければならないが，社会福祉法人と日本赤十字社の設置した保護施設に対する指導は，市町村長がこれを補助するものとされている（同法第43条）。

☐ 保護施設の義務・保護施設の長

保護施設は，保護の実施機関から**保護の委託**を受けたとき，施設に空きがない等の正当の理由がない限りこれを拒むことができない（生活保護法第47条第1項）。また，要保護者の入所や処遇に関して，「人種，信条，社会的身分又は門地により，差別的又は優先的な取扱いをしてはならない」（同条第2項）こと，施設利用者に対して「宗教上の行為，祝典，儀式又は行事に参加することを強制してはならない」（同条第3項）こととされている。

さらに，保護施設の長には，施設利用者の生活の向上及び更生を図ることへの努力義務が課されており（同法第48条第1項），施設利用者に対して管理規程に従って必要な指導を行うことができる（同条第2項）。また施設利用者は，利用している施設の管理規程に従う義務を負い（同法第62条第2項），これに従わない場合には保護の変更，停止

➡第一種社会福祉事業

社会福祉法に基づく社会福祉事業には，第一種と第二種の2種類がある。第一種社会福祉事業は，救護施設や乳児院，養護老人ホーム，婦人保護施設等主として入所施設サービスを指し，利用者への影響が大きいため，経営安定を通じた利用者の保護の必要性が高い事業とされている。第二種社会福祉事業は，保育所や老人デイサービス事業等主に在宅サービスを指し，比較的利用者への影響が小さく，公的規制の必要性が低い事業とされている。

➡保護の委託

生活扶助は被保護者の居宅で行うことを原則としつつ，特別な事由がある場合に限り，被保護者を保護施設に入所させ，又は保護施設に入所を委託して行うことができる施設保護を可能としている。本来実施機関が行うべき被保護者の生存権の実質的保障を保護施設に担わせること。

表4-11 保護施設の種類別施設数の年次推移

年　次	1950	1960	1970	1980	1990	2000	2010	2019
保護施設総数	774	1208	400	347	351	296	297	288
養老施設	172	607	―	―	―	―	―	―
救護施設	13	81	131	160	173	178	188	183
更生施設	64	54	22	16	18	19	19	20
医療保護施設	135	103	78	68	68	64	60	56
授産施設	257	245	118	76	76	24	20	15
宿所提供施設	135	118	51	27	16	11	10	14

注：1963年8月1日より養老施設は養護老人ホーム（老人福祉法）へ変更。
出所：小山進次郎（1975）『改訂増補　生活保護法の運用と解釈』全国社会福祉協議会，
　　　472：『厚生白書』（昭和38年度版）第8-2表：『厚生白書』（昭和46年度版）第3-2-3
　　　表：『社会福祉施設等調査』各年度版より筆者作成.

又は廃止がありうる（同条第3項）。

　そのような事由が生じたと認められるときは，保護施設の長は，すみやかに保護の実施機関に届け出なければならない（同法第48条第4項）。なお，保護施設による行き過ぎた指導を牽制するため，都道府県知事は必要に応じてこれらの指導の制限，禁止をすることができる（同法同条第3項）。

◻ 保護施設の動向

　保護施設数は，1950（昭和25）年新法制定当初の774施設から戦後の保護施設対象者の需要に応じて増設拡張されたが，その後養老施設が養護老人ホームへ転換されたことにより施設総数は急減し，2000（平成12）年以降は300弱で推移し，現在は288施設（2019（令和元）年度）である。このように保護施設全体では減少してきたが，救護施設については1950（昭和25）年以降微増傾向にある（表4-11）。

　保護施設の減少については，各種福祉施設の拡充整備の進展とともに，保護施設に保護されていた人がより適切な他の福祉施設へと移ったことなどが指摘されている[22]。

　他方で，救護施設の増加理由としては，各種障害者施設の施設整備の遅れがあり，本来それらの施設に入所すべき人びとを救護施設が受け止めてきたこと，また重複障害者等他法の福祉施設では受入れが困難な人々の受け皿になっていることなどがある。さらには精神病床入院患者のうち，「社会的入院」となっている被保護者に対する居宅生活に向けた生活訓練の実施の場としての活用などが期待され，居宅生活へ移行するための様々な事業が追加されてきた（保護施設通所事業，救護施設居宅生活訓練事業，一時入所事業等[23]）。

　その一方で，地域において独居が困難な生活困窮者や元ホームレスの被保護者等，従来の保護施設の対象として把握されてきた人の多く

が，一時的な宿泊施設である**無料低額宿泊所**や類似の無届施設等に入
居し，しかも長期利用になっている。このような無料低額宿泊所等の
施設には，全国で 3 万 3 千人以上が入所していると見られ，保護施設
とは対照的にその施設数・利用者数は年々増加傾向にある。

　ここから読み取れることは，一度居所を失ってしまうと，居宅保護
が難しくなってしまうということである。現代社会において，高齢・
障害に限らず，地域での生活が行き詰まったり，立ち行かなくなった
りするリスクは多様に存在する。居所を失う前に，あるいは一度居所
を失ったとしても，他施設や他職種と連携を図り，保護施設が培って
きた専門性と機能を活かし，臨機応変に支援をすることが保護施設に
求められている。

様々な居宅生活への移行支援事業
①　保護施設通所事業（2002（平成14）年度〜）

　救護施設または更生施設の退所者を，保護施設に通所させて指導訓
練等を実施し，または職員が居宅等へ訪問して生活指導等を実施する
ことで，居宅で継続して自立生活が送れるよう支援するとともに，保
護施設からの退所を促進し施設定員の有効活用を図ることを目的とし
たもの。

②　救護施設居宅生活訓練事業（2004（平成16）年度〜）

　救護施設において居宅生活に向けた生活訓練を行うとともに，居宅
生活に移行可能な対象者のための訓練用住居（アパート，借家等）を確
保し，より居宅生活に近い環境で実体験的に生活訓練を行うことによ
り，施設に入所している被保護者がスムーズに居宅生活に移行し，継
続して居宅において生活できるよう支援することを目的としたもの。

③　一時入所事業（2011（平成23）年度〜）

　前身は救護施設居宅生活者ショートステイ事業。居宅で生活する精
神障害者等であって，一時的に精神状態が不安定になる等の理由によ
り，居宅生活が困難になる者や精神科病院入院患者又は退院患者であ
って，退院に向けた体験利用や訓練のため一時的に保護施設に入所す
ることが適当な者，その他保護の実施機関が特に必要と認める者を対
象として，救護施設を短期間利用させるもの。

保護施設の実態（施設・利用者状況）
①　定員・1 施設当たりの平均定員・在所者数・在所率と所在地 [25]

　保護施設のなかで最も多い救護施設は，保護施設総数の64％，定員
では86％を占める。在所率では，救護施設が100％超え，更生施設も

無料低額宿泊所
第二種社会福祉事業で
あり，社会福祉法第 2
条第 3 項第 8 号におい
て定める，「生計困難
者のために，無料又は
低額な料金で，簡易住
宅を貸し付け，又は宿
泊所その他の施設を利
用させる事業」として
開設された施設を指す
（無料低額宿泊施設）。

94％と満床に近い。1施設当たりの平均定員は救護施設がもっとも多く90人である（**表4-12**）。

施設所在地では，救護施設は全都道府県に1施設以上設置されているが，それ以外の4種の施設は地域に偏りがある。たとえば，更生施設は日雇労働市場を抱える大都市（東京・大阪・神奈川・愛知等）に所在している。保護施設の設置数が多いのは，東京都で40施設（更生11，救護・医療保護各10，宿所提供9），次いで大阪府24施設（救護14，医療保護9，更生1），愛知県12施設（救護4，更生3，医療保護2，授産2，宿所提供1）である。最も少ないのは岐阜県と鹿児島県でどちらも救護施設1施設である。

② 利用者の性別・年齢[26]

性別に関して，被保護者全体では男女比はほぼ半々であるが，保護施設の種別によってばらつきが大きい。救護施設と更生施設では，男性が多数を占め，特に更生施設に顕著である。それに対して，宿所提供施設は女性が多数であり，授産施設は被保護者全体の傾向に近い。男女比の違いは，女性は保護施設の対象となる絶対数が男性より少ないのか，あるいは婦人保護施設等，他の社会福祉施設の利用に繋がっているために少ないのか，これだけでは判断できない。

平均年齢では救護施設が最も高く，高齢化が際立っている。更生施設と授産施設では稼働年齢である50代がピークである（**表4-13**）。

③ 利用期間[27]

利用期間は施設種別によって大きく異なる。平均利用期間では，救護施設が11年と最も長く，次いで授産施設である。宿所提供施設と更生施設の平均利用期間は相対的に短い。救護施設は，利用者の3分の1が10年以上であり，長期入所者が多い。それに対して更生施設，宿所提供施設は利用期間1年未満の者が過半数であり，通過施設としての機能が強いことがわかる（**表4-14**）。

④ 障害・受診の有無[28]

障害の有無に関しては，救護施設利用者に「あり」が高く，何らかの障害を有している人がほとんどである。更生施設は，約半数程度（46％）であり，宿所提供施設と授産施設は「障害あり」の利用者は4割弱である。保護施設では3障害の中では精神障害の利用者が多い傾向にあるが，授産施設では知的障害の利用者がやや多い。被保護世帯全体と比較すると，被保護世帯全体での障害のある世帯主は2割にとどまり，施設利用者に障害を有する人が多いことがわかる。また多くの保護施設利用者が受診しており，被保護世帯全体と比較してもその高さが顕著である（**表4-15**）。

表 4 -12　種別施設数・定員・１施設当たりの平均定員・在所者数・在所率

	救護施設	更生施設	医療保護施設	授産施設	宿所提供施設
施設数	183	20	56	15	14
定員総数（人）	16,475	1,418	—	470	772
平均定員（人）	90.0	70.9	—	31.3	55.1
在所者総数（人）	16,550	1,332	—	337	372
在所率（%）	100.5	93.9	—	71.7	48.2

出所：厚生労働省（2019）『社会福祉施設等調査（令和元年度）』.

表 4 -13　保護施設利用者の性別・年齢

	救護施設	更生施設	宿所提供施設	授産施設	被保護者全体（2018年度）
回答利用者数	11,575	952	215	194	2,068,958
男性	66.2	92.3	35.8	51.0	49.5
女性	33.7	7.6	63.7	47.9	50.5
無回答	0.1	0.1	0.5	1.0	0.0
20歳未満	0.0	0.2	2.8	0.0	10.8
20-30歳未満	0.6	5.8	10.2	3.6	2.6
30-40歳未満	2.0	8.9	13.0	11.9	4.9
40-50歳未満	7.6	19.1	19.1	14.4	10.2
50-60歳未満	18.3	32.8	20.0	30.4	12.9
60-65歳未満	17.0	11.3	7.9	18.6	8.3
65歳以上	54.5	21.8	27.0	21.1	50.3
平均年齢	64.7	53.7	51.4	55.4	58.4

出所：全国社会福祉協議会（2020）『保護施設の支援機能の実態把握と課題分析に関する調査研究事業報告書』110-111；厚生労働省『被保護者調査（平成30年度）』.

表 4 -14　利用期間

	救護施設	更生施設	宿所提供施設	授産施設
回答利用者数	11,575	952	215	194
1 年未満	13.4	58.0	78.6	23.2
1 年以上 2 年未満	11.5	22.9	0.5	11.9
2 年以上 3 年未満	8.4	7.7	2.3	7.2
3 年以上 5 年未満	12.6	7.4	8.0	16.0
5 年以上10年未満	19.2	3.6	4.7	13.9
10年以上	34.8	0.5	6.0	27.8
平均利用期間	11年 2 カ月	1 年 4 カ月	2 年 9 カ月	7 年 5 カ月

出所：全国社会福祉協議会（2020）『保護施設の支援機能の実態把握と課題分析に関する調査研究事業報告書』113.

表 4 -15　障害・受診の有無

	救護施設	更生施設	宿所提供施設	授産施設	被保護世帯 （世帯主）
N	11,575	952	215	194	1,615,357
障害あり	86.2	46.1	35.8	37.1	20.3*
身体障害「手帳あり」	12.8	4.9	4.2	6.2	10.4
知的障害「手帳あり」	18.0	2.9	1.9	11.3	1.4
精神障害「手帳あり」	43.9	18.9	10.2	8.8	8.5
受診している	95.6	85.5	58.6	70.6	26.0**

出所：全国社会福祉協議会（2020）『保護施設の支援機能の実態把握と課題分析に関する調査研究事業報告書』128，158；厚生労働省（2018）『被保護者調査（平成30年度）』第1-16表より筆者算出。＊世帯主「障害者総数」，＊＊世帯主「傷病者総数」。

◯注

(1)　小山進次郎（1951=2004）『改訂増補　生活保護法の解釈と運用（復刻版）』全国社会福祉協議会，94.

(2)　同前書，107.

(3)　同前書，115-117.

(4)　同前書，118.

(5)　同前書，162.

(6)　同前書，208-209.

(7)　同前書，220.

(8)　『生活保護手帳　2020年度版』（2020）中央法規出版，214.

(9)　「障害者世帯」と「傷病者世帯」を分けて集計するのは1999年度から。

(10)　杉村宏（2010）『人間らしく生きる――現代の貧困とセーフティネット』左右社。

(11)　『生活保護手帳 2020年度版』中央法規出版，261.

(12)　同前書，321.

(13)　同前書，335.

(14)　『生活保護手帳別冊問答集2020年度版』345-346.

(15)　厚生労働省（2016）「平成28年福祉事務所人員体制調査」（2016年10月 1 日現在）.

(16)　保護の実施機関とは都道府県知事，市長，福祉事務所を管理する町村長をいう（生活保護法第19条）。通常，その事務は福祉事務所長に委任されている。

(17)　権利が特定人に専属し，他の者に移転しない性質を有する権利のこと。譲渡や相続の対象にならないとされる。

(18)　福岡地裁平成26年 2 月28日判決は，原告が高齢，心機能障害，糖尿病の持病があり，夏には熱中症や脱水症状を引き起こす可能性があったことから，エアコンを購入する費用は，原告の自立更生のためにやむを得ないものであるとして，こうした事情を考慮しなかった福祉事務所長の返還決定を取消した（確定）。

(19)　不正受給金額と件数は「令和 2 年度全国厚生労働関係部局長会議資料」による。生活保護費は生活保護費負担金（事業費ベース）実績額，被保護世帯数は「被保護者調査（令和元年度）」による。

(20)　たとえば高校生のアルバイトについては，収入申告の義務と併せて，諸勤労控除（基礎控除に加え未成年者控除等）や高校等就学費でまかなえない就

学費の控除が可能なこと等申告に伴うメリットも周知する必要がある（平成28年に，厚生労働省社会・援護局保護課長通知（平成24年7月23日）「生活保護費の費用返還及び費用徴収決定の取扱いについて」が改正され，この趣旨が盛り込まれた）。

⑵　小山進次郎（1975）『改訂増補　生活保護の解釈と運用』全国社会福祉協議会，468.

⑵　厚生省（1971）『厚生白書（昭和46年版）』.

⑵　厚生労働省社会・援護局保護課（2011）「社会・援護局関係主管課長会議資料（平成23年3月3日）」38-39.

⑵　厚生労働省（2019）「無料低額宿泊事業を行う施設に関する調査について（平成30年調査）」；厚生労働省（2016）「社会福祉各法に法的位置付けのない施設に関する調査について（平成27年調査）」.

⑵　厚生労働省（2019）『社会福祉施設等調査（令和元年度）』.

⑵　全国社会福祉協議会（2020）『保護施設の支援機能の実態把握と課題分析に関する調査研究事業報告書』110-111.

⑵　同前報告書，113.

⑵　同前報告書，128・158；厚生労働省（2018）『被保護者調査（平成30年度）』.

◯参考文献

第2節

寺久保光良（1988）『「福祉」が人を殺すとき』あけび書房.

国立社会保障・人口問題研究所「『生活保護』に関する公的統計データ一覧」（http://www.ipss.go.jp/s-info/j/seiho/seiho.asp）.

厚生労働省「被保護者調査」.

■第5章■

多様化する貧困・生活困窮者支援制度

生活困窮者自立支援法制定の背景と理念

☐ 第二のセーフティネットとしての生活困窮者自立支援法

　2015年4月に，第一のセーフティネットである社会保険制度と，最後のセーフティネットである生活保護制度との間に，第二のセーフティネットとしての生活困窮者自立支援法が施行された。

　この背景には，雇用環境の変化，具体的には非正規雇用で働く者の増加などによって，安定した雇用を前提とした社会保険制度が機能不全を起こしていること，またその結果として，生活保護受給者が増加し（本書第4章第2節），そのなかに稼働年齢層が目立つようになってきたことなどがある。このため，生活保護制度に至る以前の段階から，生活に困窮する人々に対して早期に支援を行う必要性が提起され，本法が成立した。

　なお，この法律には，施行3年後をめどとして，施行状況を勘案し，見直しの必要があるときは所要の措置をとるとの附則が設けられている。これに基づいて施行状況の確認が行われ，2018年6月に改正法が成立し，同年10月より施行されている。この改正では，生活困窮者自立支援法の基本理念・生活困窮者の定義の明確化が行われたほか，生活困窮者に対する包括的な支援体制の強化等がなされた。

☐ 生活困窮者自立支援法の目的と生活困窮者の定義

　生活困窮者自立支援法は，自立相談支援事業の実施，住居確保給付金の支給その他の生活困窮者に対する自立の支援に関する措置を講ずることにより，生活困窮者の自立の促進を図ることを目的としている。

　同法第3条では，生活困窮者を以下のように定義している。この法律において「生活困窮者」とは，就労の状況，心身の状況，地域社会との関係性その他の事情により，現に経済的に困窮し，最低限度の生活を維持することができなくなるおそれのある者をいう。

☐ 実施される事業の概要

　生活困窮者自立支援法で実施される事業は，福祉事務所を設置する自治体において必ず実施しなければならない「必須事業」と，実施するかの判断が自治体に任されている「任意事業」の2つに分かれる。

　前者は①「自立相談支援事業」と②「住居確保給付金（の支給）」の

２つがある。後者は主に③「就労準備支援事業」，④「一時生活支援事業」，⑤「家計改善支援事業」，⑥「子どもの学習・生活支援事業」の４つがある。なお，③と⑤については，2018年の法改正によってその実施が努力義務に改められた。またこの他に，都道府県知事等による就労訓練事業（いわゆる「中間的就労」）の認定が行われる。詳しい事業内容の説明は以下の通りである。

☐ 生活困窮者自立支援法で行われる事業の具体的な内容

①　自立相談支援事業（必須事業）

　生活困窮者に対して，就労その他の自立に関する相談支援，事業利用のためのプラン作成等を行う。本事業を行う機関は福祉事務所設置自治体に設置される（福祉事務所を設置していない町村については別に規定）。なお，自立相談支援事業は自治体直営のほか，社会福祉協議会，社会福祉法人，NPO法人等へ委託することもできる（以下の事業も同様）。自立相談支援事業で行われる就労支援は，生活保護法の第55条の7に定める**被保護者就労支援事業**▸と一体的に行えることになっている。

②　住居確保給付金（必須事業）

　離職により住居を失った生活困窮者等に対し，市町村ごとに定める額を上限に，実際の家賃額を有期（原則3か月）で支給する。ただし，世帯の収入合計額，預貯金合計額が基準を超えると支給されない。[(1)]

③　就労準備支援事業（任意事業）

　直ちに一般就労することが困難な生活困窮者に対して，作業機会，就労に必要な訓練を実施しながら，就労支援プログラムに基づいて，一般就労に向けた支援を行う。なお，この事業は**被保護者就労準備支援事業**▸と一体的に実施することができるほか，複数自治体による広域的な事業として実施することもできる。

④　一時生活支援事業（任意事業）

　住居のない生活困窮者に対して，一定期間宿泊場所や衣食の提供等を行う。本事業の方式は，借り上げ方式シェルター，施設方式シェルター，自立支援センターの3つに分かれる。なお，2018年の法改正により，本事業が拡充し，(1)シェルター等を退所した者，(2)居住に困難を抱える者であって，地域社会から孤立した状態にある低所得者に対して，一定期間，訪問による見守りや日常生活を営むのに必要な支援を行う地域居住支援事業が追加となった。

⑤　家計改善支援事業（旧：家計相談支援事業）（任意事業）

　相談者が自ら家計を管理できるように，家計に関する相談，家計管

▸**被保護者就労支援事業**
生活保護受給者の就労の支援に関する問題につき，被保護者からの相談に応じ，必要な情報の提供及び助言を行う事業のこと。

▸**被保護者就労準備支援事業**
生活保護受給者のうち，就労に向け一定の準備が必要な者への日常生活習慣の改善等の支援を行う事業のこと。

理に関する指導，貸付のあっせん等を行う。

⑥　子どもの学習・生活支援事業（旧：子どもの学習支援事業）（任意事業）

生活困窮世帯の子ども（生活保護受給世帯を含む）等への学習支援，居場所づくりなどを行うほか，生活習慣・育成環境の改善に関する助言，教育及び就労（進路選択等）に関する相談に対して情報提供，助言，関係機関との連絡調整を行う。

⑦　都道府県知事等による就労訓練事業の認定

就労訓練事業とは，上記の「自立相談支援事業」の斡旋に応じて，就労に困難を抱える生活困窮者を受け入れ，その状況に応じた就労機会を提供したり，生活面・健康面での支援を行う。なお，この事業は，当該事業を行う事業者の申請に基づき，一定の基準に該当する事業であることを都道府県知事，政令市長，中核市長が認定することになっている。

☐　予算と各事業の国庫負担割合

生活困窮者自立支援制度の予算は，2017年度約400億円，2018年度432億円，2019年度438億円と年々確実に増加している。各事業の国庫負担の割合は**表5−1**のとおりである。

なお，2018年の法改正により，**表5−1**の(1)・(3)・(5)が一体的，効果的かつ効率的に行われている場合には，(5)の補助率（国庫負担の割合）が3分の2に引き上げられることになった。

☐　自立相談支援事業の組織と業務内容

生活困窮者の支援の流れを図示すると**図5−1**のようになる。

この図にあるとおり，自立相談支援事業は生活困窮者の支援の窓口となる機関である（機関の名称は自治体により異なる）。当該機関の具体的な事業内容としては，(1)生活困窮者の抱えている課題を評価・分析（アセスメント）し，そのニーズを把握，(2)ニーズに応じた支援が計画的かつ継続的に行われるよう，自立支援計画を策定，(3)自立支援計画に基づく各種支援が包括的に行われるよう，関係機関との連絡調整を実施する等である。また，地域で潜在化している生活困窮者を早期に発見するための**アウトリーチ**などを行い，その把握に努めることも求められる。これらの業務内容からわかるように，自立相談支援事業は，生活困窮者自立支援制度で行われる様々な事業の利用，その他生活困窮者のための社会資源に結びつけるための中心的な機関である。

自立相談支援機関に配置される支援員は，以下の3職種を配置する

➡アウトリーチ
自ら支援を求めない，または支援の必要性に気づいていない要支援者に対して，支援機関が要支援者または地域の関係機関に積極的に介入し，情報収集，問題解決に向けた動機づけや情報提供などを行う活動のこと。

表5-1　各事業の国庫負担の割合

事　業		国庫負担の割合
必須事業	(1)自立相談支援事業 (2)住居確保給付金	4分の3
任意事業	(3)就労準備支援事業 (4)一時生活支援事業	3分の2以内
	(5)家計改善支援事業 (6)子どもの学習・生活支援事業 (7)その他生活困窮者の自立の促 　　進に必要な事業	2分の1以内 （3分の2）

出所：厚生労働省資料より筆者作成.

図5-1　生活困窮者の支援の流れ

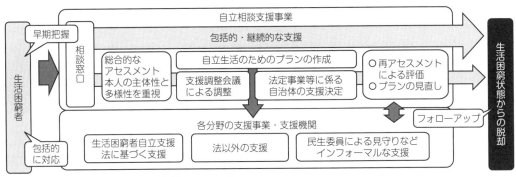

出所：厚生労働省「生活困窮者自立支援制度について」.

ことを基本としている。(1)主任相談支援員（主に相談支援業務のマネジメントや地域の社会資源の開発等を行う），(2)相談支援員（家計に関するアドバイス等も含めた相談支援全般を行う），(3)就労支援員（就労に関する一般的なアドバイスやハローワークへの同行を行う）。なお，(2)は先に述べた家計改善支援事業と，(3)は就労準備支援事業と連携を取り，相互補完的に業務を担うことが期待されている。いずれの職種においても，2018年時点で社会福祉士の資格を有する者が最も多くなっている。

　2018年の法改正により，自立相談支援事業を実施する自治体の各部局（福祉，就労，教育，税務，住宅等）において，生活困窮者を把握した場合には，自立相談支援事業等の利用勧奨を行うことが努力義務となった。これは，自立相談支援機関と生活困窮者の発見につながる関係部局との連携強化を図り，当該機関とつながっていない生活困窮者を早期に把握し，確実に相談につなげ，適切な支援を実施することを企図したものである。

❏ 各事業の実施状況

　表5-2は，生活困窮者自立支援制度の実施状況・運営方法を示したものである（2019年度907自治体）。

表5-2　生活困窮者自立支援制度の実施状況及び運営方法

事業名	実施状況 (%)	運営方法 (%)		
		直営	委託	直営＋委託
自立相談支援事業	100.0	31.3	60.8	8.0
住居確保給付金	100.0			
就労準備支援事業	60.0	8.5	87.6	3.9
家計改善支援事業	62.0	14.3	83.9	1.8
子どもの学習・生活支援事業	64.0	21.7	69.4	8.9
一時生活支援事業	34.0	方式により異なる		

出所：「生活困窮者自立支援法等に基づく各事業の令和元年度事業実績調査集計結果」より筆者作成.

　まず，任意事業の実施状況についてである。2019年度現在，就労準備支援事業は60.0％，家計改善支援事業は62.0％，子どもの学習・生活支援事業は64.0％，一時生活支援事業は34.0％の自治体が実施している。表には示していないが，この割合は，制度が創設されて以降，年々増加している。しかしながら，実施状況は都道府県単位でみるとかなりのばらつきがある。たとえば，今回の法改正によって実施が努力義務とされた就労準備支援事業についてみてみると，100％実施している県もあれば，全国平均（60％）を大きく下回るところもある。

　次に運営方法である。先に述べた通り，生活困窮者自立支援法における各事業は，自治体直営のほか，社会福祉協議会，社会福祉法人，NPO法人等へ委託することもできる。自立相談支援事業では，直営方式との併用を含めて，約68％の自治体が委託により実施している。委託先は社会福祉協議会が最も多い（77.2％）。任意事業では，委託で実施している割合はさらに高く，直営方式との併用を含めると約8～9割が委託により実施していることがわかる。家計改善支援事業では，自立相談支援事業と同じく，委託先として社会福祉協議会（66.6％）が7割弱を占めている。一方，就労準備支援事業と子どもの学習・生活支援事業では，委託先が分散しており，NPO法人が約3割～4割を占める結果となっている。なお，一時生活支援事業は，先に述べた運営方式によって，運営方法が異なる。

　それではそれぞれの事業の利用状況はどうであろうか。表5-3は，それぞれの事業の新規利用件数の経年変化について示したものである。ほとんどの事業で横ばいか増加傾向にあることがわかる。事業の周知が進んでいることや，任意事業を実施している自治体が増えていることがこの背景にあると思われる。住居確保給付金については減少傾向にあるが，注でも述べた通り，新型コロナウイルスの影響により，利用要件が緩和されたことで，利用者が急増している。なおこの表には

表5-3　生活困窮者自立支援制度各事業の新規利用件数の推移

	2015	2016	2017	2018年
自立相談支援事業	226,411	222,426	229,685	237,665
住居確保給付金	7,803	6,805	5,539	5,283
就労準備支援事業	1,833	2,847	3,146	4,082
家計相談支援事業 （現：家計改善支援事業）	5,178	7,664	9,466	11,722
一時生活支援事業	16,460	17,339	17,155	16,641

出所：厚生労働省「生活困窮者自立支援制度支援状況調査の結果について」
　　　（https://www.mhlw.go.jp/stf/seisakunitsuite/bunya/0000092189.html）よ
　　　り筆者作成.

示していないが，子どもの学習支援事業（現：子どもの学習・生活支援事業）の，延べ利用人数は69,753人である[2]（2016年度実績）。

　最後に，自立支援相談事業の支援実績について，特に就労を軸にみてみよう。生活困窮者自立支援法施行後2年間で，約45万件の新規の相談があり，そのうち約12万件が自立支援計画の策定による継続的な支援につながっている。就労・増収に至った者は，約6万人に上り，生活困窮の深刻化を予防する効果が着実に現れてきている[3]。ただし，いうまでもなく，生活困窮者の支援においては，（一般）就労や増収に結びついたか，といった指標のみで評価をするべきではなく，その就労が継続しているか，また経済的な自立以外の自立，すなわち，日常生活自立，社会的自立を果たしているかといった点も含めて評価していくことが肝要である。

子どもの貧困対策の推進に関する法律

❑ 子どもの貧困問題と子どもの貧困対策の推進に関する法律

　「子どもの貧困」が資本主義社会において避けがたい問題であることは，20世紀初めの調査研究においてすでに言及されていた。イギリスのヨークで調査を行ったラウントリー（Rowntree, B. S.）は，自分が子どもの期間，成長して親となり子どもを養い育てる期間，退職し高齢者となった期間の三度，貧困に陥るリスクが高まることを明らかにしたのである[(4)]。

　この貧困リスク軽減のために，各国は社会保障制度を整備し，子どもや高齢者，そして失業者等の貧困の解消を目指してきた。しかしそれでも，周知のとおり貧困は解決には至っていない。子どもの貧困について，欧米では，子どもの教育に関する問題，健康問題，犯罪，若年妊娠，失業などの論点を含みながら1960年代から継続して議論されている。そして日本においても，特に21世紀に入ってから大きな注目を集めるようになってきている。

　子どもの貧困の社会問題化には，政府によって子どもの貧困率が公表された影響も大きいだろう。2009（平成21）年9月に民主党へと政権が移ったその翌月，厚生労働大臣の指示のもと，日本の相対的貧困率が初めて公表された。その際，全年齢層を対象とした貧困率と子どもの貧困率の二つが示された。貧困率は3年ごとに公表されているが，一貫して子どもの貧困率が共に示され，かつ，その値は増加傾向を示し続けたこともあって，マスメディア等での関心を集めることになった。テレビ，新聞等で深刻な現実が取り上げられ，子どもの貧困をテーマにした書籍の発刊や専門的な研究も増え，社会的な注目もさらに高まることとなった。2010年頃より子どもの貧困問題解決のための法律制定の要望が関係者・支援団体によって出され，国会議員による立法作業を経て，「子どもの貧困対策の推進に関する法律」（以下，子どもの貧困対策推進法）は第183回国会にて全会一致（反対票0）で可決となり，2013（平成25）年6月に公布された[(5)]。施行は2014（平成26）年1月で，日本で初めて名称に「貧困」という言葉が入った法律に基づく施策の始まりであった。

表5-4　「子どもの貧困対策推進法第1条」新旧対照表（下線部は改正部分）

新（2019年6月公布）	旧（2013年6月公布）
（目的） 第1条　この法律は，子どもの現在及び将来がその生まれ育った環境によって左右されることのないよう，全ての子どもが心身ともに健やかに育成され，及びその教育の機会均等が保障され，子ども一人一人が夢や希望を持つことができるようにするため，子どもの貧困の解消に向けて，児童の権利に関する条約の精神にのっとり，子どもの貧困対策に関し，基本理念を定め，国等の責務を明らかにし，及び子どもの貧困対策の基本となる事項を定めることにより，子どもの貧困対策を総合的に推進することを目的とする。	（目的） 第1条　この法律は，子どもの将来がその生まれ育った環境によって左右されることのないよう，貧困の状況にある子どもが健やかに育成される環境を整備するとともに，教育の機会均等を図るため，子どもの貧困対策に関し，基本理念を定め，国等の責務を明らかにし，及び子どもの貧困対策の基本となる事項を定めることにより，子どもの貧困対策を総合的に推進することを目的とする。

☐ 子どもの貧困対策の推進に関する法律の概要

　子どもの貧困対策推進法については，2013年に制定された後，2019（令和元）年9月に改正法が施行された。以下，2013年に公布されたものを「旧法」，2019年に改正されたものを「新法」とする。断りがない限り，本文中で示している条文は新法のものである。

　まず「目的」が規定された第1条について，新旧の違いからその理念等の変化を確認したい（表5-4）。第一に，旧法の「子どもの将来」という文言が，新法では「子どもの現在及び将来」と変更された。旧法の重点は子どもの「現在の貧困」よりも「将来の貧困」に置かれていた。その方向性を修正し，子どもの「現在」にも目を向ける姿勢が示されたことになる。

　第二に，新法において「子どもの貧困の解消に向けて」というフレーズが盛り込まれた。「子どもの貧困対策」が「子どもの貧困の解消」を目指すのは当然かと思われるが，旧法にはこの表現はなく，貧困の解消に直接的に資すると考えられる所得保障などへの言及は非常に手薄だった。この点が修正され，新法においては「貧困の解消を目指す」と明確に規定されることとなった。

　その他，新法の第1条には，2016（平成28）年の改正児童福祉法と同様，「児童の権利に関する条約の精神」にのっとることが定められ，次の第2条（基本理念）において，子どもの意見尊重，子どもの最善の利益の考慮についても次のように第1項が新設された。

　（基本理念）

　第2条　子どもの貧困対策は，社会のあらゆる分野において，子どもの年齢及び発達の程度に応じて，その意見が尊重され，その最善の利益が優先して考慮され，子どもが心身ともに健やかに育成されることを旨として，推進されなければならない。

2　子どもの貧困対策は，子ども等に対する教育の支援，生活の安定に資するための支援，職業生活の安定と向上に資するための就労の支援，経済的支援等の施策を，子どもの現在及び将来がその生まれ育った環境によって左右されることのない社会を実現することを旨として，子ども等の生活及び取り巻く環境の状況に応じて包括的かつ早期に講ずることにより，推進されなければならない。

　　3〜4　（略）

　第2条第2項においては，子どもの貧困対策の4つの柱，①教育の支援，②生活の支援，③保護者の就労の支援，④経済的支援が規定されている。貧困対策の法律であるにもかかわらず，最初に掲げられた施策が教育の支援であり，経済的支援が最後尾に置かれていることに注目したい。現代における貧困とは一義的には低所得の問題であるにもかかわらず，子どもの貧困対策においては教育の支援が第一に掲げられることとなった。これは旧法でも新法でも変わらない。

　以上の目的（第1条）と基本理念（第2条）に基づいて，国・地方公共団体・国民は子どもの貧困対策を実施・協力する責務を有することになり（第3〜5条），政府は毎年1回，子どもの貧困の状況及び子どもの貧困対策の実施の状況を公表しなければならないとされた（第7条）。そして，第8条には，子どもの貧困対策の推進のために「子どもの貧困対策に関する大綱」（以下，「大綱」とする）を定めることが記載された。都道府県や市町村などの地方自治体は，子どもの貧困対策の具体的な施策・事項が示された「大綱」を勘案して，子どもの貧困対策についての計画を定めるよう努めるものとされた（第9条）。さらに国及び地方公共団体は，第14条において，子どもの貧困対策を適正に策定し，及び実施するため，子どもの貧困に関する指標に関する研究その他の子どもの貧困に関する調査及び研究を行うことが定められた。[6] 内閣府に特別の機関として「子どもの貧困対策会議」が置かれ，大綱案の作成や子どもの貧困対策の審議を行うこととされた（第15条）。

□ 子供の貧困対策大綱

　子どもの貧困対策の具体的な内容が定められた「子供の貧困対策大綱」が，旧法施行に合わせて2014年8月に，新法施行に合わせて2019年11月にそれぞれ策定された。子どもの貧困対策推進法第8条によれば，大綱には，①子どもの貧困対策に関する基本的な方針，②子どもの貧困に関する指標（子どもの貧困率，一人親世帯の貧困率，生活保護世帯に属する子どもの高等学校等進学率と大学進学率等），③教育の支援，生活の支援，就労の支援，経済的支援その他の子どもの貧困対策に関

する事項，④子どもの貧困に関する調査及び研究に関する事項，⑤施策の実施状況についての検証及び評価その他の子どもの貧困対策に関する施策の推進体制に関する事項，を定めることとなっている。

2014（平成26）年 8 月策定の「全ての子供たちが夢と希望を持って成長していける社会の実現を目指して」と副題が付けられた大綱の基本的な方針として最初に挙げられたのは「貧困の世代間連鎖の解消と積極的な人材育成を目指す」であった。子どもの「現在」よりも「将来」に重きを置き，「（現在の）貧困の解消」ではなく「（将来の）貧困の世代間連鎖の解消」を目指したのが当初の「子どもの貧困対策」であった。

2019（令和元）年11月には，子どもの貧困対策推進法の改正に伴って新たな大綱（副題「日本の将来を担う子供たちを誰一人取り残すことがない社会に向けて」）が策定された。この大綱では，分野横断的な基本方針として，①貧困の連鎖を断ち切り，全ての子供が夢や希望を持てる社会を目指す，②親の妊娠・出産期から子供の社会的自立までの切れ目のない支援体制を構築する，③支援が届かない又は届きにくい子供・家庭へ配慮して対策を推進する，④地方公共団体による取組の充実を図る，といった 4 点が挙げられた。①から「人材育成」の文言が消え，②や③などこれまではみられなかった新たな視点が盛り込まれることとなった。その他，さまざまな既存の制度を組み合わせて，より充実した対策を行おうという方向性が確認できる。

❏ 子どもの貧困対策の課題

2013年に始まった日本の子どもの貧困対策は，対策推進の法律ができ，国と地方自治体で計画が作成され，多くの自治体で大規模な子ども・家族の実態調査が実施されるなど，一定の成果がみられる。しかし，実質的に新たに行われているのは，実態調査を除くと，相談援助活動（相談窓口の設置）や制度の紹介を中心とした広報・周知活動，そして子どもの学習支援などが主であり，「子どもの貧困の解消」に資する対策が効果的に実施されてきたとはいえない。内閣府の子どもの貧困対策が掲載されたホームページの新着情報に並ぶのは，「子供の未来応援国民運動」「子供の未来応援基金」「チャリティキャンペーン」など企業・個人からの寄付等に関する情報が中心であり，貧困脱出のための所得保障・経済的支援（いわゆる「公助」）に関する情報はほとんど見られない。

2019年に改正された子どもの貧困対策推進法は，「子どもの現在」にも目を配るようになり，「貧困の解消」を目指すことが新たに目的

として加わった。2019年策定の子供の貧困対策大綱においても数多くの施策が集約されて掲載されているのは確かだが，最も必要とされる所得保障・経済的支援の施策に従来からの変化はほとんどない。これは国だけでなく，各地方自治体の計画においても同様である。そもそも，子どもの貧困対策として実施されている「子供の未来応援国民運動」や学習支援などの施策が「貧困対策」として定義できるのか，議論が分かれるところであろう。子どもの貧困対策推進法は5年ごとに見直しの機会がある。実効性のある貧困対策を追求するため，さらなる議論を継続する必要がある。

さまざまな貧困・生活困窮者に対する支援制度

☐ 生活福祉資金貸付制度

① 生活福祉資金貸付制度とは

　低所得者，障害者又は高齢者に対し，資金の貸付けと必要な相談支援を行うことにより，その経済的自立及び生活意欲の助長促進並びに在宅福祉及び社会参加の促進を図り，安定した生活を送れるようにすることを目的とした制度である。

　この制度の前身は，1955（昭和30年）に制定された「**世帯更生資金貸付制度**」である。その後，社会情勢及び生活様式の変化等により，貸付けの種類，対象，利用要件等に種々の変遷がみられた。近年でも新型コロナウイルスの影響により，貸付の対象が拡大したり利用要件等の緩和が行われている。このように本制度は，時々の社会情勢の変化や，生活様式の変化の影響を受けながら展開されている制度といえる。[8]

② 生活福祉資金の種類

　生活福祉資金の種類は，大きく分けて次の四つに分かれる。(1)総合支援資金（生活支援費，住宅入居費，一時生活再建費），(2)福祉資金（福祉費，緊急小口資金），(3)教育支援資金（教育支援費，就学支援費），(4)不動産担保型生活資金（不動産担保型生活資金，要保護世帯向け不動産担保型生活資金）である。それぞれ，貸付け限度額，措置期間，償還期限，貸付け利子の有無，保証人の要否などが異なっている。

③ 生活福祉資金貸付制度の対象

　生活福祉資金貸付制度の対象となる世帯は，基本的に**表5-5**のとおりであるが，生活福祉資金の種類によって，詳細が異なる点に注意が必要である。

　なお，福祉資金，教育支援資金については，生活保護受給世帯も「保護の実施機関において当該世帯の自立更生を促進するために必要があると認められる場合に限り」必要な資金の貸付が可能とされている。

④ 実施主体と運営

　生活福祉金貸付制度の実施主体は，都道府県社会福祉協議会であるが，その業務の一部（資金貸付けの相談業務，申し込みの手続き等）を，市区町村の社会福祉協議会に委託をしている。そのため都道府県社協，

▶世帯更生資金貸付制度

生活福祉資金貸付制度の前身となる制度。現行生活保護法の制定により，補助機関から協力機関となった民生委員が，低所得層が生活保護層への転落を防止することを目的として「世帯更生運動」を行った。この運動が評価され，1955年に本制度が誕生した。

表5-5　生活福祉資金貸付の対象世帯

世　帯	世帯の説明
低所得世帯	資金の貸付けにあわせて必要な支援を受けることにより独立自活できると認められる世帯であって，必要な資金を他から借り受けることが困難な世帯（市町村民税非課税程度）
障害者世帯	・身体障害者手帳の交付を受けた者の属する世帯 ・療育手帳の交付を受けている者の属する世帯 ・精神障害者保健福祉手帳の交付を受けている者の属する世帯
高齢者世帯	65歳以上の高齢者の属する世帯

出所：厚生労働省資料をもとに筆者作成.

市町村社協には，生活福祉資金に関する相談員が配置されている。また民生委員は，都道府県社協及び市町村社協と緊密に連携し，本事業の運営について協力することが期待されている。

　2015年4月に生活困窮者自立支援法が制定され，①総合支援資金，②福祉資金の一つである緊急小口資金の貸付けにあたっては，就職が内定している場合等を除いて同法に基づく「自立相談支援事業」の支援を受けるとともに，当該事業及び関係機関から貸付け後の継続的な支援を受けることに同意していることが貸付けの要件となった。そのため，これらの貸付けを行うにあたっては，市町村社協は，自立相談支援機関やその他関連する機関と継続的かつ緊密な連携を図ることが必要である。

❏ 児童扶養手当

　児童扶養手当は，父母の離婚等で父又は母と生計を同じくしていない児童が育成されるひとり親家庭等に支給される手当である。

　支給対象は，父母の離婚などで，父又は母と生計を同じくしていない児童（18歳に達する日以後の最初の3月31日までの児童，又は20歳未満で，中度以上の障害を有する者）を監護するひとり親又は養育者（祖父母等）である。

　支給額（月額）は**表5-6**のとおりである。なお，ひとり親家庭の厳しい経済状況を考慮し，2016年8月から子ども（児童）が2人目の加算額と3人目以降の加算額が増額となった。

　支給には，所得制限が設けられており，扶養義務者等の前年の所得状況に応じて，全部支給になるか，あるいは一部支給のうちのどの額になるかが決定される。所得が限度額以上の場合は，支給されない。なお，子どもが1人の場合の手当額には，「**物価スライド制**」が導入されていたが，2019年4月から，子どもが2人以上の場合の加算額にも導入されることになった。また，従来，児童扶養手当は年3回（4

➡ **物価スライド制**
物の価格の上がり下がりを表した「全国消費者物価指数」に合わせて，支給する額を変えるしくみのこと。

表 5-6　児童扶養手当の支給額

子どもが１人の場合	・43,160円（全部支給） ・43,150～10,180円（一部支給）
子ども２人目の加算額	・10,190円（全部支給） ・10,180～5,100円（一部支給）
子ども３人目以降の加算額	・6,000円（全部支給） ・6,100～3,060円（一部支給）

出所：厚生労働省の資料をもとに筆者作成.

月，8月，12月）支給されていたが，2019年11月から奇数月に年6回に分けて支給されることになった。

□ 特別児童扶養手当

　特別児童扶養手当とは，精神又は身体に障害を有する20歳未満の児童を家庭で監護，養育している父母等に対して支給される手当のことである。

　支給額（月額）は，障害が重度（1級）の場合は5万2,500円，中度（2級）の場合は，3万4,970円である（2021年4月現在）。児童扶養手当と同様に所得制限が設けられており，受給資格者（障害児の父母等）もしくはその配偶者又は生計を同じくする扶養義務者（同居する父母等の民法に定める者）の前年の所得が一定以上の額の場合，手当は支給されない。

□ 求職者支援制度

　2008年にいわゆるリーマンショック🔜が発生し，派遣労働者など，不安定な働き方をしている人々の一部が，いわゆる「派遣切り」によって職や住まいを失い社会問題となった。これを機に，こうした人々に対するセーフティネットの強化が求められ，いくつかの対策が講じられた。2011年10月に，それらの対策をもとに創設されたのが，求職者支援制度である。

　本制度の趣旨と目的は，雇用保険を受給できない求職者に対し，訓練を受講する機会を確保するとともに，訓練期間中に職業訓練受講給付金を支給し，ハローワークが中心となってきめ細かな就職支援を行うことにより，その早期の就職を支援することである。なお，ここでいう雇用保険を受給できない求職者とは，雇用保険の受給終了者，受給資格要件を満たさなかった者，雇用保険の適用がなかった者，学卒未就職者，自営廃業者等のことである。

　訓練は，基礎コース（社会人としての基礎的能力及び短時間で習得できる技能等を付与する訓練）と実践コース（就職希望職種における職務遂

🔜リーマンショック
2008年9月にアメリカの証券会社大手の「リーマンブラザーズ」が連邦破産法11条の適用を申請したことに端を発した，世界的な経済危機のこと。日本でも失業率が増加し，2009年7月には5.5%まで悪化した。

行のための実践的な技能等を付与する訓練）に分かれており，前者は2
〜4か月，実践コースは3〜6か月の間で設定されている。実施訓練
機関は，厚生労働大臣が認定する。

　職業訓練受講給付金として支給される額は，月額10万円である。この他に交通費等も支給される。原則1年が最長給付期間である。支給要件は世帯収入，資産が一定以下であること（資力調査要件），原則すべての訓練を受講すること，訓練期間中から訓練終了後，定期的にハローワークに来所し，職業相談を受けること，過去に受給した場合は，その後6年間の期間が経過していることなどがある。

　訓練の受講申込みや職業訓練受講給付金の手続きは，原則として住所地を管轄するハローワークで行うことになっている。

☐ 無料低額診療制度

　無料低額診療制度とは，第二種社会福祉事業として位置づけられる制度で，生計困難者のために，無料又は低額な料金で診療を行う事業のことである。ここでいう生計困難者とは，低所得者，要保護者，ホームレス状態にある人々，DV被害者，人身取引等被害者等のことである。2018年現在，その施設数は703か所であり，実施施設としては社会福祉法人が最も多くなっている（28.5％）。同年の患者数は760万8,773人である。⁽⁹⁾

☐ 公営住宅法

　公営住宅は，公営住宅法に基づき，国と地方公共団体が協力して，住宅に困窮する低額所得者に対して，低廉な家賃で供給される住宅のことである。

　公営住宅の入居資格は，①同居親族要件（現に同居しようとする親族があること），②入居収入基準，③住宅困窮要件（現に住宅に困窮していることが明らかな者であること）の3つを満たす必要がある。家賃は，入居者の家賃負担能力と個々の住宅からの便益に応じて補正する「**応能応益制度**」に基づき，地方公共団体が決定する。

　全国の事業主体が管理する，公営住宅の管理戸数は216万9,218戸となっている（2015年時点）。2005年をピークにその数は減少傾向にあるが，近年では東日本大震災に係る災害公営住宅の整備等によって一時的に増加傾向にある。

☐ 無料低額宿泊所

　無料低額宿泊所とは，社会福祉法第2条第3項第8号に定める「生

➡ 応能応益制度
公営住宅に入居する人の収入や入居する住宅のタイプ毎に応じた家賃を設定するしくみのこと。

172

計困難者のために，無料又は低額な料金で，簡易住宅を貸し付け，又は宿泊所その他の施設を利用させる事業」である。

　次に述べるホームレス状態にある人々の増加と歩を合わせるように，首都圏を中心に2000年代以降から急増した[12]。2018年7月末日現在，施設数は570か所で，定員は2万133人である。実際の入所者数は1万7,067人で，そのうちの1万5,457人（90.6％）が生活保護受給者である。運営主体は，NPO法人が約70％を占めている[13]。

　当該施設は，良質なサービスを熱心に提供しているところもあれば，サービスに見合わない高額な料金を利用者から徴収する，いわゆる「貧困ビジネス」と思われるところもあり，後者への対応が課題となっていたことから，2020年4月に社会福祉法の改正が行われた。具体的には，無料低額宿泊事業の事前届出制の導入，設備や運営に関する法定の最低基準を創設，最低基準を満たさない事業所に対する改善命令の創設といった，法令上の規制が強化された。

　また最低基準を満たす無料低額宿泊所について，利用者の日常生活を行わない宿泊所と，日常生活上の支援を行う宿泊所に分け，前者を現行の呼称である「無料低額宿泊所」，後者を新たに生活保護法第30条第1項に定める施設としての「**日常生活支援住居施設**➡」と位置づけた。そして，日常生活支援住居施設に単独での居住が困難で，日常生活上の支援を受ける必要がある生活保護受給者（福祉事務所が判断）が入居した場合，福祉事務所が当該施設を運営する事業者に日常生活上の支援の実施を委託し，その費用を交付することとした。なお，「日常生活支援住居施設」は，都道府県，政令市，中核市が認定することになっており，生活保護法に定められる当該施設の基準を満たしていることが必要である。

☐ ホームレス対策

①　ホームレスの自立の支援等に関する特別措置法の成立の経緯とホームレス状態のとらえ方

　1990年代に入り，経済不況や産業構造の変化等を背景として，路上で慣習的に寝泊まりする人々，いわゆる「ホームレス」と呼ばれる人々が大都市を中心に急増した。

　当初ホームレス問題への対応は，厚生省（当時），労働省（当時），関係省庁およびホームレスが多く集住する大都市の行政レベルで協議され，その後，国がそれを追認する形で法整備がなされていった。その結果成立したのが，「ホームレスの自立の支援等に関する特別措置法」（以下「ホームレス自立支援法」）（2002年）である[14]。本法律は10年間の時

➡**日常生活支援住居施設**
…………………………
社会福祉法第2条第3項第8号に規定する無料低額宿泊所のうち，生活保護法第6条第1項に規定する被保護者ごとに個別支援計画を策定し，その計画にもとづいて個別的・専門的な日常生活上の支援を行う施設として，その支援の実施に必要な人員を配置するなど一定の要件を満たした施設のこと。

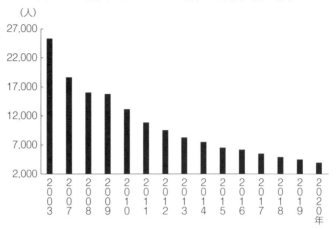

図5-2　全国のホームレス（路上生活者）数の推移

（人）

出所：厚生労働省（2016）「ホームレスの実態に関する全国調査（概数調査）」
　　　をもとに筆者作成.

　限立法であったが，その後2回の延長がなされ現在に至っている。
　　本法律において，ホームレスは以下のように定義されている。
　　「『ホームレス』とは，都市公園，河川，道路，駅舎その他の施設を
故なく起居の場所とし，日常生活を営んでいる者」。つまり，この定
義におけるホームレスはいわゆる「路上生活者」と同義である。しか
しながら，ホームレス状態とは路上生活に限定されない，多様な形態
をとりうる。例えば安定した住居を持たず，ネットカフェといった24
時間営業の店で寝泊まりする人々などがその代表である。実際，ホー
ムレス自立支援法の「ホームレスの自立の支援等に関する施策の目
標」（同法第3条）では，ホームレスとなることを余儀なくされるおそ
れのある者が多数存在することが指摘され，これらの者がホームレス
となることを防止することが目標として定められている。したがって
ホームレス対策は，路上生活者だけでなく，先に述べたような広くホー
ムレス状態にある人々も考慮しながら進められる必要がある。

②　ホームレスの実態

　図5-2は，ホームレス自立支援法で定義される全国のホームレス
（路上生活者）数の推移を示したものである。最初の全国調査がなされ
た2003年以降，その数は一貫して減少傾向にあることがわかる。最新
の調査では，全国のホームレス（路上生活者）数は，3,992人となって
いる。

　しかしながら，本調査は基本的に昼間に行われているため，その実
態を正確に反映しているとは言い難いという指摘もある。ある民間団
体が東京都内で深夜に行った調査によれば，都が発表している統計よ
りも2倍以上のホームレス（路上生活者）数がカウントされている。[15]

　なお，路上生活者以外のホームレス状態にある人々の数については，これまでまとまった統計は存在しないが，住居を喪失して24時間営業のネットカフェに居住している人は，全国で約5,400人と推計されている（2007年時点[16]）。また，2017年に東京都が独自に行った調査によれば，東京都内だけで約4,000人がそのような生活をしていると推計されている[17]。

　ホームレス自立支援法に基づく，ホームレス（路上生活者）の実態調査は，これまで4回行われている（2003年，2007年，2012年，2016年）。ここでは，1,435人に行った最新の調査（2016年調査）の結果の概要を，過去の調査と比較しながら確認する[18]。

　性別は，96.2％が男性であり，この傾向は過去の調査とほとんど変わっていない。年齢は「65～69歳」（22.9％）の割合がもっとも高く，次いで「60～64歳」（22.9％）となっている。平均年齢は61.5歳であり，過去に比して高齢化の傾向にある。路上生活の期間は，「10年以上」（34.6％）の割合が最も高く，次いで「5年以上10年未満」（20.5％）であり，年々，路上生活が長期化している傾向がみられる。今後の生活については，「今のままでいい」（35.3％）の割合がもっとも高く，この割合が増加している一方，「アパートに住み，就職して自活したい」（21.7％）の割合が減少している。

　住居がなくネットカフェで生活している人について，先の東京都の調査をもとにみてみると（調査対象363人），性別は97.5％が男性である。年齢は，「30～39歳」（38.6％）の割合がもっとも高く，次いで「50～59歳」（28.9％）が続く。平均年齢は公表されていないが，ホームレス（路上生活者）と比べると，若い層が目立つ。住居を失ってからの期間は，「1か月～3か月未満」（17.6％），次いで「3か月～6か月未満」，「1年～3年未満」（15.2％）が同数で続いているが，全体としてばらつきがみられる。住居確保の希望・活動については「『住居』を確保したいが，具体的な活動・努力（貯蓄など）はしていない」（47.4％）の割合がもっとも高く，次いで「『住居』を確保したいと思わない」（24.5％）が続く。

③　ホームレス状態にある人々に対する支援施策

　様々な支援施策のうち，何をホームレス状態にある人々に対するものと位置づけるかは，先に述べたホームレス状態をどうとらえるかによって異なる。ここでは路上生活者のみならず，その状態に至るおそれのある人々も含めた意味でホームレス状態をとらえ，その支援施策について概観する。

　表 5 - 7 は，ホームレス状態にある，もしくはその恐れのある人々

表5-7　ホームレス状態にある（至るおそれのある）人々に対する代表的な支援施策

給付の種類	給付の内容と根拠法
金銭給付	・住居確保給付金（生活困窮者自立支援法） ・生活保護制度（生活保護法）
現物給付 （入所施設系サービス）	【生活困窮者自立支援法】 ・一時生活支援事業（借り上げシェルター型／施設方式シェルター型／自立支援センター型） 【生活保護法】 ・救護施設／更生施設／宿所提供施設 ・日常生活支援住居施設 【社会福祉法】 ・無料低額宿泊所 【児童福祉法】 ・母子生活支援施設 【売春防止法】 ・婦人保護施設 ・婦人相談所一時保護所

出所：北川由紀彦（2020）「第1章　都市の概要とホームレス化の背景」山口恵子・青木秀男編『グローバル化の中の都市貧困――大都市におけるホームレスの国際比較』ミネルヴァ書房，26-61，をもとに筆者作成．

に対する代表的な支援施策を，現金給付と現物給付（入所施設系サービス）別にまとめたものである。[19]

　ここでは，2000年代から大都市を中心に整備されてきた，一時生活支援事業の中に位置づけられる「生活困窮者・ホームレス自立支援センター」（表5-7の「自立支援センター」）について解説する。自立支援センターとは，法に基づくホームレスや生活困窮者に対し，宿所及び食事の提供，健康診断，生活に関する相談及び指導等を行い，自立に向けた意欲を喚起させるとともに，職業相談等を行うことにより，就労による自立を支援することを目的とした施設である。2019年時点で，全国で16か所あり，定員数は1,333人である。[20]利用期間はおおむね6か月間とされている。

　自立支援センターを利用した人々の退所理由は，就職による退所が31.9%，生活保護の適用を含む福祉等の措置による退所が27.9%となっており，ホームレス状態を脱却するための施設として，一定の効果を上げていることがわかる。[21]しかしながら，一方で，規則違反，無断退所等が32.5%となっており，この層に対する支援が課題となっている。またホームレス支援施策の評価は，どれだけの人がホームレス状態を脱したか，という点からのみなされるべきではなく，その後の生活が安定したものであるか，社会とのつながりが回復しているかといった点も含めて評価される必要もある。

◯注

(1)　このほかに年齢，離職・廃業から 2 年以内といった支給対象要件が設けられているが，新型コロナウイルスの影響による生活困窮者の増加により，2020（令和 2 ）年 4 月よりこれらの要件が一部緩和されている。それ以降の変更点については厚生労働省のホームページ等を参照のこと。

(2)　厚生労働省社会・援護局地域福祉課生活困窮者自立支援室「資料 1　生活困窮者自立支援制度等の推進について──①改正生活困窮者自立支援法について」。

(3)　厚生労働省（2017）「社会保障審議会生活困窮者自立支援及び生活保護部会報告書」。

(4)　ラウントリー，B. S.／長沼弘毅訳（1975）『貧乏研究』千城．

(5)　子どもの貧困対策推進法の制定の経緯については，湯澤直美（2013）「『子どもの貧困対策の推進に関する法律』の制定経緯と今後の課題」『貧困研究』vol. 11，50-60，を参照のこと。

(6)　内閣府政策統括官（共生社会政策担当）（2020）『令和元年度 子供の貧困実態調査に関する研究報告書』において，全国の自治体が実施した実態調査の結果が整理されている。

(7)　内閣府「子供の貧困対策」（https://www8.cao.go.jp/kodomonohinkon/index.html）（2021. 5. 20）．

(8)　なお，本節では新型コロナウイルス蔓延以降の貸し付け対象，要件の変更については反映していない。詳細については厚生労働省等のホームページを参照のこと。

(9)　厚生労働省「無料低額診療事業・無料低額老健事業の実施状況の概要（平成30年度実績）」。

(10)　ただし，老人，身体障害者等，特に居住の安定を図る必要がある者として政令で定める者については，単身での入居が可能である。

(11)　国土交通省住宅局住宅総合整備課「公営住宅制度について」。

(12)　山田壮志郎（2016）『無料低額宿泊所の研究』明石書店．

(13)　厚生労働省社会・援護局保護課「無料低額宿泊事業を行う施設の状況に関する調査について（平成30年調査）」。

(14)　後藤広史（2013）『ホームレス状態からの『脱却』に向けた支援』明石書店．

(15)　ARCH「2019夏・東京ストリートカウントの結果」（https://www.archomelessness.org/）（2020. 07. 19）．

(16)　厚生労働省（2007）「住居喪失不安定就労者等の実態に関する調査報告書」。

(17)　東京都福祉保健局（2018）「住居喪失不安定就労者等の実態に関する調査」。

(18)　厚生労働省（2016）「ホームレスの実態に関する全国調査（生活実態調査）」。

(19)　なお，表には示していないが，ホームレス状態ある人々の支援においては，NPO に代表されるような民間支援団体がアウトリーチや，居宅生活移行後の支援を活発に行っている。

(20)　厚生労働省社会・援護局地域福祉課生活困窮者自立支援室「生活困窮者自立支援法等に基づく各事業の令和元年度事業実績調査集計結果」。

(21)　(20)と同じ。

◯参考文献

第 1 節

木下武徳（2018）「第14章　生活困窮者自立支援制度は貧困対策をどう変える

か？」岩永理恵・卯月由桂・木下武徳『生活保護と貧困対策——その可能性と未来を拓く』有斐閣，200-216.

岡部卓編（2015）『生活困窮者自立支援ハンドブック』中央法規出版.

第3節

後藤広史（2020）「第10章　地域生活の継続における民間支援団体の役割」山田壮志郎編『ホームレス経験者が地域で定着できる条件は何か——パネル調査からみた生活困窮者支援の課題』ミネルヴァ書房，205-218.

北川由紀彦（2020）「第1章　都市の概要とホームレス化の背景」山口恵子・青木秀男『グローバル化の中の都市貧困——大都市におけるホームレスの国際比較』ミネルヴァ書房，26-61.

■ 第6章 ■

貧困・生活困窮者に対する
支援の実際

支援の主体とそれぞれの役割

❑ 貧困概念の広がりと支援主体

　貧困や生活困窮に直面する人々は，複合的な課題や重層的な不利のなかにある場合が多い。近年では，貧困・生活困窮者の抱える多種多様な諸課題に対応する支援が注目されている。

　貧困概念の広がり（「何が貧困か」），貧困者の困窮実態（「貧困者はどのような困難に陥っているか」）や支援方法・制度（「貧困者にどのような支援を実施するか」）は時代とともに変化する。たとえば生活保護世帯の「子ども」に着目した支援（本章第2節）や「ひきこもり」（本章第3節），「8050問題」（本章第5節）などは，戦後すぐの時期には社会福祉の支援対象・支援課題とは想定されなかった。

　新しく発生した課題や認識された困窮実態に対して従来の支援制度が不十分であれば，その創設や強化を図ることとなる。既存資源の活用や従事者の役割強化の他に，新しい支援主体・制度を設けることもありうる。しかし単に新しい窓口や人員を配置しても，それらが相互にうまく連携作用しなければ，支援主体や窓口の乱立を招くだけとなってしまう。それぞれの諸課題に対応する支援と相互の連携が高度に求められる時代において，その支援を「誰（どの機関）が」「どのように」担うのか，それぞれの支援主体の役割と支援の内容を把握することは重要である。

❑ 貧困・生活困窮者に対する支援主体

　本章第2節以降では，貧困・生活困窮者に対するさまざまな支援の実際を具体的な事例をもとに取り上げる。主たる支援機関は，福祉事務所（本章第2節），自立相談支援機関（本章第3節），民間支援団体（本章第4節），社会福祉協議会（本章第5節），地域生活定着支援センター（本章第6節）である。「主たる支援機関」は，貧困・生活困窮者の支援の現場において中心となって機能する存在だが，単一の制度や支援機関のみで複合的な課題のすべてを解決できることは少ない。

　それぞれの節では同時に「関係（連携）する支援機関」（制度・専門職）を冒頭に記しているため，それら関係機関との多職種間連携の意義についても意識しながら学習してほしい（分野別の関係機関・支援の内容については**表6-1**を参照）。

表6-1　分野別支援メニューの例

分野	関係機関等	具体的な支援メニュー（例）
福祉相談窓口	自治体本庁	各種福祉制度等の相談，年金，障害者手帳取得等の各種申請等
	福祉事務所	生活保護制度の相談
	社会福祉協議会	生活福祉資金貸付事業，日常生活自立支援事業，ボランティア活動等
仕事・就労	ハローワーク，地域若者サポートステーション，職業訓練機関，就労支援をしている各種の法人・団体（認定就労訓練事業の事業所を含む）等	求人情報提供，職業相談・職業紹介求職者支援制度，職業訓練，就労の場の提供等
家　計	家計改善支援機関，日本司法支援センター（法テラス），弁護士（会），消費生活センター（多重債務者等相談窓口）等	多重債務等の問題解決，家計からの生活再建支援等
経　済	商店街・商工会議所，農業者・農業団体，一般企業等	就労の場の提供，職業体験，インターンシップ等
高　齢	地域包括支援センター，居宅介護支援事業所等	高齢者の相談支援等
医療・健康	保健所，保健センター，病院，診療所，無料低額診療事業を実施する医療機関	健康課題の把握・解決等
障　害	障害者相談支援事業所，障害者就業・生活支援センター，障害福祉サービス事業所等	障害者の生活および就労等に関する相談支援，障害福祉サービスの提供支援等
子育て・教育	家庭児童相談室，児童家庭支援センター，児童相談所，地域子育て支援センター，その他子育て支援機関，学校，教育機関，ひきこもり地域支援センター，フリースクール，学習支援機関，子ども食堂等	虐待・DV等の相談支援，子育て支援，ニート・ひきこもりの相談支援，学習支援，居場所の提供等
刑余者等	更生保護施設，自立準備ホーム，地域生活支援センター等	刑余者や非行のある少年等に対する自立更生のための相談支援（生活基盤確保，社会復帰・自立支援）等
地　域	民生委員，児童委員，地域住民，町内会・自治会，社会福祉法人，NPO，ボランティア団体，警察，日常生活に関わる民間事業者（郵便・宅配事業者，新聞配達，コンビニエンスストア，電気・水道・ガス等の公共インフラ事業者）等	対象者の把握・アウトリーチ，見守り活動，社会参加支援，居場所の提供，ピアサポート

出所：厚生労働省社会・援護局（2015）「自立相談支援事業の手引き」13-14.

　貧困・生活困窮者支援をめぐる制度が多様化するなか，半端な知識で制度の利用要件に欠く対象者を相談機関につなぐことは，ともすれば「押しつけ」「たらい回し」という印象を与えかねない。

　また逆に，明らかに要保護状態にあって生活再建の見込みが薄い世帯を，たとえばフードバンクや福祉資金貸付などで不安定な状態を持続させるだけでは，世帯の保護やその後の自立助長の観点からは不適切な対応といえる。「連携」はそれ自身が目的ではなく，対象者の福祉を向上するための手段の一つである。やみくもに連携先を増やすだけで当人の「福祉」が向上しなければ無意味であろう。それゆえ支援の現場ではそれぞれの制度や支援内容，支援主体についての正確な知識が求められている。すべての制度や支援内容を深く正確に理解することは困難であるが，具体事例を読み込みながらそれぞれの現場においてどのような支援が提供され，どのように連携が機能しているのか

をイメージしてほしい。

☐ 貧困・生活困窮者支援の責任主体と実施主体

貧困・生活困窮者支援の担い手（支援機関・支援者），運営主体やそこで働く人々の「身分」はどうなっているだろう。福祉事務所や自立相談支援機関は「役所」であるが，そこで働く人々は「公務員」だけとは限らない。社会福祉協議会の職員や，就労支援業務などの外部委託を受けた民間職員・団体職員もいて，現場では多種多様な職種・身分の人々が働いている。

貧困・生活困窮者の支援は，法制度に基づく行政機関だけに留まらない。今日では，民間セクターや**非営利組織**などの役割が注目を浴びている。ここでは貧困・生活困窮者への支援をめぐる公私の役割分担と担い手の実際について，貧困・生活困窮者支援の中核である生活保護・生活困窮者自立支援制度を中心にみていこう。

両制度は公的責任や国と地方の関係，事業の民間委託に関する考え方が大きく異なる。まず二つの制度の目的を規定した第1条を比較してみよう。

> 【生活保護法】
> 第1条　この法律は，日本国憲法第25条に規定する理念に基き，<u>国が</u>生活に困窮するすべての国民に対し，その困窮の程度に応じ，必要な保護を行い，その最低限度の生活を保障するとともに，その自立を助長することを目的とする。
>
> 【生活困窮者自立支援法】
> 第1条　この法律は，生活困窮者自立相談支援事業の実施，生活困窮者住居確保給付金の支給その他の生活困窮者に対する自立の支援に関する措置を講ずることにより，生活困窮者の自立の促進を図ることを目的とする。

「国が」と主語があるように，生活保護制度は国民の保護（最低生活保障と自立助長）が「国家責任」であることを明確に規定している。他方，生活困窮者自立支援法には「主語」が明記されていない。この制度は地方分権や地域共生の政策推進下において成立した制度であり，担い手として地域，民間組織を想定していることも影響している。反面，行政とりわけ国の責務という点では曖昧になっている。この違いは事務の性質にもあらわれており，生活保護法が**法定受託事務**を中心としているのに対して，生活困窮者自立支援法はすべて**自治事務**に分類される。

表6-2　福祉事務所の生活保護担当職員の職種

	専　任	兼　任	非常勤
現業員	16667 (92%)	956　(5%)	407　(2%)
生活保護担当面接相談員	560 (19%)	1616 (55%)	743 (25%)

出所：「平成28年福祉事務所人員体制調査」表3-1を元に筆者作成.

☐ 生活保護制度の業務，運営主体

　生活保護は「国家責任」の制度であるが，その事務をすべて国がお
こなうわけではない。厚生労働大臣（国）は，生活保護の決定・実施
に関する業務を地方自治体の首長に「法定受託事務」として委託して
いる。首長は生活保護の実施機関にあたり，職権の一部を福祉事務所
長に委任する（福祉事務所長は現業機関とも呼ばれる）。公権力の行使に
あたる「保護の決定・実施に関する業務」の委任・委託は厳しく制限
されており，これらの業務を民間に委託することは現在のところ認め
られていない。

　生活保護を利用する市民と実際に接するのは，地方自治体の職員で
ある。社会福祉法に定める社会福祉主事（現業員や査察指導員）は，福
祉事務所長の指揮監督の下で事務の執行を補助するという形で業務を
行なう（補助機関）。なお，民生委員はこれら行政機関の業務執行に協
力する協力機関であり，厚生労働大臣から委嘱された無給の非常勤委
員（特別職の地方公務員）である。

　旧生活保護法や戦前の救護法では民間の篤志家らからなる方面委員
（現在の民生委員）を補助機関としていた。新法体制においては補助機
関に民間人ではなく，専門技術を有する有給の専任職員をあてるべき
とされ，社会福祉主事任用資格のある自治体の常勤職員（公務員）が
配置されている。これは**公私分離**➡と公的責任の明確化という効果も有
していた。

　生活保護の現業員（ケースワーカー）は，自治体の常勤職員が原則で
あり，所員定数（標準定数：市部80世帯，郡部65世帯に1名）の算定に
おいても常勤職員のみとしている（非常勤職員の配置は定数に含めない）。
ただし，全国調査の結果によると非常勤職員が一定数存在しているこ
とがわかる（**表6-2**）。公務員の人員削減や被保護世帯の増加，所員
定数の法定数から標準数への変更などを背景に，常勤職員で定数を充
足させられずに，体制整備を非常勤職員に依存している自治体が一部
存在するのが実情である。

　「生活保護の決定・実施」とは別に，被保護者の自立助長のために
保護の実施機関が行う「被保護者就労支援事業」や「要保護者への相
談助言等」の援助業務（生活保護法第27条の2）は，地方自治体固有の

➡公私分離

GHQ の 発 令 し た
SCAPIN775「社会救
済に関する覚書」に基
づく，戦後日本の社会
福祉制度における諸原
則のひとつが，「公私
分離の原則」である。
戦前の社会福祉制度の
多くが，民間の篤志家
などが担い手となって
いたことを改め，社会
福祉の実施体制（主
体）を「公的」と「私
的」に明確に切り分け
た。

表6-3　正規雇用外（非常勤）職員，外部委託による相談援助活動や事務補助の例

神奈川県藤沢市

正規雇用外（非常勤）職員	①面接相談員（2名。いずれも福祉事務所OBを任用） ②就労支援員（1名。ハローワークOBを任用） ③子ども支援員（2名。生活困窮者自立支援事業との一体的実施） ④女性相談員（3名） ⑤医療・介護業務員（1名） ⑥健康管理支援員（1名。保健師を任用）
外部委託	①就労準備支援事業（専門機関に委託） ②子どもの学習・生活支援事業（専門機関に委託し，市内3か所の事業所で実施）

横浜市（市内18区の状況）

正規雇用外（非常勤）職員	①保護担当事務嘱託員（各区に配置。現業員6人に1人の基準） ②就労支援専門員（各区に複数配置。全市で68名） ③教育支援専門員（各区に1名配置） ④年金相談専門員（18区を10ブロックに分け各1名配置） ⑤債務管理事務補助嘱託員（全市で4名配置） ⑥保健師（保健師もしくは看護師。現在のところ3区のみ。本庁から委託し，委託業者から派遣されている）
外部委託	①寄り添い型学習支援事業（全18区で実施。実施主体は各区で運営はNPO法人や株式会社等に委託） ②寄り添い型生活支援事業（13区で実施。実施主体は各区で運営は民間法人等に委託） ③就労準備支援事業（実施主体は市で運営は民間法人等に委託） ④就労訓練事業（民間法人等の自主事業と位置付けられており，市は認定事務等を実施。他に市は「就労訓練支援センター」を設置し，センターの運営を民間法人に委託） ⑤家計改善支援事業（実施主体は市で運営は民間法人に委託） ⑥自立安定化支援事業（転居支援事業・横浜市の単独事業。実施主体は市で運営は民間法人に委託） ⑦無料職業紹介事業における求人開拓業務（各福祉事務所が職業安定法による無料職業紹介所として指定を受けている。職業紹介は嘱託職員である就労支援専門員が実施。求人開拓業務及び就職支援セミナーの実施を民間法人に委託）

出所：日本ソーシャルワーク教育学校連盟（2020）『「福祉事務所における生活保護業務の実施体制に関する調査研究事業」実施報告書』21-25，をもとに筆者作成．

業務である自治事務に分類される。自立支援プログラムなどがこれにあたり，地方自治体の地域の実情に応じた柔軟な運用が可能となっている。法定受託事務である保護の決定・実施に比べて，従事者の制限が緩く業務委託なども可能とされる。実際に被保護者就労支援事業を株式会社やNPO法人などに民間委託している自治体も多い。

　このことから自治体の常勤職員（ケースワーカー，査察指導員）以外に多くの非常勤職員を福祉事務所に配置している自治体は多い。**表6-3**は，神奈川県藤沢市・横浜市の非常勤職員及び外部委託による事業の実施状況である。

□ 生活困窮者自立支援制度の業務，運営主体

　生活困窮者自立支援制度は，そのすべてが地方自治体固有の業務である自治事務に分類されており，実施主体は福祉事務所を設置する自

治体（福祉事務所設置自治体）である。事業には自治体が必ず実施する必須事業「自立相談支援事業」「住居確保給付金の支給」と，地域の実情に合わせて実施できる任意事業「就労準備支援事業」「家計改善（相談）支援事業」「一時生活支援事業」「子どもの学習（・生活）支援事業」がある（くわしくは第5章第1節参照）。

□ その他の貧困に対する支援における関係機関（社会福祉協議会）

　社会福祉協議会は，地域福祉の推進を図ることを目的とした社会福祉法人格をもつ半官半民の団体である。生活困窮者自立支援事業の「自立相談支援事業」（自立相談支援機関）や他の任意事業の主要な委託先であり，貧困・生活困窮者に対する支援を提供する支援機関としても重要な役割を担う。

　また，「生活福祉資金貸付制度」「臨時特例つなぎ資金」の実施主体として，低所得世帯などを対象に金銭の貸付を通じて，生活の安定や経済的な自立への支援を行なっている。貸付業務は，都道府県社会福祉協議会（都道府県社協）が実施主体となっており，貸付の相談業務や申込手続き等の業務を市町村社会福祉協議会（市町村社協）に委託している。

　都道府県社協・市町村社協は生活福祉資金貸付制度の業務を担う職員「相談員」を配置している。相談員は㋐ファイナンシャルプランナーの資格を有する者，㋑金融機関に勤務経験を有する者，㋒福祉事務所に勤務経験を有する者，㋓社会福祉士の資格を有する者，㋔その他，市町村社協会長または都道府県社協会長が適当と認めた者のいずれかに該当することを要件としている。相談員の勤務形態は常勤，非常勤を問わず，また，他の業務との兼務を可能とされている。

　生活福祉資金の「総合支援資金」および「緊急小口資金」，並びに「臨時特例つなぎ資金」については，原則として生活困窮者自立支援制度の自立相談支援事業などによる支援を受けるとともに，社会福祉協議会とハローワークなど関係機関から継続的な支援を受けることに同意することが利用の要件となっている。対象世帯には，必要に応じて生活保護の利用を促すなどの支援が必要な場合も多く，自立相談支援機関や福祉事務所との緊密な連携が求められている。

　社会福祉協議会は，貸付業務のほかにも**コミュニティソーシャルワーカー（CSW）**の配置や「日常生活自立支援事業」など様々な事業で地域福祉の主要機関となっている。貧困・生活困窮者の支援の入り口は必ずしも経済的困窮の相談だけに限らない。CSWなどの地域福祉からのアプローチはアウトリーチの観点からも地域定着の観点からも

➡社会福祉協議会
地域福祉の推進を目的に社会福祉活動を行う非営利の民間組織。社協と略す。市町村社協は，事業の企画・実施，住民参加のための援助など地域に根ざした活動を行い，都道府県社協は，広域的見地から社会福祉活動の推進（社会福祉事業従事者の養成や研修，市町村社協の連絡・調整など）を行う。民間団体であるが，社会福祉法に規定されており，事業の多くが行政からの委託による半官半民の組織である。

➡コミュニティソーシャルワーカー（CSW）
地域福祉のための社会福祉専門職であり，社会福祉協議会などに配置されることが多い。地域において支援を必要とする人々に対して，個別支援や人間関係等の環境面への地域支援を重視した援助を行う。また，地域資源の開発や公的機関との関係調整も行う。

重要である（社会福祉協議会の支援事例として本章第5節参照）。

☐ その他の貧困に対する支援における関係機関（民間支援団体）

　貧困・生活困窮者の支援は公的機関だけではなく，民間支援団体の役割も重要である。市民やNPO（非営利組織）など政府外の民間の人びとによる活動は多彩で独創的なアイデアも多く，地域に根差した支援事例も多くみられる。歴史的には民間団体こそが先駆的に困窮者支援を展開してきたのであり，現代においても民間団体の先駆的な成功事例を行政側が制度化する試みもある（子どもの学習支援事業，家計改善事業など）。

　公的機関は法令に基づく統一した運用を前提としており，原則として「申請主義」であることから柔軟で機動的な対応を苦手としている。その反面，民間支援団体などが行うボランタリーな活動（炊き出しや夜回り活動，近年注目を浴びるフードバンクや子ども食堂など）をきっかけに生活困窮者・世帯が行政機関・支援制度へとつながる事例は多い。これら民間団体の活動によるアウトリーチの機能は重要であり，貧困を発見し，地域で支える重要な役割を果たしている（民間団体のホームレス支援事例として本章第4節参照）。

☐ 貧困・生活困窮者支援における公私の役割とは

　ここまでみてきたように，貧困対策の支援は，公私の役割という点で，制度ごとに濃淡がある。

　社会福祉において公私関係とは，「公」を国・自治体などの行政機関，「私」を政府以外の非政府全般，企業やNPOなどの民間団体を指す（「公私」のほかに「官民」（官＝政府機関，民＝民間組織）とする場合もある）。

　生活保護の決定・実施に関する業務のように有給専任職員による公私分離が原則で民間委託に慎重な制限が設けられている場合もあれば，生活困窮者自立支援制度のように多くを社会福祉協議会やNPO団体などに外部委託している例もある。半官半民という社会福祉協議会の役割は大きく，また困窮者を発見し制度へつなぐ活動や草の根で行われるボランタリーな諸活動は民間団体の強みといえる。

　福祉における公私の役割関係のあり方は歴史的に変化してきた。貧者の救済事業は古くは主に民間慈善組織が担っており，公の役割は民間の救済から漏れ落ちた者に対する最低限（劣等処遇）の救済か，あるいは単に治安維持としてであった。20世紀以降，先進国では福祉国家の理念が浸透し，日本においては占領期に大戦中の総動員体制の反

省として「公私分離の原則」が導入される。

それは貧困救済に対する国家責任の強調（民間への役割転嫁の禁止）であったが，同時に「公の支配」を安易に民間に及ぼさないための仕掛けでもあった。

憲法第25条に基づき国民の生存権を保障し，貧困から守るための責任は一義的には国家にある。貧困対策の実施主体を公的機関が担うことは実効性を担保する上で重要である。

しかしこのことは，すべての支援を国家が独占することを意味するわけではない。現代では「公私協働」が注目されている。たしかに民間団体との委託や連携が貧困対策に効果的に作用するのであればそれは望ましいことであり，政府が民間団体の先駆的な取り組みを支援したり制度化することは，今後も展開していくだろう。

その上で，民間団体などの非政府組織による貧困者支援が展開することに伴う課題も存在する。金子は次の諸点を指摘する[1]。

① 非政府（民間）組織の活用が社会福祉のコストカットと結びつく

生活困窮者自立支援法や自立支援プログラムのような形で「非政府」による活動実践が重視されるのと引き換えに，政府はしばしば生活保護の給付抑制を進める。また公務員削減の圧力のなか，民間委託（民営化）が単に安価な労働力の担い手としてのみ選択される恐れもある。

② 行政が財政資源を通じて非政府組織を管理し社会を統治する

補助金や委託費は非政府組織の重要な資金源となるため，これら財政資源を行政側が握ることで非政府組織がコントロールされ，結果的に民・私を通じて行政権力が社会に及ぶ（管理統制主義）。費用対効果や数値目標といった成果指標を政府（中央政府および地方政府）が設定することで，非政府の活動に影響を及ぼし，非政府の活動が官僚的かつ**パターナリズム**を帯びた統制的なものに変質する。

民間・非政府分野の活用が公的責任の後退や行政権力の統制強化を引き起こすことのないように，貧困支援における支援主体の公私の役割，その意義と限界をしっかりと認識しておくことが重要である。

▶ パターナリズム

当人の意志にかかわらず，当人の利益のために，意思決定を行うこと。強い立場にあるものが弱い立場にあるものに行使する。（父）親が，子どものためによかれと思って（当人の意志とは関係なく）行う行為から来ている。父権主義。

さまざまな支援のありよう①
生活保護を利用する母子世帯への支援

○主たる支援機関
福祉事務所
○関係（連携）する支援機関（制度・専門職）とキーワード
教諭（教員），スクールソーシャルワーカー，生活福祉資金/母子父子寡婦福祉資金，民生委員・児童委員，学習ボランティア

☐ 事例の概要

【Aさん（34歳：女性），Bちゃん（15歳：女性）】

　Aさんは，横暴な父親に押さえつけられている母親，といった光景が日常であるようななかで育った。そのため家庭に良いイメージをもっていなかった。Aさんが高校を中退して18歳で結婚したのは，妊娠がきっかけではあるが，居心地のよくない家を出るための一つの手段と考えたからだ。しかし双方の親の反対を押しきってスタートした結婚生活は順調ではなかった。10代で親になったAさんには支えてくれる人や子育ての方法を伝えてくれる人はなく，子育てに疲れたAさんは，夫と言い争いが増えていった。Bちゃんが1歳になったころ，夫が家を出て，母子2人での暮らしが始まった。離婚時に決めた養育費は，3か月後には途絶えた。高校中退で資格も持たず，働いた経験もないAさんが見つけた仕事はスーパーのパート［下線1］で収入は少なかったが，**児童扶養手当**➡と合わせて何とかやりくりをして生活していた。すぐに認可保育所に入れたことも助けとなった。

　しかしBちゃんが小学校にあがると家計は徐々に苦しくなった。子どもの成長につれ学習費や被服費もかかり，家計は赤字続きになった。何年働いてもスーパーでは正社員になる見込みはなく年収は増えなかったため，AさんはBちゃんが小学4年生になると，昼間のパート勤務に加えて深夜のアルバイトを始めた。

　収入が増えて家計のやりくりが少し楽になり，Bちゃんのほしいものを買える生活にホッとしたAさんだったが，睡眠時間を削った働き方を続けたため，心身に不調をきたしていった。Bちゃんが中学1年生の時にAさんは仕事中に倒れて緊急入院した。

➡児童扶養手当

父または母と生計をともにしていない児童がいるひとり親家庭に支給される手当である。生活の安定と児童の福祉の増進を図ることを目的としている。支給額は，本章第5章を参照。

☐ ソーシャルワーカーによる支援内容

① 無理を重ねた生活から抜け出す

Ａさんは，これまで何度か周囲から生活保護の利用を勧められたが，申請に際して福祉事務所から実家へ連絡が入ると聞いたことであきらめ，**ダブルワーク**を続けてきたのだった。横暴な父だけでなく，母とも関係はあまり良好でなかったが，高校在学中の妊娠をきっかけにさらに関係は悪化していた。離婚を報告した際も，「だから言ったではないか。お前が悪い」となじるばかりの両親には二度と会わないと決心していた。しかし，今後も通院治療と療養が必要であると医師から説明を受け，初めて生活保護の申請を具体的に考え始めた。

Ａさんは医療ソーシャルワーカーに何度か相談した後，福祉事務所を訪ねＣソーシャルワーカーと出会った。Ｃソーシャルワーカーから，退院後またダブルワークをすれば同じことの繰り返しとなるばかりか，これまで通り母子で暮らすことも難しくなる，これから教育費がかかる年齢のＢちゃんのためにも制度を利用して生活を立て直す方がよいと助言され，Ａさんはやみくもに頑張るだけではＢちゃんのためにもならないと考えなおした。入院をきっかけにＡさんの公的な機関への苦手意識が少しやわらいだこともこの考えを後押しした。緊急入院したＡさんのために地域の民生委員がＢちゃんに付き添って病院へ来てくれた。Ａさんの入院中，Ｂちゃんは市の**子育て短期支援事業**を利用し，児童福祉施設で過ごした。これまで福祉制度やサービスはよくわからずに，利用したのは児童扶養手当と保育所のみだったＡさんにとって，入院は地域の社会資源とつながるきっかけとなった。

② 新たに見えてきた問題への対応

生活保護を受けることによって療養に専念できるようになったＡさんは2つの仕事を辞め，数年ぶりに親子でゆっくりと過ごす時間をもった。これまでは生活のために仕事を優先にしてきたが，これからは子どものために時間を使いたいと考えた。しかし久しぶりに母と子が顔を合わせる生活は順調ではなかった。寝坊しがちなＢちゃんは朝からＡさんともめるようになってきたのだった。

そもそもＡさんがダブルワークを始めたのは，Ｂちゃんが小学校4年生になり一人で留守番できるだろうと考えたからだった。始めた当初はＢちゃんが寝入った後で出勤し，明け方に帰宅し朝食の準備をしたが，徐々にＡさんは朝帰宅後に疲れてすぐに寝入ってしまい，朝食を作らなくなり，Ｂちゃんは1人で起きて朝食抜きで登校するようになっていた。6年生になったころには，Ａさんが夜中の仕事へ出かけると長時間ゲームを続けるようになり，登校時刻に起きられなくなっ

▶ **ダブルワーク**

2つの仕事を掛け持ちする働き方をいう。シングルマザーは非正規就業が多く，賃金も低い傾向にある。そのため，1つの仕事の収入では家計のやりくりができず，2つ，3つの仕事を掛け持ちすることがある。

▶ **子育て短期支援事業**

保護者の病気やその他の理由で一時的に養育が難しい場合，児童福祉施設や母子生活支援施設等で児童を養育・保護を行う。短期入所生活援助事業（ショートステイ）と夜間養護等事業（トワイライトステイ）がある。

ていた。結果，基本的な生活スタイルや家庭学習の習慣もつかないま
ま小学校を卒業していた。中学に入学してすぐに学習面の遅れや生活
習慣の乱れを心配した担任教諭は**スクールソーシャルワーカー**➡に相談
を持ち掛けようとしたが，その時期にＡさんが倒れたのだった。

　Ａさんの入院に伴って，これまでの経緯と現状を知ったスクールソ
ーシャルワーカーと担任教諭は，福祉事務所のＣソーシャルワーカー
と話し合い，支援にあたっての連携を約束した。

　これまでの経緯から，ＡさんとＢちゃんはお互いを思う気持ちはあ
るが，それぞれの余裕のなさもあり，問題解決の糸口をつかむことも
難しかった。Ａさんの体調は回復してきたが，生活保護のスティグマ
によりメンタル面の不調が続いていた。そこで，福祉事務所のＣソー
シャルワーカーは，定期的に面談を行った。学業不振だけでなく，友
人関係の悩み，母親との関係の悩みなどで登校が断続的になるＢちゃ
んには，スクールソーシャルワーカーがかかわるようになった。

③　教育の保障のために支援をつなぐ

　その後Ａさんは，心身の不調は続いていたが，福祉事務所への定期
的な報告をしながら，保護費内の家計のやりくりはできるようになっ
た。一方，Ｂちゃんの登校はいぜん途切れがちであり，スクールソー
シャルワーカーが度々家を訪れていた。数回の面談で，学業不振は小
学生のころからの生活習慣の影響もさることながら，それ以外に経済
的問題とのかかわりがみえてきた。中学生になり，友人たちが進学を
意識し塾に通うようになってくると，Ｂちゃんは自分の家の状況に希
望を見いだせなくなり，家計的に高校やその先の専門学校への進学を
あきらめざるを得ないと考えていた［下線２］のだった。Ａさんは，高
校はもちろん，その先の進学も願っていたが，具体的に教育費の捻出
を考えるとまた心身の不調を感じるようになるのだった。

　Ｃソーシャルワーカーは担任教諭やスクールソーシャルワーカーと
会議を持ち，Ｂちゃんの様子を共有したうえで，次のような取り組み
を行った。まず，Ａさんには，高校進学の費用については，家計に無
理ない範囲であれば進学のための貯蓄は認められていることや，生活
福祉資金・母子父子寡婦福祉資金の貸付制度などを伝えた。そして，
地域で行われている生活困窮世帯の中学生対象の学習支援の場である
子どもの健全育成支援事業➡を紹介し，Ｂちゃんと一緒に訪れた。この
場は学習支援の場であるとともにＢちゃんにとって家庭以外の居場所
となる重要な場となった。母親以外の大人のかかわりはＢちゃんにと
って生活習慣を身につける場であり，安心して本音を話せる場であっ
た。そして，たくさんの大人や仲間に支えられ，学習の遅れを取り戻

していった。

④　居場所と役割を得る

Bちゃんは，Cソーシャルワーカーや学習支援のスタッフ・ボランティアに支えられ無事高校に合格した。入学にかかる費用は，母子父子寡婦福祉資金の貸付を利用して納めることができた。

入学後は念願の部活動に入部し，活動費用のためにアルバイトを始めるときはCソーシャルワーカーに事前に相談するなどして，高校生活は順調に始まった。しかし部活とアルバイトを両立しながらの勉強は徐々に負担となり，気持ちに余裕がないため再び母親との言い争いが増えてしまった。その様子を聞いたCソーシャルワーカーはBちゃんを久しぶりに学習ボランティアの場へ誘い，スタッフはBちゃんの不安を受け止め，学習ボランティアの手伝いをさせてくれた。中学生の自習に付き合い，<u>Bちゃんは自分の経験が役に立ち，また支援を受けるだけではなく支える側にも立てることを実感した</u>［下線3］。そして通い続けることは自らも勉強について学習ボランティアに相談できる機会ともなったため，これを契機に高校生活が安定していった。

こうしてBちゃんは地域社会のなかで母親以外の大人とつながり，周囲の人の支えを得ることを体験し，自分の役割を獲得する経験を重ねていった。

＊　本事例は，筆者が関わった典型的な事例を，組み合わせた架空のものです。

【確認問題】

① 母子家庭の経済的困窮状態の背景にあるものを調べなさい［下線1］。
② 困窮家庭で育つ子どもが進学を断念する過程を調べ，どのような状況が影響しているのか検討しなさい［下線2］。
③ 周囲からの自助努力を求める声や自己責任を問う声などをプレッシャーに感じ，閉じこもるしかなかった本事例のような家族が，支援につながる（支援を求められるようになる）過程を確認し，当事者自身が支えを得ながら自ら問題解決していくことができるような支援には何が必要か検討しなさい［下線3］。

3 さまざまな支援のありよう②　ひきこもり状態にある人々への支援

> ○主たる支援機関
> 自立相談支援機関
> ○関係（連携）する支援機関（制度・専門職）とキーワード
> 家族，就労準備支援事業【任意事業】，ハローワーク（就職支援ナビゲーター），地域若者サポートステーション

☐ 事例の概要

【Dさん（32歳：男性）】

　50歳の母親と2人暮らし。長男として出生。妹がいる。中学校の時に父親が家を出ていき，前後して不登校状態となる。通信制高校に進学するも卒業できずに中退となる。以降約15年間ひきこもり状態［下線1］となっている。20歳の頃，コンビニエンスストアのアルバイトをしたことがあるが，1か月で辞めている。

　同居している母親は夫との離婚後に生活保護を約8年間利用していたが，娘（妹）の短大進学を機に保護を廃止。現在，朝は新聞配達，昼間は高齢者の訪問介護員の仕事をしながら月収18万円程度の収入で暮らしている。2歳下の妹は短大卒業後に家を出て，現在は隣の市で専業主婦として子育てをしながら生活している。Dさんとの関係は良くないため直接話すことは少ないが，母親と妹の交流はある。

　Dさんは日中ほぼ家から出ないが，人の少ない夜間などにコンビニエンスストアや近くの公園へ外出することがある。駄菓子が好きで3日に1回買い出しに出る。友人はおらず，話をする相手は母親のみ。

☐ ソーシャルワーカーによる支援内容

① 家族からの相談とアウトリーチ

　母親と妹が自立相談支援機関の窓口に来所した。保健所で相談したところ，こちらの窓口を紹介されたと話す。15年間ひきこもり状態の息子（Dさん）の将来が不安であると話す。現在はダブルワークをしている母親の給料で親子2人が生活している。母親は行政機関の利用には消極的であったが，妹が再三にわたって利用を促すため，やむなく相談しにきたという。自立相談支援機関の相談員（以下，Eソーシャ

ルワーカー）は，母親の話を聞く限りでは，相談員とDさんがただち
に接触することは難しいだろうと判断し，制度のチラシと簡単な手紙
を母親に渡して，Dさんに案内してもらうように伝えた。

　後日，妹からEソーシャルワーカーに電話連絡があった。母がDさ
んに，チラシと手紙を手渡して説明したところ，「家でならば話をし
てもよい」と反応があったとのこと。後日，約束をして訪問すること
となった。

　約束をした日にEソーシャルワーカーがDさん宅を訪問したところ，
Dさんは部屋から出てこず，Eソーシャルワーカーのドア越しの声か
けにも終始無言であった。母親が申し訳なさそうにしていたため，ま
た時期をおいて訪問することとなった。

　2週間後に，Eソーシャルワーカーが再びDさん宅を訪問したとこ
ろ，ちょうどコンビニエンスストアから帰ってきたDさんが会釈をし
てくれたので，Eソーシャルワーカーは自己紹介をして雑談をした。
Dさんは髪の毛は長髪でボサボサであり，もう何年も床屋に行ってい
ない様子。雑談の合間に，困りごとはないかたずねたところ，「今の
ところ支援は必要ない」という返答だったため，何かあれば連絡する
ようにと伝えて，Eソーシャルワーカーの自立相談支援機関の連絡先
が書かれたチラシを手渡した。

②　家族のけがをきっかけに就労を希望

　半年後，Dさんから直接Eソーシャルワーカーに電話があった。D
さん曰く，母が新聞配達の仕事中に転倒し，骨折して1週間の入院に
なったとのこと。入院期間中の食事はコンビニエンスストアの弁当で
まかなっていた。母の入院中に思うところがあり，仕事をしたいので
仕事先を紹介して欲しいと話す。後日，相談支援機関の窓口に来所す
るとのことだった。

　電話から3日後の約束の日時に，Dさんが来所。以前はボサボサだ
った長髪が短く切り揃えられており，面談の途中に笑顔もみられた。
ハローワークの**就職支援ナビゲーター**▶の説明をしたところ，「ぜひ利
用したい」と話したため，その場で連絡し，1週間後の面談日を設定
した。ハローワークの初回面談に同行し，就職支援ナビゲーターのF
さんと3人で面談を行う。Dさんの就労への思いは非常に強く「すぐ
にでも働きたい」と話す。職種は以前に経験のあるコンビニエンスス
トアのアルバイト就労がよいという希望であった。Dさん宅からやや
距離のあるものの，希望の条件の案件があったため，求人の紹介を受
けて後日面接をすることとなった。

▶**就職支援ナビゲ
ーター**
ハローワークにて担当
者制で個別相談等の就
職支援を行う職業相談
員。生活保護受給者，
児童扶養手当受給者，
生活困窮者自立支援法
による生活困窮者等が
主な対象である（その
他，障害者などを対象
とする場合もある）。
対象者との面接，支援
プランの策定，職業紹
介や福祉事務所との連
絡調整，就職後の職場
適応・定着に向けたフ
ォローを行う。

③ 就労の失敗と支援の継続

2週間後，就職支援ナビゲーターのFさんから，Dさんがコンビニエンスストアのアルバイト面接に受かったが，「3日で辞めた」との連絡があった。離職については就労先からFさんに連絡があったが，FさんからはDさんには連絡がつかないという。EソーシャルワーカーがDさん宅に電話をしたところ，電話に母親が出た。母親によると3日前から精神的に不安定となり，トイレ以外で部屋から出てこなくなった。Eソーシャルワーカーは早急に訪問する旨を伝えた。

Eソーシャルワーカーが訪問したところ，最初は部屋のトビラを閉めたままであったが，ドア越しに挨拶を投げかけると少し時間を置いてから返答があった。アルバイトを辞めた理由をたずねたところ，アルバイト先で先輩アルバイトからこれまでのひきこもり経験をからかわれたという。EソーシャルワーカーからDさんに向けて，これからのことを一緒に考えていきたいので，一度自立相談支援機関の窓口で相談することを提案したところ，「考えておく」との返答があった。帰り際にDさんの母親に話をしたところ，自身の転倒骨折の治りは順調ですでに仕事にも復帰している。Dさんのアルバイトについては「もともとうまくいくと思っていなかった」とあきらめたような表情で話していた。

その3日後，EソーシャルワーカーのもとにDさんから電話があり，午後から相談を行うことになった。予定していた時間から15分遅れて，Dさんが1人で来所した。あらためて，Dさんに仕事を辞めた経緯とこれからの思いについて聞き取りを行った［下線2］。辞めた直接の理由は先輩アルバイトのからかいであったが，それよりも指示された仕事がうまくできなかったことが背景にあったようである。

「これから何をどうしたらいいのかわからない。母親に迷惑をかけていると思うのでつらい」とうつむきながら話す。面談中もDさんの緊張度は高く，話し方はぎこちなく，視線は定まらない。手の汗をしきりに拭う態度がみられた。

Eソーシャルワーカーから，(1)早期の就労については性急であったため，もう少し時間をかけて支援を考えていく必要があること，(2)ハローワーク以外の支援機関や支援制度もあることを説明した。Dさんから他の支援機関について質問があったため，地域若者サポートステーションについてパンフレットとともに説明を行ったところ，興味を示したため，後日訪問することにした。

④ 関係機関との連携

DさんとEソーシャルワーカーは，地域若者サポートステーション

を訪れ，キャリアカウンセラーのGさんと面談を行った。不登校から高校進学できずにひきこもりとなった経緯や，過去のアルバイトでの失敗について話をするなかで，Dさんがこれまで抱えていた他者がいる空間に身を置くことへのストレスを自覚していったようであった。また「仕事をしなければならない」という強い思いのうらには，Dさんの母親や妹に対する複雑な葛藤があることも明らかになった。

　面談の結果，今後も3週間に1回の頻度でキャリア・カウンセリングを利用することとなった。

　3か月経ったある日，DさんがEソーシャルワーカーのもとを訪れた。キャリア・カウンセリングも5回程度行い，緊張が解けてきたため，Gカウンセラーから「就労体験」を利用してみないかとの提案があったと話す。

　Dさんとしては不安な気持ちもあるものの，利用してみたい気持ちもあり悩んでいるとのこと。また一歩踏み出せない理由のひとつに地域若者サポートステーションから提案された就労体験先が遠方であり，夜型のDさんには利用が困難ではないかという心配があった。

　Eソーシャルワーカーの勤務している法人では，<u>自立相談支援事業</u>のほかに<u>就労準備支援事業</u>［下線3］も受託していたため，就労体験を行っていることをDさんに伝えたところ，「できれば利用してみたい」との意思表明があった。

　すぐに就労支援事業の担当者に伝えて，面接を行った。面接時に就労支援事業の担当者から「事業所内のグループワーク」への参加の勧めがあったが，Dさんはグループワークには苦手意識があり，これを拒否。その代わりに社会福祉協議会が主宰している福祉まつりの運営補助をする2日間の短期就労に参加してみることになった。

　＊　本事例は，筆者が作成した架空の事例です。

✏ 【確認問題】

① 国・自治体の資料や新聞記事，または書籍などを用いて，ひきこもり状態にある人々の実態とニーズについて調べ，必要と考える支援施策とその理由について検討しなさい［下線1］。

② 「働きたい」という表明と「働けない」という現実の間にある乖離の背景，その理由について思いつくものをあげて検討しなさい［下線2］。

③ 「就労準備支援事業」として実際に自治体で実施されている支援プログラムの詳細について，厚生労働省や自治体の資料などを調べて，注目した自治体のプログラム例についてその内容をまとめなさい［下線3］。

さまざまな支援のありよう③
ホームレス状態にある人々への地域支援

> ○主たる支援機関
> 民間支援団体（NPO）
> ○関係（連携）する支援機関（制度・専門職）とキーワード
> 福祉事務所，居住支援（生活保護施設・一時生活支援事業【任意事業】，相談
> 支援事業所，ボランティア，地域づくりや参加の場づくり

事例の概要

【Hさん（43歳：男性）】

　地方都市出身。2人兄弟の次男として出生。小学校低学年の時に両親が離婚して母子家庭となる。以来，父親とは交流がない。

　高校卒業後，母親の知り合いの紹介で，実家から通える地元の自動車整備関連の会社に就職した。遅刻欠席もなく，まじめな勤務態度で，会社からは評価されていた。しかし，部署が変わり，作業量が増えると，作業工程を覚えていられなくなり，ミスが続くことが多くなった。このことから上司と折り合いが悪くなってしまい，5年程で退職する。退職したことで，実家にも居づらくなり，派遣会社を通じて見つけた都内のアパート付きの仕事（運輸業）に就いて実家を離れる。勤め始めて数年は実家に帰ることもあったが，徐々に実家とは疎遠になっていった。

　10年ほど勤めたころ，会社の業績が悪化して解雇される。このときも会社が借り上げたアパートに住んでいたため，解雇と同時に住まいを失う。貯え（20万円程度）を使い，ネットカフェなどに寝泊まりしながら日払いの仕事をしていたが，ネットカフェで寝泊まりしていたこともあり，腰を痛め，仕事に行くことが難しくなる。貯えも底をつき，路上で寝泊まりするようになる。

ソーシャルワーカーによる支援内容

① 路上から一時生活支援事業の利用へ

　路上生活をし始めてしばらくたった時，民間支援団体（NPO）が行っているアウトリーチで当該機関の支援者（以下，Ｉソーシャルワーカー）がHさんと出会う。出会った当初は警戒している様子であったが，

Ｉソーシャルワーカーは出会う度に簡単な食料を渡しつつ，世間話するなどして，少しずつ信頼関係を築いていった。こうしたやり取りを重ねるうちに，徐々にＨさんは今後のことについてＩソーシャルワーカーに相談をするようになった。

　Ｈさんは，腰の調子が良くないこと，また外で寝ていてほとんど眠れていないので，できることなら早くこの状態から抜け出したいとＩソーシャルワーカーに訴えた。それを聞いたＩソーシャルワーカーは，まずは，体調を整えることが必要であると判断し，生活保護制度の利用を勧めた。しかし，利用するにあたって親族に連絡がいくことがあると説明をすると，Ｈさんは「母親や兄弟に連絡がいくのは耐えられない」と言い利用を断った［下線1］。そこでＩソーシャルワーカーは，生活困窮者自立支援制度の任意事業である**一時生活支援事業（自立支援センター➡）**の利用を勧めた。Ｈさんが利用の意向を示したので，しくみについて簡単な説明を行ったうえで，市の福祉事務所への同行など，利用にあたっての手続き面での支援を行った。

②　自立支援センターから更生施設へ

　自立支援センターに限らず，ホームレス状態にある人々が入所する施設では，何らかの理由で施設を自ら退所する人も少なくない［下線2］ため，ＩソーシャルワーカーはＨさんが自立支援センターに入所した後も，定期的に電話で連絡を取り，関係が途切れないように努めた。

　Ｈさんは，入所後しばらくして，これまで長年やってきた仕事（運輸業）に近い，物流関係の仕事に就くことができた。この職場は，これまで自立支援センターの入所者が数人就職してきたところであり，雇用主の理解がある就職先であった。しかし，マニュアルが覚えられない，手順を間違えるなど簡単なミスが続き，雇用主の方から自立支援センターに雇い続けることが難しいとの連絡があった。

　これまでの仕事の中でも同じようなことがあったことを聞いていた自立支援センターのＪソーシャルワーカーは，知的面での障害があるかもしれないと考え，医療機関への受診を勧めた。検査の結果，軽度の知的障害があることがわかった。Ｊソーシャルワーカーは，就労による自立（経済的自立）は難しいと判断し，**更生施設➡**へ転寮を勧めた。生活保護を受けることに躊躇いがあったＨさんではあったが，Ｉソーシャルワーカーからの後押しもあり，今回は利用することにした。

③　更生施設での支援

　更生施設の支援方針は，(1)できるだけ早い段階で知的障害者のための手帳を取得する。(2)現状でも無理のない軽微な仕事を見つけ，その

➡**一時生活支援事業（自立支援センター）**

住居のない生活困窮者に対して，一定期間宿泊場所や衣食の提供等を行う事業。本事業の方式は，①借り上げ方式シェルター，②施設方式シェルター，③自立支援センターの三つに分かれる。

➡**更生施設**

生活保護法に基づく保護施設の一つ。身体上または精神上の理由により養護および補導を必要とする要保護者を入所させて，生活扶助を行うことを目的としている。2021年現在，全国で19か所存在している。

収入で足りない分は生活保護の利用を続けることを前提にアパートへの転宅を目指す，という2点であった。

　障害者手帳については，更生施設のKソーシャルワーカーの支援により入所後3か月程度で取得をすることができた。またその間に，週3回，3時間程度の清掃の仕事に就くことができ，順調に転宅に向けての準備が進んでいるようにみえた。

　しかし，ある日，Hさんは更生施設の規則で禁じられているお酒を飲んで帰ってきた。聞けば，給料が入ったことで気が大きくなり，手持ちのお金をすべて使って飲んでしまったという。Kソーシャルワーカーが，こういったことは過去にもあったのかたずねると，以前も，お酒が原因で人に迷惑をかけたり，お金の工面に苦労して借金をしたことがあったとのことであった。このことから，Hさんがアパートに移った後に，地域での生活をどのように支援するかが課題として浮上した。そこで，Kソーシャルワーカーは，本人の了解をとったうえで，路上生活をしている時から支援を行っており，Hさんが信頼しているNPOのIソーシャルワーカーに連絡を取り，アパート移行後の地域の支援について依頼をした。更生施設に入所して10か月を過ぎたころ，Hさんはアパートに転宅をした。

④　地域での支援

　連絡を受けたIソーシャルワーカーは，Hさんの了承のもと，担当の福祉事務所のケースワーカー，**相談支援事業所**の相談支援専門員，当該地域の民生委員と連絡を取り，状況を共有した。そして，（Hさんの意向を踏まえつつ），Iソーシャルワーカーが所属するNPOが，ボランティアとともに行っているサロン活動を起点にHさんを支えていくことを提案，確認した。

　Hさんが更生施設からアパートに転居して数日後，IソーシャルワーカーはHさんの部屋を訪ね，サロン活動に来てみてはどうかと声をかけた。当初は知らない人がたくさんいる場所に行くことに抵抗があったようだが，行ってみると，同じような経験をした人が多く，現在生活保護を受給していることを隠さなくてよいこと，ボランティアの人と交流ができることから，次第にHさんの居場所となっていった。また，ちょっとした困りごとがあったときに，Iソーシャルワーカーをはじめ，NPOの支援者に相談できることから，サロンは居場所だけではなく，Hさんにとっての拠り所ともなっていった。見守られているという安心感を得られ，孤立感が解消されたことから，心配されていたアルコール，金銭の管理の問題については，顕在化することはなかった。Hさんがサロン活動に参加してしばらくしたのち，Iソー

➡ 相談支援事業所
障害者の様々な相談に応じるための事業所で，各市町村に設置されている。障害福祉サービスを利用するためのサービス計画の策定を行う「特定相談支援事業所」と，地域で暮らすための地域移行支援・地域定着支援にかかわる業務を担う「一般相談支援事業所」に分かれる。実務経験と研修の受講を経た相談支援専門員が配置されている。

シャルワーカーは，先述した支援者にもサロンに顔を出してもらい，地域資源間の連携を意識した支援を行った。これによりHさんに，自分が地域で支えられていることを実感してもらうようにした。

　Hさんがサロンに通い始めて半年ほどたったころ，Hさんから，「NPOの活動を何か手伝いたい」との申し出があった。Iソーシャルワーカーが理由をたずねたところ，「世話になってばかりなので申し訳ない気持ちになっている。自分も何かできることがあればしたい」とのことであった。他のサロンに集う人にも尋ねてみたところ，皆少なからず同じような思いをもっていることがわかった。そこでIソーシャルワーカーは，サロンに集う人々とボランティアとともに，話し合いの場を持ち，どのようなことができるか話し合った［下線3］。その結果，NPOに見学に来る人やボランティアに来る人に渡す記念品（石鹸）を作ったらどうかということになった。この活動は，「居場所創出プロジェクト」という名称で週1回の活動に発展していった。この活動は，次第に参加者を増やし，Hさんだけではなく，そのほかの人にとっても，社会参加の場となっている。

　＊　本事例は，筆者が関わった典型的な事例を，組み合わせた架空のものです。

【確認問題】

①　厚生労働省の資料や新聞記事などを用いて，扶養照会によって実際に扶養が行われる割合や，扶養照会が行われる範囲について調べ，そのあり方について検討しなさい［下線1］。

②　論文やそれぞれの施設の報告書などを用いて，どれくらいの人が施設から自己退所しているのか調べ，その理由について検討しなさい［下線2］。

③　こうしたプロセスを経て支援を作り実施していくことの必要性とその効果について，当事者主体，エンパワメントといった観点から検討しなさい［下線3］。

⑤ さまざまな支援のありよう④ 8050問題に対する支援

> ○主たる支援機関
> 市町村社会福祉協議会
> ○関係（連携）する支援機関（制度・専門職）とキーワード
> 社会福祉法人の地域貢献，市役所地域福祉課，障害者就業・生活支援センター，地域包括支援センター，自立相談支援機関（NPO法人），コミュニティソーシャルワーカー，自立支援医療制度，生活困窮者支援制度，家計改善支援事業

☐ 事例の概要

【Lさん（女性：85歳）と，息子のMさん（男性：53歳）】

　地方都市在住の親子2人世帯。母親のLさんは要介護状態でほぼ寝たきりの生活となっている。息子のMさんは統合失調症を患っており，現在無職である。親子2人の生活費は，母親であるLさんの年金（国民年金と遺族厚生年金）でまかなわれている。

　Lさん親子のように，高齢の親と中年の息子や娘という組み合わせの親子同居世帯は近年増加している［下線1］。こうした世帯のうち，息子や娘に失業，借金，アルコール，ひきこもり，障害，精神疾患といった問題があり，そこに高齢の親の認知症や介護が絡むことで複数の生活問題を抱えるようになった世帯は「8050世帯」とも呼ばれる。「8050世帯」においては，生活困窮や社会的孤立，虐待，あるいはいわゆる「ゴミ屋敷」状態のような生活環境の悪化といった問題が起きることがある。また親の介護と子どもの就労や障害等，分野横断的・複合的な問題が複雑に絡み合うため，縦割りの制度的福祉の枠組みでは対応が難しいケースも少なくない。このような特徴を持つ「8050世帯」への支援をどのようにすすめるかは，ソーシャルワークにおける重要課題のひとつとなっている。

　また，近年こうした複合的分野横断的な課題を持つ人や家族の支援も念頭に，市町村においては包括的支援体制の整備がすすめられている［下線2］。

❑ 支援開始時点におけるLさん親子の状況

　母親のLさんは，かつて看護師として市内の病院に勤めていた。病院を定年退職した後も同じ市内のクリニックで65歳まで勤務した。元会社員の夫Nさんと，息子のMさんの3人家族だったが，7年前にNさんが他界し，Mさんと2人暮らしとなった。2人は現在，市の中心部から少し離れた地域にある，民間の賃貸アパートに入居している。月々の家賃6万円である。もともとは同じ市内に持家の大きな戸建て住宅を所有していたが，5年ほど前に売却した。家を手放した理由は，息子のMさんがつくった多額の借金を返済するためだった。家を売って，手元には100万円ほどが残ったというが，現在貯金はほぼない。

　Lさんは現在介護が必要な状態であるが，介護保険サービスは利用していない。以前，**地域包括支援センター** の職員が訪問してサービスの利用をすすめたが，本人は「そんなサービスはいらない」と拒否。Mさんも「母親の面倒は自分がみているから大丈夫。お金もかかるので必要ない」と言って，サービス利用を受け入れなかった。

　地域包括支援センターのケアマネジャーは「Lさんには軽度認知症の症状もみられる。以前に比べてかなり痩せてきており，前は歩行もできていたが，最近は歩けなくなったようだ。息子さんが介護できているようにはみえない。日中もほぼ寝たきりの状態で，このままでは心配だ」と感じていた。

　Mさんは市内の高校を卒業後，市内の工場に就職したが，2年ほどで退職した。本人は「人間関係がよくなかった」と話す。その後も断続的に就労はするもののどの仕事も長く続かなかったという。

　10年ほど前，アルバイトをしていた頃に体調を崩し，病院を受診したところ統合失調症の診断を受けた。しばらくは近くの病院の精神科に通院していたが，処方された薬を服用したところ具合が悪くなったため服薬をやめ，それ以後は病院にいかなくなった。

　その後も断続的にアルバイトをしたが，5年前に今のアパートに移ってからは仕事をしていない。Mさんは「母親の介護があるから仕事ができない。夜もトイレ介助で起こされるので眠れない。日中眠くなるから働けない」と話す。Mさんは車とバイクが趣味で，現在も車・バイクを所有している。家を手放す原因となった多額の借金も，Mさんが次から次と車やバイクを購入したことが原因だった。

　部屋の中は非常にモノが多く，バイク関係の雑誌やDVD，音楽CDや音響機器，電子機器などが散乱している。Mさん本人いわく「買い物グセがある」とのことで，ほしいと思ったものは後先を考えずに購入してしまうとのことであった。

➡地域包括支援センター

地域住民の保健医療の向上，福祉増進を包括的に支援することを目的として設置される施設。介護保険法上の包括的支援事業等を地域において一体的に実施する役割を担う。市町村または市町村から委託を受けた法人が運営し，保健師，社会福祉士，主任介護支援専門員等が配置される。包括的支援事業として介護予防ケアマネジメント，包括的・継続的ケアマネジメント支援を実施するほか，指定介護予防支援事業所として要支援者のケアマネジメント業務も行う。

❑ ソーシャルワーカーによる支援内容

① 初回訪問時の支援内容──信頼関係の構築と本人の認識の確認

　Ｌさん親子の状況を見かねた地域包括支援センターのケアマネジャーから、社会福祉協議会のコミュニティソーシャルワーカー（以下、CSW）に連絡が入った。地域包括支援センターだけでは息子のＭさんへの支援は難しいため、社会福祉協議会と連携してＬさん親子の支援にあたりたいとのことであった。

　連絡を受けたCSWは、地域包括支援センターのケアマネジャーと一緒にＬさん宅を訪問することにした。訪問の約束をするために電話をしたが、電話は料金滞納のためか利用停止となっていた。事前連絡なしに訪問したところ、Ｍさんが応対してくれた。訪問に対しては特に拒否的な態度はみられず、部屋の中に通してもらえた。Ｌさんはベッドに横になっており、CSWが声をかけたが反応はなかった。

　CSWは、まずはＭさんとの信頼関係づくりが必要と考え、最初から踏み込んだ話は避け、バイクや車の話など、Ｍさんの好みそうな話から始めることとした。Ｍさんは、こちらの問いかけに応じるものの、答えるまでに少し時間を要する状況であった。Ｍさんいわく「普段人と話さないため、思っていることを言葉にするのに時間がかかる」とのことだった。

　社会福祉協議会のCSWが持参したトランプカードを出して「トランプでもやりませんか」と誘ってみたところ、Ｍさんは「いいですよ」と応じた。20分ほどトランプゲームをしたところ、Ｍさんも「トランプなんてすごく久しぶりにやったから疲れた」と言いつつ、それなりに楽しんだ様子であった。

　少し雰囲気が打ち解けてきたところで、Ｍさんに「普段、食事はどうしてるんですか」と質問してみた。Ｍさんは「いつも自分が作って母親に食べさせている」と答えた。しかし台所を見ると、汚れがこびりついた食器や鍋などが積み重なっており、しばらく使われた形跡がみられなかった。地域包括支援センターからの事前情報では、どうやらコンビニでおにぎりなどを買って母親と分けて食べているようだ、とのことであった。

　次に「そういえば、来る前に電話したんですが、止められていたようでした。いつ頃から止まってるかわかりますか」と尋ねると「たぶん１か月前くらい」とのことだった。そこでCSWは「そうですか。ほかになにか滞納しているものとかないですか」と聞くと、Ｍさんは少し考えてから「ちょっとここのところ家賃も払えていない。まだ督促は来ていないが、家賃のことは気にはなっている」と答えた。CSW

は家賃が払えないと大変なので，どうしたらいいか一緒に考えたいとMさんに伝えたところ，Mさんも「それは助かる」とのことだった。

②　初期における支援

初回の訪問から断続的にCSWはLさん宅を訪問し，主にMさんと生活について話し合いを持った。まずは大家に連絡し，家賃の支払いについて待ってもらえるように依頼することを提案した。また，市内にある**社会福祉法人の地域貢献（地域における公益的な取り組み）** ▶を活用して滞納していた電話料金の支払いを行った。

Mさんの浪費によって生活が苦しくなっている状況について，Mさん本人は「どうしようもない。買いたいものを買うのは当たり前。支出は減らせない」とのことだった。CSWが「支出を減らせないのなら，収入を増やすしかないのでは」と問いかけたところMさんも「仕事をして収入を増やしたい」と希望を述べた。CSWは職業安定所（職安）に同行しMさんの仕事探しを手伝うことにした。Mさんは何回か職安に行ったが，体調が悪く面談の予約を急遽キャンセルすることが続いた。この状況を受けて，CSWは就労に向けては体調を整えることが優先と考え，中断していた精神科の通院を再開することを提案した。Mさんもこの提案を受け入れ，自立支援医療制度の利用による精神科への通院再開，及び障害者手帳の申請手続き等をすすめることとなった。

CSWが何度か訪問するうちにLさんも，調子のよいときは問いかけに応えるようになった。かねてよりLさんは息子であるMさんのことを心配しており，Mさんが数時間家を空けると不安を感じて社会福祉協議会に電話をかけてくるようになった。「息子と一緒に暮らしたい。離れたくない」というのがLさんの希望であった。

③　多機関による支援ネットワークの構築

通院・服薬によってMさんの状況が安定してきたため，CSWは，Lさん親子の支援に関係する専門機関によるカンファレンス［下線3］を行うことにした。カンファレンスにはMさん本人，市の地域福祉課担当者，保健師，障害者就業・生活支援センター，包括職員，生活困窮者自立支援事業を市から受託しているNPO法人の相談員，社会福祉協議会CSWが出席した。専門職らはまずはMさんの話をじっくりと聞き，希望に沿って生活を改善するための提案を行った。

この時に就労して収入を増やすためにMさんが就労することと同時に，働きに出ている間はLさんには介護サービスを利用する必要があることなどを話した。地域包括支援センターからもこれまでのMさんの介護の努力は認めつつ，よりよい状況を作るにはLさんの介護サー

▶**社会福祉法人の地域貢献（地域における公益的な取り組み）**
....
2016（平成28）年の社会福祉法改正において「地域における公益的な取組」の実施に関する責務規定が創設された。これは社会福祉法人に，生活上の支援を必要とする者に対して，無料または低額な料金で福祉サービスを積極的に提供することを求めた規定である。この規定に基づく取り組みを中心として，社会福祉法人による地域社会への貢献を目的とした取り組みを総称して「社会福祉法人の地域貢献」と呼ばれる。

ビス利用が必要であることを伝えた。最終的にはMさんも，サービスを利用するよう母親に話すことに同意した。障害者就業・生活支援センターからは，すぐに一般就労が難しければ福祉的就労という道もあることが伝えられた。Mさんは「そういうのもあるんですね」と関心を示したため，障害者就業・生活支援センターの相談員が中心となって，就労支援サービスの利用を進めていくこととなった。

　母親のLさんも，息子のMさんから「これからもいっしょに暮らすためには必要だ」と促され，介護保険のサービスの利用を受け入れることになった。ホームヘルプサービスとデイサービスを中心にサービス利用が開始された。また，家計改善支援事業の利用を提案したところ，これについてもMさんは了承し，利用申し込みを行うこととなった。

　こうして，地域包括支援センター，保健所，障害者就業・生活支援センター，生活改善支援を行うNPOの相談員が連携してLさん親子への支援を継続する体制が構築された。社会福祉協議会のCSWも「必要があれば関わるのでなにかあれば連絡するように」とMさんには伝えている。

　＊　本事例は，筆者が作成した架空の事例です。

 【確認問題】

① 国勢調査の「世帯構造等基本集計」等の統計資料をもとに「高齢の親（70～90代）と暮らす40～60代の未婚の子ども」という組み合わせの親子同居世帯数の推移について調べなさい［下線1］。

② 近年の社会福祉法改正の内容を調べ，包括的支援体制整備（重層的支援体制整備事業）をめぐる動向について検討しなさい［下線2］。

③ 事例のような8050世帯への支援における難しさと，それを克服するためのソーシャルワーカーの視点としてどのようなことが求められるか検討しなさい［下線3］。

さまざまな支援のありよう⑤
触法・司法福祉

○**主たる支援機関**
地域生活定着支援センター
○**関係（連携）する支援機関（制度・専門職）とキーワード**
福祉専門官，保護観察官，福祉事務所，障害者グループホーム，就労継続事業B型事業所，社会福祉協議会

☐ 事例の概要

【Oさん（63歳：男性）】

　地方都市出身。酒を飲むと暴力をふるう父とやさしい母との間に次男として出生。父は板前をしていたが仕事もそこそこに酒とギャンブルに溺れ，母がパートに出て何とか家計を支えている状況であった。小学校・中学校ともに勉強についていけず学校の先生からは養護学級（特別支援学級）を薦められていたが，父がこの事実を受け止めることができずにこれを固辞したため実現しなかった。中学校卒業後は，知人の紹介により，隣町で塗装工見習いとして働くも，なかなか仕事が覚えられず親方から怒られる日々をすごしていた。16歳のとき，母が病死し，以後，従遊生活をおくるようになる。

　Oさんは，20歳のときにテレビで観た都会のまちXにあこがれて，単身Xに。Xの繁華街の小料理屋の皿洗いとして10年間稼働するも，店がつぶれて失業してしまう。この間，Oさんは小料理屋の仕事で知り合った4歳年上のPさんと結婚したが，Pさんは失業してしまったOさんに厳しくあたるなどしていた。Pさんとの間に子どもはなかった。Oさんは，食い扶持をなくしてしまい，さらにはPさんから厳しくあたられることに耐え切れず家を出て，Xで野宿生活をしながら，店舗への侵入盗をはじめる。最初はうまくいったものの7，8回目には店主に見つかり，あえなく捕まってしまう。これにより，懲役10月執行猶予3年の判決を受ける。

　執行猶予判決を受けたあとも仕事を見つけることができず，再び，Xで野宿生活をはじめ，空き缶回収などをおこなうも，安定した収入はなく，他に生きるための手段も思い浮かばずにまたも店舗への侵入盗をくり返すようになる。しかし，やはりほどなくして捕まり，懲役

10月の実刑判決が下され，前回の懲役10月に加えて１年８月にわたりはじめての刑務所生活を経験する。このときすでに父や元妻とは音信不通の状態になっており，ほかに頼れる知人等もいなかった。

　出所後は，刑務所に服役中に同じ工場の受刑者仲間から聞いたＹにある寄せ場になけなしの作業報奨金を握りしめて赴き，日雇い労働に従事する。日雇いの仕事にありつけたときにはドヤに寝泊まりし，なかった日には，炊き出し等にも赴きつつ，野宿生活をおこなっていた。１万円程度の現金が手に入ったときは，競輪に行き，有り金をすべてつぎ込んでしまっていたという。ほとんど勝つことはなかったというが，たまに勝ったときに酒を飲むのが数少ない楽しみであったという。なかなか安定した仕事にありつけず，空腹に耐えかねて無銭飲食や食料品の万引きをおこなっていた。換金目的の万引き等をおこなうこともあった［下線１］。

　Ｏさんは，30代半ば以降，現在に至るまで，無銭飲食や万引き，さらには賽銭泥棒などをくり返し，５回の服役，出所後は野宿という生活を10余年間続けてきた。しかし，50代半ばをすぎ，体力的にも野宿生活が厳しく感じられるようになってきていた。そこで，前刑時にテレビで観た「生活保護」という制度について思い出し，今回の服役の前に，勇気を振り絞って福祉事務所を訪れるも，「まだ働ける」との理由で追い返される水際作戦にあってしまう。今まで１度も生活保護をはじめとする福祉サービスを受給したことはなかった。

☐ ソーシャルワーカーによる支援内容
① 特別調整対象者として選定

　刑務所における知能検査の結果，軽度の知的障害が疑われた。服役生活と野宿生活とをくり返しており，父や元妻とも連絡がとれない状態にあり，帰住先が定まっていない。領置金も数百円程度で，作業報奨金も３万円に満たない額しか期待できそうにない。このままでは今回の出所後もわずかばかり所持金を数日で使い果たしたあとは野宿生活となり，再び万引きしたり，服役するという貧困と社会的排除のスパイラルに陥ることが予測される。

　こうした理由から，今回服役中に，刑務所内で**特別調整**の候補者に選定された。福祉専門官との選定面接において特別調整についての説明を受けたとき，ギャンブルや酒は辞めないといけないだろうといわれ，これまでどおり自由気ままに暮らしていきたいという気持ちもよぎったが，もう野宿生活は体力的にも難しいと考えなおし，Ｏさんはわらにもすがる思いで支援を希望した。その後，特別調整担当の保護

➡ 特別調整
刑務所等の矯正施設に収容されている者のうち，高齢または障害により自立が困難（①）で，しかも適当な帰住予定地もない者（②）が，釈放後すみやかに適切な福祉サービスを受けることができるようにするための，生活環境の調整について特別の手続きを「特別調整」という（更生保護法第82条）。福祉サービスを受ける必要性（③）と特別調整を受ける相当性（④）とが判断され，本人がこれを希望（⑤）し，個人情報の提供にも同意していること（⑥）が要件とされている。保護観察所から地域生活定着支援センターへの依頼に基づいて支援が実施される。

観察官による選定面接においてもその必要性が認められ，**地域生活定着支援センター**に特別調整によるコーディネート依頼がおこなわれた［下線2］。

　地域生活定着支援センターの相談員Qらが，刑務所に赴き面談をおこなったところ，Oさんがこれまでの生活習慣を改めて穏やかな生活をおくりたいと支援を願い出た。関係諸機関への個人情報の提供等にも同意したため，正式に支援が開始されることとなった。

②　刑務所服役中からの支援

　地域生活定着支援センターによる特別調整対象者となった受刑者との面談は，引致担当の刑務官，福祉専門官（社会福祉士等），特別調整担当保護観察官の立会いのもと，アクリル板等を挟まない面談室において，1回に1時間から1時間半の時間をとっておこなわれる。地域生活定着支援センターという機関が，どのような機関かということを受刑者が即座に理解することは難しいことが多い。そのため，とりわけ，初回面接時では，地域生活定着支援センターが，刑務所や保護観察所といった刑事司法機関とは性質を異にする機関であり，受刑者の出所後の生活を再建していくために，ともに考えていく伴走者であるということを理解してもらえるように努めることになる。

　Oさんは，63歳で，特定疫病もないため，介護保険サービスが使えない。そのため，福祉専門官と連携をとって，相談員Qは療育手帳の申請をおこなった。この時点でOさんには，頼れる家族がおらず，住民票も職権消除されていたため，療育手帳の申請をはじめ，各種の手続きは非常に骨の折れるものとなった。これまで福祉サービスを受給したことがないOさんに，福祉サービスを用いての出所後の生活を具体的にイメージしてもらうことは簡単ではないが，ソーシャルワーカーである相談員Qは，各種住まいや日中活動の場のパンフレットや写真などを用いながら，出所後のOさんの生活についての選択肢を複数提示し，そのメリット・デメリットを説明したうえで，Oさん自身に決めてもらえるように心がけた。

　Oさんは，自炊が苦手だったため，いくつかの選択肢のなかから，3食が提供され，競輪場なども近くになく，スナックなども少なく，刺激の少ないY郊外のZ市にある障害者グループホームにおける生活を希望した。受刑中に体験入所等をおこなうことは難しいため，同グループホームの職員C（ソーシャルワーカー）にも，刑務所に面談に来てもらった。頼れる優しいお母さんといった雰囲気の50代前半の女性であるCのことをOさんは気に入ったようで，面談中Oさんからは時折笑みもこぼれた。面談の結果，CもOさんを迎え入れ，Oさんの社

▶地域生活定着支援センター

刑務所等の矯正施設に収容されている者のうち，高齢または障害により自立が困難な者を対象に，福祉サービスをはじめとする支援を提供することで，犯罪行為を手離したその人らしい生活を実現するために，2009年以降，各都道府県に設置された福祉機関を地域生活定着支援センターという。刑務所等に受刑中から，刑務所等や保護観察所，さらには地域のさまざまな福祉機関と連携して，釈放後すみやかに適切な福祉サービスを受けられるよう調整をおこなっている。2021年からは被疑者・被告人段階での支援も本格的にスタートすることになっている。

会生活を支えていく意向を示したため，出所後は，Cを中心（キーパーソン）としてOさんの生活を伴走していくこととなった。

　そこで，Q相談員は，Z市役所を訪れ，障害福祉サービス受給にかかる調整および生活保護の受給に向けての調整をおこなった。Z市の福祉事務所では，受付担当のケースワーカーのDから「どうしてこれまで縁も所縁もないZ市で生活する必要があるのですか？」「出所後の生活支援が必要なのはわかりましたが，そちらの機関で費用を負担してはいかがですか？」と心ない言葉を浴びせられるも，Q相談員は，都市部とは違い刺激の少ないZ市における生活の必要性や，地域生活定着支援センターの支援を受けて，帰住予定地の調整がおこなわれる場合には，調整先の自治体が現在地として実施責任を負う旨が『生活保護手帳別冊問答集』にも明記されていることをていねいに説明しながら，何とか理解が得られるように努めていった。

　③　刑務所出所時の支援

　出所当日，Q相談員ら地域生活定着支援センターのソーシャルワーカーが，刑務所の門までOさんを出迎えに行く。刑務官と福祉専門官に連れられて大きな紙袋を抱えてとぼとぼと歩いてくるOさんの表情は，どこか晴れやかにもみえる。「もう帰ってきたらだめですよ」と，いつかドラマで観たような言葉を福祉専門官からかけられたOさんは，元気に返事をして刑務所をあとにした。

　Q相談員らは，Oさんと談笑しながら，まずはZ市の住民課において転入手続きをおこなったあと，Z福祉事務所に赴き，生活保護の申請をおこなった。Dは，Q相談員との事前調整の結果をもとに，Oさんに聴き取りをおこない，いくつかの書類にOさん自身が署名捺印しながら，生活保護についての一般的な説明をおこない，手続きを進めていった。その後，Z市の障害福祉課において障害福祉サービス受給の手続き等をおこなった。

　その後，Q相談員らは，Oさんが服役中から食べたいと言っていたラーメンを一緒に食べたあと，商店街で当面の生活に必要な生活用品を買い揃え，Cの待つ障害者グループホームに送り届けた。

　④　地域での支援

　Oさんは，障害者グループホームから徒歩で通える就労継続支援事業B型の作業所で，Oさん自身が希望していた軽作業に従事しながら，余暇時間には，近隣の散歩や，散歩中に立ち寄った公園で声をかけてもらったラジオ体操にも参加するなどしていた［下線3］。Oさんは「（失業する前の）結婚生活90点，野宿生活40点，刑務所生活60点，（現在の）グループホーム生活80点」と，日々の生活に少しずつ手ごたえ

を感じつつ楽しんでいるように思われた。計算が苦手なＯさんは，社会福祉協議会の日常生活自立支援事業の金銭管理サービスを利用して，所持金をうまく配分しながら，日々の生活を楽しめるようにＣ職員らとともに試行錯誤をくり返している。Ｏさんからグループホームを出たいと，Ｃ職員からＱ相談員に一報が入ることもあったが，その都度，Ｏさんと話し合いながら，毎日がすぎていった。

　出所後，1か月たったところで，Ｃ職員にイニシアティブをとってもらいながら，作業所の職員Ｅ，社会福祉協議会の職員Ｆなどの関係者が集まって，Ｏさんについての多機関カンファレンスが開催され，Ｑ相談員もそこに同席した。Ｃ職員がＯさんを受容する役割を，Ｅが必要に応じて厳しく指導するという役割分担が，支援者の間ではおこなわれ支援が展開されていた。

　Ｑ相談員も定期的にＣ職員からＯさんの生活状況を聴きつつバックアップし，折に触れて同グループホームや作業所に訪問してＯさんの生活を見守っている。

　＊　本事例は，架空のものであり，実際に起こったケースとは異なるものです。

【確認問題】

① なぜ，障害者や高齢者といったヴァネラブルな人々が，貧困状態に陥り，罪を犯すことでしか生きることができなくなってしまっているのか，ということについて各種論文や白書を用いて検討しなさい［下線1］。

② 厚生労働省や法務省の資料や各種論文を用いて，どれくらいの人が特別調整の対象になっているのかを調べたうえで，どのような支援がおこなわれているのかについて検討しなさい［下線2］。

③ 罪をくり返す障害者や高齢者が，再び刑務所に入ることなく，幸せに地域で安定した生活を営むためにはどのような支援が必要か，ということについて，社会福祉の立場から検討しなさい［下線3］。

◯注 ─────────

(1)　金子充（2017）『入門　貧困論──ささえあう／たすけあう社会をつくるために』明石書店，334-337.

◯参考文献 ─────────

第1節

厚生労働省社会・援護局（2015）「自立相談支援事業の手引き」.

厚生労働省社会・援護局　地域福祉課生活困窮者自立支援室（2018）「平成30年度　生活困窮者自立支援制度の実施状況調査　集計結果」.

日本ソーシャルワーク教育学校連盟（2020）『「福祉事務所における生活保護業務の実施体制に関する調査研究事業」実施報告書』.

■終　章■
これからの貧困・生活困窮者問題とソーシャルワーカー

□ 本書で学んだこと

本書では，貧困の概念や実態，生活保護制度を中心とする公的扶助制度のしくみや動向，貧困状態にある人々への支援の実際を学んできた。

貧困を経験することは，物質的な欠乏をもたらすだけでなく，社会との関係という面でも，差別や偏見，排除やスティグマの原因となり，人権を侵害したり，社会正義の実現を阻害したりすることがある。そのため人類は，社会保障制度を整備して，貧困問題の解決に向けて努力してきた。

日本において，貧困解消の中核となっている社会保障制度が生活保護制度である。日本国憲法第25条は，すべての国民の健康で文化的な最低限度の生活を保障すること，すなわち生存権の保障を規定している。しかし，憲法に書かれているだけでは，人々の生存権は実際には保障されない。憲法の理念を具現化する制度が必要であり，それが生活保護制度である。生活保護制度のもと，全国の福祉事務所にケースワーカーが配置され，他制度や他機関，他職種と連携しながら，貧困状態にある人々の生活を支援している。

本書を学んだ皆さんは，貧困問題を社会的に解決していくことの重要性や，貧困問題の解決のために生活保護制度やソーシャルワークが果たす役割を理解してくれたものと信じている。

□ 生活保護に対する社会の眼差し

しかし，現実の社会に目を転じると，貧困や生活保護に対する人びとの眼差しは厳しい。

2012年，人気お笑いタレントの母親が生活保護を受給していることが週刊誌で報道された。このタレントは高年収を得ていたため，子としての扶養義務を果たしていないのではないかと批判したり，母親が不正受給をしているかのように報じたりするメディアもあった。本書で学んだように，扶養義務者による扶養は，生活保護を受給するための要件ではなく，生活保護に優先するに過ぎない。また，子が高年収を得ていたというだけで，母親が不正受給に当たるとは考えられない。しかし，その後も，「生活保護受給者は怠けている人が多い」「不正受給者が多い」「生活保護費は高すぎる」といった，生活保護制度やその受給者に対するバッシング報道が広がった。

こうした報道も影響してか，2013年には，生活保護基準が大幅に引き下げられ，不正受給への罰則強化や扶養義務者への扶養要請の強化など厳格な内容をもつ改正生活保護法が成立した。このように，貧困

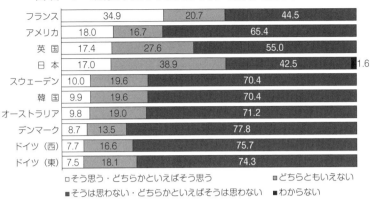

図 終 - 1　政府は貧しい人たちに対する援助を減らすべきだ

資料：厚生労働省政策統括官付政策評価官室委託「社会保障に関する国民意識調査」
　　　（2011年度）.
出所：厚生労働省編（2012）『厚生労働白書（平成24年版）』112, をもとに筆者作成.

状態にある人々や生活保護を受給している人々に対する社会の厳しい
眼差しは，現実の制度にも影響を及ぼしている。

　メディアや一般市民だけではない。2017年には，神奈川県小田原市
の福祉事務所職員が「保護なめんな」とプリントされたジャンパーを
製作し，業務中に着用していることが発覚した。「わたしたちは正義だ。
不正受給してわれわれを欺くのであれば，あえていう。そのような人
はクズだ」という内容の英文もプリントされていた。高圧的な表現が
批判を呼び，小田原市は事件発覚後に検証委員会を組織し，生活保護
行政の運用のあり方を見直す取り組みを進めた。ソーシャルワーカー
とクライエントとの支援関係は，相互の信頼関係を基盤として成立す
る。不正受給を疑い，受給者に威圧感を与えるような態度からは，良
好な支援関係は決して生まれない。

　さて，図終 - 1は，「政府は貧しい人たちに対する援助を減らすべき
だ」という意見に対する考えを尋ねた意識調査の結果を国際比較した
ものである。貧困層への援助削減に肯定的な人（そう思う・どちらかと
いえばそう思う）の割合は，日本は17.0％であり，アメリカや英国と並
んで多いグループに属している。一方，貧困層への援助削減に否定的
な人（そうは思わない・どちらかといえばそうは思わない）の割合は
42.5％と調査対象国の中で最も少ない。この調査結果をみる限り，日
本人は，貧困状態にある人々を公的に支援することに消極的な傾向が
ある。どうやら，本書で学んだ貧困解決の重要性や生活保護制度の役
割は，必ずしも日本社会の中で共感を集めていないようである。

□ 生活保護制度の課題

　人々の意識の面だけでなく，生活保護制度そのものにも課題がある。

生活保護基準を下回る収入の人のうち生活保護を受給している人の割合，つまり，生活保護の受給対象となるはずの人のうちどれだけの人を制度が捕捉できているかを示す指標が捕捉率（take-up rate）である。憲法や生活保護法の理念からすれば，すべての国民に最低限度の生活が保障されるのだから，本来，捕捉率は100％のはずである。しかし，実際にはそうではなく，研究者などの推計では10〜25％程度とされる。

　2010年4月に開催されたナショナルミニマム研究会に厚生労働省が提出した資料[1]では，生活保護基準未満の低所得世帯の推計結果が示された。用いるデータによって違いはあるが，低所得世帯数に対する被保護世帯数の割合は，15〜29％程度であった。もちろん，生活保護を受給できるかどうかは，所得だけでなく資産の保有状況等によっても異なるため，この数字を単純に捕捉率に置き換えることはできないが，とはいえ，生活保護基準を下回る所得水準の世帯の多くが，生活保護を受給できていないことは間違いなさそうである。

　こうした低い捕捉率の背景には，貯蓄や自動車保有など資産の要件が厳しいことがあると考えられる。生活保護基準を下回る所得水準の世帯の比率が，生活保護で求められる資産要件を加味した場合には著しく低下するという研究もあり[2]，資産要件の厳しさが生活保護の対象者を狭めている可能性がある。ほかにも，生活保護を受給することに対するスティグマが強いこと，「水際作戦」と呼ばれるような生活保護を受けさせないようにする行政運用があることなど，様々な要因が指摘されてきた。いずれにしても，捕捉率の低さは，生活保護制度が，すべての国民の最低限度の生活を保障すると謳う日本国憲法の理念を具現化する制度として，十分な役割を果たせていないことを示している。

　2020年以降に世界を襲った新型コロナウイルスは，健康や医療の面だけでなく，雇用や生活にも大きな打撃を与えた。飲食業や観光業など，緊急事態宣言の影響を受けやすい産業を中心に，失業者や休業者，営業を自粛せざるを得ない自営業者を生み出し，生活不安が拡大した。緊急事態宣言を受け，厚生労働省は，生活保護の要否判定において，稼働能力の活用要件や自動車保有要件を緩和し，感染防止を図りつつ迅速に手続きするよう促す通知を相次いで発出した[3]。ただし，生活保護制度の稼働能力活用要件や自動車保有要件が厳しく，捕捉率を低下させる要因の一つになっているのではないかということは，従前からも指摘されていた。災害や感染症などの緊急事態下では，制度の不備が露呈しやすい。貧困・生活困窮者のニーズに応えられる強固な制度を，平時から用意しておくことが必要だろう。

❑ ソーシャルワーカーの役割

　以上のように，貧困問題の解決に向けて，生活保護制度の果たす役割はきわめて大きい反面，制度を取り巻く環境は厳しく，制度そのものに内在する課題も少なくない。ソーシャルワーカーには，こうした現状を改善していく役割が期待される。

　2014年に国際ソーシャルワーカー連盟（IFSW）総会及び国際ソーシャルワーク学校連盟（IASSW）総会で採択されたソーシャルワーク専門職のグローバル定義は，次のように述べる。「ソーシャルワークは，社会変革と社会開発，社会的結束，および人々のエンパワメントと解放を促進する，実践に基づいた専門職であり学問である。社会正義，人権，集団的責任，および多様性尊重の諸原理は，ソーシャルワークの中核をなす[4]。」。冒頭で述べたように，貧困問題を解決することは，人権を守り，社会正義を実現することにつながるのであり，貧困層の生活支援や環境改善は，ソーシャルワークの重要な課題である。

　貧困状態にある人々への社会からの偏見やバッシングは，彼／彼女らの生活状況を知らないことから生まれる。しかし，貧困状態にある人々は，社会に対して声を上げにくい。したがって，福祉事務所のケースワーカーのみならず，貧困状態にある人々に関わる諸機関で活動するソーシャルワーカーには，彼／彼女らの置かれている状況や背景を的確に把握し，身近な他者として社会に発信していくことが求められているだろう。

❍注

(1)　厚生労働省社会・援護局保護課（2010）「生活保護基準未満の低所得世帯数の推計について」ナショナルミニマム研究会（第8回）資料3−1.

(2)　渡辺久里子・四方理人（2019）「所得・資産を用いた生活保護基準未満世帯の推移」『三田学会雑誌』111(4)，463-485.

(3)　厚生労働省社会・援護局保護課「新型コロナウイルス感染防止等のための生活保護業務等における対応について」（令和2年4月7日付事務連絡）など。

(4)　日本語定義は社会福祉専門職団体協議会及び日本社会福祉教育学校連盟による（https://www.jacsw.or.jp/06_kokusai/IFSW/files/SW_teigi_japanese.pdf）。

❍参考文献

駒村康平（2003）「低所得世帯の推計と生活保護」『三田商学研究』46(3).

生活保護問題対策全国会議編（2017）『「生活保護なめんな」ジャンパー事件から考える——絶望から生まれつつある希望』あけび書房.

さくいん

ページ数**太字**は用語解説で説明されているもの。

◆ あ 行 ◆

アウトリーチ **160**, 196
朝日訴訟 64, 145
委託事務費 125
一時生活再建費 169
一時生活支援事業（自立支援センター） 159, 162, 176, **197**
一時入所事業 151
一時扶助 110
一時扶助費 115
一般扶助（General Assistance） 48, 82
医療扶助 103, 104, 107, 111, 148
医療扶助基準 116
医療保護施設 148
インフォーマル・セクター **9**
ウェルビーイング **14**
営利セクター **9**
エスピン゠アンデルセン（Esping-Andersen, G.） 44
エリザベス救貧法 52
エンゲル方式 109
オイルショック **121**
応能応益制度 **172**

◆ か 行 ◆

介護施設入所者加算 110, 115
介護施設入所者基本生活費 110
介護扶助 107, 111
介護扶助基準 116
介護保険料加算 110, 115
格差社会 32
学習支援費 115, 116
家計改善支援事業 159, 162, 204
篭山京 5, 6
各国のジニ係数 34
基準および程度の原則 92
基礎控除 111
技能修得費 108, 111
期末一時扶助 110
救護施設 148
救護施設居宅生活訓練事業 151
救護法 60, 61
　　——の意義 62
　　——の役割 62
求職者支援制度 171
旧生活保護法 62, 63

　　——の種類 63
　　——の対象 63
級地制度 114
救貧院（ワークハウス） 52, 53
救貧制度（韓国） 69
救貧法 52
教育支援資金 169
教育支援費 169
教育扶助 106, 111
教育扶助基準 115
行政処分 **129**
行政訴訟 144
行政不服審査法の改正 143
居宅保護 148
緊急小口資金 169, 170, 185
金銭給付 106
勤労控除 111, 117
勤労所得税額控除（EITC）（アメリカ） 83
ケイパビリティ 12
刑務所出所時の支援 208
敬老年金（韓国） 70
ケースワーカー **77**, 183
欠格条項 63
現業員 123, 124, 129, 183
現業機関 **120**
健康で文化的な最低生活保障の原理 91
現在地保護 **131**
検診命令 133
現物給付 106, **148**
公営住宅 36, 172
公営住宅法 172
公課禁止 138
公私協働 187
公私分離 **183**
公私分離の原則 187
更生施設 148, **197**
公的年金 **67**
公的扶助 45, 48, 59
　　——と福祉サービスとの関係 50
　　——の特徴 47
　　——の利用資格 49
公的扶助（アメリカ） 81
公的扶助（韓国） 68
公的扶助（ドイツ） 75
高等学校等就学費 108, 111
高齢者世帯 97

高齢者貧困率の国際比較 21
高齢女性の貧困率 22
国民皆保険・皆年金体制 44, **74**
国民基礎生活保障制度（韓国） 70, 71
　　——の単給化 71
個人主義的貧困観 53
子育て短期支援事業 **189**
国家賠償請求訴訟 144
孤独死 **35**
子どもの学習・生活支援事業 160, 162
子どもの健全育成支援事業 **190**
子どもの貧困 164
子どもの貧困対策推進法　→子どもの貧困対策の推進に関する法律
子供の貧困対策大綱 166
子どもの貧困対策の推進に関する法律（子どもの貧困対策推進法） 164, 165, 167
コミュニティソーシャルワーカー（CSW） **185**, 202
孤立死 **35**
困窮家庭一時扶助（TANF） 82

◆ さ 行 ◆

在宅患者加算 110, 115
最低居住面積水準 **36**
最低生活 91
最低生活費 109, 116
最低生活保障 129
再分配所得 33
　　——のジニ係数 33
査察指導員 123, 124, 183
差押禁止 138
産業革命 **54**
支給決定 133
自殺者数の年次推移 26, 27
資産（力）調査（ミーンズテスト） 47, 49, 53, 132
資産の保有状況の確認 132
事実行為 **129**
指示等に従う義務 140
施設保護 148
　　——を実施する保護施設 148
自治事務 **182**
実業同志会 **60**
シティズンシップ（市民権） 13

児童扶養手当　170, **188**
児童養育加算　110, 115
児童養護施設　**37**
ジニ係数　33
社会関係資本（ソーシャル・キャピタル）　38
社会貢献事業　3
社会生活自立　136
社会正義　**8-9**
社会的孤立　35
社会的排除　13
社会福祉協議会　180, **185**
社会福祉主事　**120**, 124
社会福祉における貧困　8
社会福祉法人の地域貢献（地域における公益的な取り組み）　203
社会扶助　45
社会法典（ドイツ）　75
　　──第12編（社会扶助）　76, 78
　　──第2編（求職者基礎保障）　76, 78
社会保険　44, 46, **74**
社会保障　57
社会保障制度　33
社会保障法（アメリカ）　**80**
就学支援費　169
住居確保給付金　159
就職支援ナビゲーター　**193**
就職支度費　108, 111
住宅維持費　110
住宅入居費　169
住宅扶助　107, 110, 148
住宅扶助基準　116
住宅扶助基準額　**37**
就労訓練事業　160
就労支援員　137, 161
就労支援事業　136
就労準備支援事業　137, 159, 162, 195
就労自立給付金　**136**
宿所提供施設　107, 148, 149
授産施設　148
恤救規則　59
出産扶助　108, 111
出産扶助基準　116
主任相談支援員　161
障害者加算　110, 114, 115
障害者就業・生活支援センターの相談員　204
障害者世帯　97
譲渡禁止　139
傷病者世帯　97

職業訓練受講給付金　171, 172
職権保護　**92**, 134
所定内給与額　**30**
所定内時給額　30
所定内実労働時間数　**30**
所得調査制求職者給付　58
自立支援医療制度　203
自立支援プログラム　135, 136
自立相談支援機関　180, 185, 192
　　──の相談員　192
自立相談支援事業　159, 160, 170, 185, 195
自立の助長　129
資力調査（ミーンズテスト）　→資産調査
新規就労控除　111
新救貧法（改正救貧法）　52, 53
審査請求　142, 143
審査請求と裁判　142
審査請求と訴訟のしくみ　143
審査請求の手続き　143
申請書　130, 131
申請保護の原則　92, 130
身体障害者福祉司　**123**, 124
新福祉事務所運営指針　120
水準均衡方式　17, 109
スクールソーシャルワーカー　**190**
スティグマ（恥辱の烙印）　39, **49**, 190
スピーナムランド制度　53
住まいの貧困　36
生活困窮者　158
生活困窮者自立支援制度　184
生活困窮者自立支援法　158
　　──の目的　158
生活困窮者・ホームレス自立支援センター　176
生活支援費　169
生活上の義務　139
生活福祉資金　141, 169, 190
生活福祉資金貸付制度　169, 185
生活扶助　106, 110, 114, 148
生活扶助基準　114
生活保護
　　──の繰替支弁　125
　　──の財源　126
　　──の実施要領　131
　　──の水際作戦　**121**
生活保護基準　109, 114
生活保護基準部会　66
生活保護ケースワーカー　129
生活保護受給者等就労支援事業活用

プログラム　136
生活保護受給者等就労自立促進事業　137
生活保護審査請求　144
生活保護制度　5, 212
　　──の対象　90
　　──の8種類の扶助　101, 106
　　──の目的　90
生活保護制度の在り方に関する専門委員会　66, 114
生活保護制度の改善強化に関する勧告（1949年）　64
生活保護法　64, 90
　　──の目的　129
生活保護法（韓国）　67, 68
生活保護法（日本）　48
正規雇用（者）　30
生業扶助　78, 108, 111, 148
生業扶助基準　116
制限扶助　48
脆弱階層支援　72
生存権　**8-9**, 90
静養ホームたまゆら事件　37
政令指定都市　**122**
セーフティネット　43, **67**
世界恐慌　56
世界銀行　**17**
世帯　93
世帯更生資金貸付制度　**169**
世帯単位の原則　93
世帯分離　93
世帯類型　96, 97
絶対水準　16
絶対的貧困基準　15, 17
絶対的な貧困　11
設備費　125
セン（Sen, A. K.）　12
占領軍　**62**
総合支援資金　169, 170, 185
葬祭扶助　108, 111
葬祭扶助基準　116
争訟の意義　142
相対的貧困基準　15-17
相対的剥奪としての貧困　58
相対的貧困率　**26**
　　──の国際推移　19
　　──の国際比較　20
相談員　185
相談支援員　161
相談支援事業所　**198**
ソーシャル・キャピタル　→社会関係資本

ソーシャルワーク専門職のグローバル定義　215
損害賠償請求権　126

◆　た　行　◆

第1次貧困　55
第1類の経費（第1類費）　110, 114
第一種社会福祉事業　**149**
第2次貧困　55
第2類の経費（第2類費）　110, 114
タウンゼント（Townsend, P. B.）　11, **57**
立入調査の権限　132
ダブルワーク　**189**, 192
短期保険証　46
単給　106
単身世帯　**35**
地域生活定着支援センター　180, **207**
地域包括支援センター　**201**
地域若者サポートステーション　194
知的障害者福祉司　**123**, 124
適正化　105
適正実施　65
手続き的権利　**131**
等価可処分所得の中央値　**17**
冬季加算　110
特別児童扶養手当　171
特別調整　**206**
　　——対象者　206
届出の義務　134, 139

◆　な　行　◆

ナショナル・ミニマム　**42**, 56, 57, 119
日常生活支援住居施設　**148**, **173**
日常生活自立　136
日本国憲法第25条　90, 212
入院患者日用品費　110
任意事業　158
妊産婦加算　110, 115
年金クレジット（イギリス）　58

◆　は　行　◆

剥奪（deprivation）　11, 58
派遣切り　**30**
パターナリズム　**187**
8050問題　200-204
ハローワーク　171
非営利セクター　**9**
非営利組織　**182**

非稼働化　105
ひきこもり状態　192-195
非正規雇用（者）　**30**
非正規雇用者数の年次推移　29
必須事業　158
必要即応の原則　93, 134
被保護実人員　**26**, 94, 95
被保護者　**93**
　　——の高齢化　96, 105
　　——への行政処分・行政指導　135
被保護者就労支援事業　137, **159**
被保護者就労準備支援事業　159
被保護世帯数　95
123号通知　**105**
費用負担区分　126, 127
費用返還義務　140
貧困　2, 8, 52
　　——の再発見　57, 58
　　——の世代的連鎖　37
　　——の発見　56
貧困概念　10
貧困基準　15, 16
貧困状態　5
貧困線　**26**
貧困調査　15
貧困ビジネス　173
貧困問題　2, 5
貧困率　18
ブース（Booth, C.）　15, 54
福祉国家　42
福祉国家体制　**10**
福祉資金　169
福祉事務所　180, 119-128
福祉専門官　207
福祉多元主義　**43**
福祉八法　**121**
福祉費　169
扶助基準　48, 49
扶助別被保護人員　101
扶助別保護費　103
不正受給　141, 142, 212
物価スライド制　**170**
不動産担保型生活資金　169
不平等　9
普遍的給付制度（Universal Credit）　58
扶養義務者　**67**
　　——の扶養確認　133
不利益変更の禁止　138
併給　106
ベヴァリッジ（Beveridge, W.）　42,

44, 45
ベヴァリッジ報告　57
包括的支援体制の整備　200
放射線障害者加算　110, 115
法定受託事務　119, **182**
方面委員　61, 120
ホームレス　174
ホームレス状態　**36**, 196-199
ホームレスの自立の支援等に関する特別措置法　173
保険事故　44
保護開始理由　99
保護観察官　206
保護基準　92
保護決定に必要な調査　132
保護施設　149
保護施設事務費　125
保護施設通所事業　151
保護請求権　63, 90
保護の委託　**149**
保護の受給期間　101
保護の程度　92
保護の補足性の原理　**132**
保護廃止理由　99
保護費　125
保護率　95
母子加算　110, 114, 115
母子世帯　97
母子父子寡婦福祉資金　190
補足性　91
補足性の原理　→保護の補足性の原理
補足的保障所得（SSI）　81
捕捉率　**49**

◆　ま　行　◆

マーケット・バスケット方式　55, 109
マルサス（Malthus, T. R.）　**53**
ミーンズテスト　→資産調査
未婚率　**35**
水際作戦　105, 146, 214
未成年者控除　111
民間支援団体　180, 196
民主主義　**9**
民生委員　63, 120, 183
無拠出制　**56**
無差別平等　90
無差別平等の原理　90
武藤山治　**60**
無料低額宿泊所　151, 172, 173
無料低額診療制度　172

面接相談員　**129**

　や　行　◆

養護老人ホーム　**148**

要保護者　**92**

　　――への相談・助言　135

要保護世帯向け不動産担保型生活資
　　金　169

ヨーク調査　54, 55

予防　45

◆　ら　行　◆

ラウントリー（Rowntree, B. S.）
　　11, 15, 54, 164

ラベリング　**13**

リーマンショック　**171**

リスター（Lister, R.）　10, 38

リベラル・リフォーム　56

臨時特例つなぎ資金　185

劣等処遇の原則　53

漏給　**71**

老人福祉指導主事　**123**, 124

労働インセンティブ　**48**

労働者派遣法　**28**

労働力類型　97

老齢加算　114

ロンドン調査　54

◆　わ　行　◆

ワーキングプア　**43**

ワークフェア　**43**, 48

ワークハウス　→救貧院

◆　欧文　◆

CLO　**62**

CSW　→コミュニティソーシャル
　　ワーカー

EITC（アメリカ）　→勤労所得税
　　額控除

EITC（韓国）　71

SCAPIN　**62**

SCAPIN404「救済福祉計画」　62

SCAPIN775「社会救済」　63

監修者 （50音順）

岩崎　晋也（法政大学現代福祉学部教授）
しらさわ　まさかず
白澤　政和（国際医療福祉大学大学院教授）
わけ　じゅんこ
和気　純子（東京都立大学人文社会学部教授）

執筆者紹介 （所属：分担，執筆順，＊印は編著者）

＊岩永　理恵（編著者紹介参照：序章，第3章第3節，第4章第1・3節）
のだ　ひろや
野田　博也（愛知県立大学教育福祉学部准教授：第1章第1節，第3章第6節）
わたなべくりこ
渡辺久里子（国立社会保障・人口問題研究所企画部第一室長：第1章第2節）
やまだそうしろう
＊山田壮志郎（編著者紹介参照：第2章，第4章第2節，終章）
いわた　まさみ
岩田　正美（日本女子大学名誉教授：第3章第1節）
にしむら　たかなお
西村　貴直（関東学院大学社会学部准教授：第3章第2節）
ゆやま　あつし
湯山　篤（大阪市立大学都市研究プラザ特別研究員：第3章第4節）
しまだ　よしひろ
嶋田　佳広（龍谷大学法学部教授：第3章第5節）
たんば　ふみのり
丹波　史紀（立命館大学産業社会学部教授：第4章第4・5節）
よしなが　あつし
吉永　純（花園大学社会福祉学部教授：第4章第6節）
かわはら　けいこ
川原　恵子（東洋大学社会学部社会福祉学科講師：第4章第7節）
ごとう　ひろし
＊後藤　広史（編著者紹介参照：第5章第1・3節，第6章第4節）
こにし　ゆうま
小西　祐馬（長崎大学教育学部准教授：第5章第2節）
さくらい　けいた
桜井　啓太（立命館大学産業社会学部准教授：第6章第1・3節）
なかざわ　かおり
中澤　香織（札幌大谷大学短期大学部保育科教授：第6章第2節）
かんの　みちお
菅野　道生（岩手県立大学社会福祉学部准教授：第6章第5節）
かけがわ　なおゆき
掛川　直之（東京都立大学人文社会学部助教：第6章第6節）

編著者紹介 （50音順）

岩永　理恵（いわなが・りえ）
2007年　東京都立大学大学院社会科学研究科博士課程修了。
現　在　日本女子大学人間社会学部准教授。博士（社会福祉学）。
主　著　『生活保護は最低生活をどう構想したか──保護基準と実施要領の歴史分析（現代社会政策のフロンティア）』（2011）ミネルヴァ書房。

後藤　広史（ごとう・ひろし）
2009年　東洋大学大学院社会学研究科社会福祉学専攻博士後期課程単位取得退学。
現　在　立教大学コミュニティ福祉学部准教授。博士（社会福祉学）。
主　著　『ホームレス状態からの「脱却」に向けた支援──人間関係・自尊感情・「場」の保障』（2013）明石書店。

山田　壮志郎（やまだ・そうしろう）
2009年　日本福祉大学大学院社会福祉学研究科博士後期課程修了。
現　在　日本福祉大学社会福祉学部教授。博士（社会福祉学）。
主　著　『ホームレス支援における就労と福祉』（2009）明石書店。

新・MINERVA 社会福祉士養成テキストブック⑬

貧困に対する支援

2021年10月20日　初版第1刷発行　　　　　〈検印省略〉

定価はカバーに表示しています

監 修 者	岩	崎	晋	也
	白	澤	政	和
	和	気	純	子
編 著 者	岩	永	理	恵
	後	藤	広	史
	山	田	壮志	郎
発 行 者	杉	田	啓	三
印 刷 者	田	中	雅	博

発行所　株式会社　ミネルヴァ書房
607-8494　京都市山科区日ノ岡堤谷町1
電話代表　(075)581-5191
振替口座　01020-0-8076

©岩永理恵・後藤広史・山田壮志郎ほか，2021　創栄図書印刷・新生製本

ISBN978-4-623-09209-3
Printed in Japan

岩崎晋也・白澤政和・和気純子 監修

新・MINERVA 社会福祉士養成テキストブック

全18巻
B 5 判・各巻220〜280頁
順次刊行予定

① 社会福祉の原理と政策
　岩崎晋也・金子光一・木原活信 編著

② 権利擁護を支える法制度
　秋元美世・西田和弘・平野隆之 編著

③ 社会保障
　木下武徳・嵯峨嘉子・所道彦 編著

④ ソーシャルワークの基盤と専門職
　空閑浩人・白澤政和・和気純子 編著

⑤ ソーシャルワークの理論と方法Ⅰ
　空閑浩人・白澤政和・和気純子 編著

⑥ ソーシャルワークの理論と方法Ⅱ
　空閑浩人・白澤政和・和気純子 編著

⑦ 社会福祉調査の基礎
　潮谷有二・杉澤秀博・武田丈 編著

⑧ 福祉サービスの組織と経営
　千葉正展・早瀬昇 編著

⑨ 地域福祉と包括的支援体制
　川島ゆり子・小松理佐子・原田正樹・藤井博志 編著

⑩ 高齢者福祉
　大和三重・岡田進一・斉藤雅茂 編著

⑪ 障害者福祉
　岩崎香・小澤温・與那嶺司 編著

⑫ 児童・家庭福祉
　林浩康・山本真実・湯澤直美 編著

⑬ 貧困に対する支援
　岩永理恵・後藤広史・山田壮志郎 編著

⑭ 保健医療と福祉
　小原眞知子・今野広紀・竹本与志人 編著

⑮ 刑事司法と福祉
　蛯原正敏・清水義悳・羽間京子 編著

⑯ 医学概論
　黒田研二・鶴岡浩樹 編著

⑰ 心理学と心理的支援
　加藤伸司・松田修 編著

⑱ 社会学と社会システム
　高野和良・武川正吾・田渕六郎 編著

＊編著者名50音順

━━ミネルヴァ書房━━

https://www.minervashobo.co.jp/